本书是2022年度国家社科基金重大项目：
"一带一路"背景下中资企业社会责任形象构建与推进机制研究
（项目编号：22&ZD319）的阶段性成果之一

CHUANMEI SHEHUI ZEREN GUANLI

传媒社会责任管理

包国强　黄　诚　等　编著

上海大学出版社

·上海·

图书在版编目(CIP)数据

传媒社会责任管理 / 包国强,黄诚编著. —上海:上海大学出版社,2022.12
ISBN 978-7-5671-4623-5

Ⅰ.①传… Ⅱ.①包… ②黄… Ⅲ.①传播媒介—社会责任—研究 Ⅳ.①G206.2

中国版本图书馆 CIP 数据核字(2022)第 240656 号

责任编辑　邹亚楠
封面设计　柯国富
技术编辑　金　鑫　钱宇坤

传媒社会责任管理

包国强　黄　诚　等编著
上海大学出版社出版发行
(上海市上大路 99 号　邮政编码 200444)
(https://www.shupress.cn　发行热线 021-66135112)
出版人　戴骏豪

*

南京展望文化发展有限公司排版
江苏句容市排印厂印刷　各地新华书店经销
开本 710mm×1000mm　1/16　印张 18.25　字数 299 千字
2022 年 12 月第 1 版　2022 年 12 月第 1 次印刷
ISBN 978-7-5671-4623-5/G·3478　定价　66.00 元

版权所有　侵权必究
如发现本书有印装质量问题请与印刷厂质量科联系
联系电话: 0511-87871135

目录

绪论　人类命运共同体关照下的传媒社会责任管理创新　/1

　　第一节　人类命运共同体关照下的传媒社会责任的内涵及
　　　　　　基本内容　/2

　　第二节　传媒社会责任的主体与客体　/14

　　第三节　传媒社会责任履行的意义、作用和功能　/17

　　第四节　信息爆炸与传媒社会责任的挑战和回归　/24

　　思考题　/36

　　相关学习延伸资料　/36

　　参考文献　/36

第一章　传媒社会责任发展的历史　/38

　　第一节　传媒社会责任的产生和发展　/38

　　第二节　中国传媒社会责任的发展阶段　/48

　　第三节　传媒社会责任的发展趋势　/56

　　思考题　/65

　　相关学习延伸资料　/65

　　参考文献　/65

第二章　中西方传媒社会责任比较研究　/68

　　第一节　中西方传媒社会责任的背景比较　/70

　　第二节　中西方传媒社会责任的理论比较　/91

思考题　/105

相关学习延伸资料　/105

参考文献　/106

第三章　传媒社会责任主体及其利益相关方　/108

第一节　传播主体的责任　/109

第二节　传媒与受众及消费者　/119

第三节　传媒与员工　/126

第四节　传媒与社区　/136

第五节　传媒与环境　/142

第六节　传媒与政府　/148

思考题　/153

相关学习延伸资料　/153

参考文献　/154

第四章　传媒社会责任评价标准与实证研究　/156

第一节　国内外传媒社会责任评价指标体系文献综述　/156

第二节　传媒社会责任评价指标体系设计原则及指标选择　/166

第三节　传媒社会责任评价指标体系的构建　/173

思考题　/185

相关学习延伸资料　/185

参考文献　/185

第五章　传媒社会责任的管理体系与标准　/187

第一节　传媒社会责任管理体系　/188

第二节　传媒社会责任国际标准　/199

第三节　完善中国传媒社会责任管理体系　/216

思考题　/220

相关学习延伸资料　/221

参考文献 /221

第六章 传媒社会责任的传播创新 /224
第一节 传媒自身的社会责任传播 /224
第二节 传媒社会责任的传播实践 /231
第三节 传媒的社会责任传播策略 /236
思考题 /241
相关学习延伸资料 /241
参考文献 /241

第七章 中国传媒社会责任发展的现代化路径 /243
第一节 传媒社会责任驱动缺失的规范研究 /244
第二节 中国传媒社会责任发展的分类推进机制 /256
第三节 中国传媒社会责任发展的三元协同推进机制 /265
第四节 推动中国传媒社会责任发展的现代化路径 /271
思考题 /282
相关学习延伸资料 /282
参考文献 /283

后记 /284

绪论
人类命运共同体关照下的
传媒社会责任管理创新

传媒社会责任一直是党和国家高度关注和重视的问题。中国特色的传媒社会责任理论与马克思主义新闻观理论是相辅相成、相得益彰的,可共同为我国新闻事业的健康、可持续发展打下良好的思想基础。对于中国的传媒和传媒人而言,马克思主义新闻观是魂,传媒社会责任就是魄,两者完美体现在"为人民服务"的宗旨中,密不可分,唇齿相依。

传媒社会责任问题始终是媒体发展的根本问题,贯穿整个媒体发展史。媒体能否积极履行社会责任,对于媒体功能的正常和超常发挥具有决定性作用。人类社会的发展离不开媒体的传播推动和传播协商,负责任的媒体对于国家、民族、世界、人类的健康发展具有重大意义。当下,人类发展面临诸多严峻问题,媒体更应积极承担社会责任,推动人类传播命运共同体乃至人类命运共同体的形成。

随着互联网技术的推进、传媒企业化、自媒体普及化及人类面临问题的复杂化,传媒社会责任问题越发严重。强化未来专业传媒人的传媒社会责任意识和管理能力十分必要。人类命运共同体关照下的传媒社会责任管理的研究,将为形成中国特色的传媒社会责任理论研究体系打下一定学科基础。

传媒社会责任不仅是一个理论问题,更是一个实践问题,不仅是一个伦理的问题,更是一个管理的问题。传媒社会责任管理创新研究是新闻传播学理论与管理学理论融合交叉的一个新学科。本书立足于传媒业发展的现实和新闻传播教学、研究的现状,系统阐释了传媒社会责任管理的基本原理和前沿知识,重构了传媒社会责任的研究体系和范畴,一定程度上弥补了国内外新闻传播学研究在该领域的空白和不足,将在一定程度上推动中国特色传媒社会责任理论体系的形成,推动中国传媒社会责任理论研究、教学实践的全球话语权构建。

第一节　人类命运共同体关照下的传媒社会责任的内涵及基本内容

传媒对现代社会的影响力持续增强。媒介化生存、媒介化社会、媒介化政治等相关概念不断涌现,揭示了信息时代的媒介对相应领域的深刻影响。媒介已成为现代信息基础设施的重要组成部分,在从事信息生产传播和经营活动的同时,必然需要履行传媒社会责任。

一、什么是社会责任

"责任"在现代汉语中所表达出的最普遍、最一般的含义:责任是出于社会生活和社会事实中特定的角色、职务等所应当承担的职责,它是我们分内应做之事或没有做好分内应做之事而应承担的过失。① "社会"既指由一定的经济基础和上层建筑构成的整体,也泛指由于共同物质条件而互相联系起来的人群。② "责任"不仅是在强调个人需要承担的私德,更主要是在强调一种社会公德,是一种社会发展和进步的精神力量。"社会责任"即某一主体(个人或组织)做了整体或共同利益群体认为是分内的事。③

中国传统文化蕴含着丰富的社会责任伦理思想,发挥着净化个人精神世界、约束个人和群体行为、促进社会安定团结的作用。④ 现代中国社会责任观则以社会主义核心价值观为基础,继承和弘扬了中国优秀传统文化中的责任伦理思想,批判地吸收了西方现代社会责任观念中的有益成果,形成了具有中国特色的社会主义新型责任体系,具有丰富内涵和重要意义。

履行社会责任的主体不仅包括政府,还包括广大企业、各种营利性和非营

---

① 中国社会科学院语言研究所词典编辑室.现代汉语词典[M].7版.北京:商务印书馆,2018:1637.
② 中国社会科学院语言研究所词典编辑室.现代汉语词典[M].7版.北京:商务印书馆,2018:1154.
③ 李侦侦.大众传媒的社会责任与经济效益[J].新闻天地(论文版),2008(9):23.
④ 解琳那.现代中国社会责任伦理构建研究[D].西安:陕西师范大学,2018.

利性组织以及个人等。国际标准化组织（International Organization for Standardization,简称ISO）于2010年发布的社会责任国际标准ISO26000将社会责任定义为"组织通过透明和合乎道德的行为，为其决策和活动对社会和环境的影响而承担的责任。"①该标准是国际各利益相关方代表对社会责任达成的基本共识性成果，概括并表达了社会责任的基本特征和发展趋势，将企业社会责任（Corporate Social Responsibility,简称CSR）推广到任何形式组织的社会责任（Social Responsibility,简称SR），将社会责任融入组织战略和日常活动，支持组织实现可持续发展。②

二、传媒社会责任的定义、本质与内涵

传媒社会责任从传媒所处的社会关系中诞生，社会制度、媒介体制以及媒介性质都对传媒社会责任的界定有重要影响，在内涵与外延方面既有共性也有特性。

从历史沿革来看，传媒的社会责任理论是对传媒的自由至上主义的重大修正。基于美国《宪法第一修正案》的新闻自由是一种自由至上主义③，发展到20世纪40年代，终于因为新闻业面临严峻问题而需要调整。这些问题主要包括新闻业滥用新闻自由、新闻垄断、过度商业化、内容质量严重下降等，致使"新闻业处于危险之中"④。1947年3月，美国新闻自由委员会发布了具有里程碑意义的调查报告《一个自由而负责的新闻界》，认为美国新闻自由不仅面临政府可能和正在开展的加强新闻管制的风险，还来自新闻界内部的集中趋势问题。委员会宣布"新闻界担负起新的公共责任的时刻已经来临"⑤。至此，美国的新闻自由史从传媒的自由至上主义理论转向了传媒的社会责任理论，要求新闻界承担负责任的自由。1956年，美国的弗雷德里克·S.西伯特（Fred S. Siebert）、西奥多·彼得森（Theodore Perterson）和威尔伯·施拉姆（Wilbur

---

① 李伟阳.社会责任定义：掌握ISO26000标准的核心[J].WTO经济导刊,2010(11)：36-39.
② 孙继荣.ISO26000：社会责任发展的里程碑和新起点[J].WTO经济导刊,2010(10)：60-63.
③ 樊昌志,夏赞君.重新审视和厘清媒介"社会责任"：解读《一个自由而负责的新闻界》[J].新闻记者,2006(12)：79-81.
④ 新闻自由委员会.一个自由而负责的新闻界[M].展江,王征,王涛,译.北京：中国人民大学出版社,2009：1.
⑤ 樊昌志,夏赞君.重新审视和厘清媒介"社会责任"：解读《一个自由而负责的新闻界》[J].新闻记者,2006(12)：79-81.

Schramm)三位教授在其出版的著作《传媒的四种理论》(*Four Theories of the Press*)①中就强调"自由与责任相伴而生",认为传媒在宪法保障下享有特殊地位,具有大众传播的重要功能,因此有义务对社会承担责任。② 20 世纪 80 年代,随着传媒竞争日趋激烈,商业利益与社会利益冲突更加强烈,引发了对传媒社会责任论的更多理论关注和研究探讨,③著作成果丰富,在信息技术迅速发展之后,对网络媒体和社交媒体应承担的社会责任展开了多方面的研究,核心在于确保新闻报道和信息传播活动符合真实性、客观性和公正性的标准,对公众和社会负责。

中国新闻学界和业界对于传媒应当承担社会责任有广泛共识,认为媒体拥有国家和社会公众所赋予的传播权利,同时也应承担相应的社会责任。新闻媒体应从社会的政治、经济、文化及伦理等多方面来理解并履行社会责任,即需要从一定的政治制度、经济制度和社会文化与道德意义上来认识并履行社会责任。④ 主流新闻机构作为政府的喉舌,承担着坚持正确舆论导向、传播国家主流意识形态、营造社会共识和舆论监督等重要功能责任。中国的传媒产业同时具有事业属性和产业属性。市场化传媒机构,包括网络媒体时代产生的自媒体等商业化组织和个人,在实现自身经济效益的同时,也需要履行传播客观真实内容、坚持正确价值导向、服务公众利益等基本社会责任。

综上,本研究将传媒社会责任界定为:传媒在从事信息传播活动和经营活动的过程中,所应承担的维护和增进社会公共利益的职责和义务。

传媒在从事内容生产、信息传播和广告经营、活动经营、平台经营等一系列活动的过程中,必然会与传媒所处的现代社会环境中的其他社会成员形成各种形式的关系,包括传媒与受众之间的以内容传播为主的传受关系、传媒与股东等利益相关者之间的经济关系和传媒与国家管理机构之间的规制关系等。传媒与其他社会成员之间的各种关系对于传媒本身的健康发展、持续发展有重要影响,因此传媒会产生重视并主动维护这些社会关系的内在要求,即承担社会责任。因此,传媒社会责任的本质就在于传媒为了持续健康发展而维护与其利益相关的媒介受众、利益相关者、国家管理机构等其他社会成员之间的关系。

---

① 此书亦译作《报刊的四种理论》。为便于理解,本书统一使用《传媒的四种理论》。
② 西伯特,彼得森,施拉姆.传媒的四种理论[M].戴鑫,译.展江,校.北京:中国人民大学出版社,2008:62.
③ 贺琛.新闻传播者的道德责任研究[D].长沙:中南大学,2013.
④ 郑保卫.权力·责任·道德·法律:兼论新闻媒体的属性、职能及行为规范[J].国际新闻界,2005(4):44.

以报刊为代表的早期商业传媒机构主要追求发行量和广告市场份额等直接的经济利益关系。随着广播、电视和互联网等媒介技术和产品的不断发展，传媒对社会公众、公共利益的影响力与日俱增，早已超越了直接的经济利益关系，形成了新的、更为系统化的"义利观"，即内涵更为复杂多元的现代传媒社会责任。社会公众要求传媒承担更为多样的社会责任，以满足不同社会关系成员及至社会整体对于传媒的需求和期待。在这种新型"义利观"中，"义"和"利"并非截然对立的，可以并行不悖，行"义"能够生"利"，而行"不义"则会害"利"。① 也就是说，传媒被广泛的社会成员要求重视并主动履行社会责任，这也能够为传媒获取更多利益，以及可持续发展带来积极影响；传媒拒绝履行社会责任或损害社会公共利益，则会对传媒自身带来不利影响。传媒社会责任对于传媒逐渐"内生化"，传媒自愿承担社会责任的意识越发强烈。

对于传媒社会责任的内涵，既有研究存在多种措辞和表述方式。从中国的媒体制度及媒体性质考量，传媒社会责任可包括坚持正确舆论导向、服务于国家与社会的发展和满足受众日益增长的精神文化生活需要。② 从社会责任的类型考量，也可将传媒社会责任划分为专业责任、职业责任和秩序守护责任。③ 经对比和归纳中西方媒体理论以及企业社会责任论中的相关主要概念维度，有学者提出我国媒体应承担的社会责任主要包括九个概念维度：国家使命、价值引导、信息传播、文化传承及教化、舆论监督、社会进步、经济责任、提供娱乐、道德法律。④

尽管表述多样，但万变不离其宗，传媒社会责任的内涵核心是一致的。从政治角度来看，传媒根植于一定的政治制度和国家治理模式之中，中国的传媒政治责任主要体现在"耳目喉舌"的功能之中，包括宣传党和国家政策、引导正确舆论、媒介监督和反映人民呼声等。⑤ 从经济角度来看，传媒能够通过市场化运营产生经济效益，满足传媒经营者、股东、员工等直接利益相关者的经济利益，同时也能够传播经济信息和监督社会经济行为。从伦理角度来看，传媒需要确保基本的新闻客观性、真实性专业伦理，服务社会公共利益，避免过度

---

① 环境与发展研究所.企业社会责任在中国[M].北京：经济科学出版社，2004：309.
② 梁建增.略论新闻媒体的社会责任[J].新闻战线，2007(11)：39.
③ 金梦兰.媒体的社会责任[M].太原：山西人民出版社，2015：162.
④ 肖利花.媒体社会责任概念维度的归纳性分析[D].长沙：中南大学，2011.
⑤ 黄诚，包国强，李佩佳.基于网络空间治理的网络社会责任内涵及治理结构的多维解析[J].科技传播，2019，11(3)：11-18.

商业化、低俗化等伦理失范现象。从社会公益角度来看,传媒社会责任则包括遵守基本法律道德规范、热心社会公益慈善事业、传播与引导健康先进的社会文化等。

三、传媒社会责任的边界

传媒的社会责任理论已经成为中西方不同社会制度之下的传统媒体、新型媒体等传媒组织和个人的一项基本行为规范,但是具体执行过程中却并非一帆风顺。其中不可忽视的原因之一,就是传媒社会责任的相关理论本身存在着模糊不清的内容界定,从而导致了社会责任泛化、窄化、弱化或虚化等问题。

传媒社会责任的泛化与虚化体现在传媒以追求社会责任为旗号,越过功能定位的边界,以选择性的报道、偏颇的立场或不当的炒作等方式,[①]正当化自身的失范行为。常见的传媒社会责任泛化行为包括:一是为树立自身公益或正义形象,不惜策划新闻甚至虚假报道,从新闻的报道者变成新闻的制造者,如"纸馅包子"事件、记者用茶水当尿液送检事件等,都引发了激烈的新闻伦理争论。二是监督权"越位",以舆论干涉司法、媒介道德审判或媒介主观判断先行、媒体追问涉军涉密问题等,如"寻找汤兰兰"事件、"苟晶"事件以及多起司法案件中媒介或者案件当事人通过新闻报道的方式扭曲事实、放大舆论等。三是违背社会协调、社会平衡的客观现实秩序和社会公共利益,对某些非典型事件过度渲染或过度解读,致使本来个体的、小比例的、局部的事件或案件被人为放大,从而影响公众心理乃至造成恶劣后果,如媒体倾向于广泛报道受害者为女性的刑事案件,加重公众对社会治安形势的判断、加重公众性别对立情绪等。四是以公众知情权或公共责任的名义,或迎合某些受众的猎奇心理,侵犯私域,过度披露个人隐私、事件细节等。[②] 五是在缺少专业知识或实际调研的情况下,在自己不熟悉的专业领域随意刊发报道、随意评论,误导公众,特别是专业性较强的医疗新闻、自然科学新闻以及复杂性和系统性较强的公共政策制定与执行等问题。

---

① 王传宝,刘鹏越.媒体责任的泛化及矫正[J].青年记者,2012(22):15-16.
② 金梦兰.媒体的社会责任[M].太原:山西人民出版社,2015:171.

传媒社会责任的窄化与弱化体现在传媒仅将承担社会责任狭义理解为公益慈善行为,而在内容报道和运营活动中不再考虑其他社会责任,迎合受众,注重感官刺激,吸引流量,过度商业化或娱乐化。有的媒介组织或个人逐渐放弃维护社会公共道德或公序良俗,也不再注重内容深度或善意关怀等价值,在内容选择上注重刺激公众兴趣,不惜低俗媚俗或撕裂社会共识。如每年两会期间,部分媒体热衷追逐明星委员或炒作一些观点较为偏颇或极端的提案;再如一些性别类、情感类公众号和自媒体等,刻意放大性别矛盾,放大社会交往矛盾,制造性别对立和信任危机,刺激公众情绪,追求篇篇"10万+"和广告市场份额,成了矛盾和风险的"放大器"乃至"制造皿",为社会风险跨边界、跨地域、跨时空扩展增大了可能性和途径,并有可能与新闻事件、社会制度、公众心理等互动和叠加,影响公众的风险感知,诱发风险行为,严重时甚至将具有可能性的社会风险转变为具有现实性的社会危机,对社会稳定和社会秩序造成灾难性影响。① 这些都是传媒社会责任弱化甚至损害社会公共利益的行为。

部分媒介仅将承担社会责任理解为捐款捐物、参加公益慈善活动,也是窄化传媒社会责任的行为,这是"小"的社会责任,媒体或平台行为逻辑中的小善。公益慈善可以说已成为一些市场化媒体履行社会责任的主要方式。常见方式有两种:一是通过内容报道的影响监督或推进公益慈善事业,如报道社会公益类慈善组织的资金使用情况、项目实施情况,监督慈善资金使用和项目运行健康、公开、透明运营发展;二是由媒体自身开发公益类、慈善类、民生救助类栏目,募集慈善基金,推进慈善事业或直接举办承办公益慈善活动,创立公益慈善类基金会等。需要进一步认识到的是,传媒因广泛而巨大的社会影响力,能够也应当承担更为深刻致远的社会责任,更应强调如何运用媒介和技术的力量去解答社会发展、时代进步过程中的大问题,承担大责任,这才是"大善"。

目前,虽然尚无法律法规明确界定出传媒社会责任的具体条款,但是,传媒的权利行使和责任承担显然是相协调的。传媒以内容生产、新闻报道、面向公众等方式获得了媒介采访权、公共表达权或监督评论等权利,必然需要承担与之相对应的社会公共责任,既不应扩大化为传媒特权,也不应狭义化为捐款慈善。传媒对广大受众或用户的影响,不仅表现为显性地影响受众态度,更在于潜在地影响受众的社会感知、价值观念、情感倾向和行为模式,传播效果会

---

① 贾佳.风险社会语境下自媒体的社会责任研究[D].成都:西南交通大学,2016.

经过长时间积累体现出来,一旦形成稳定的社会心理,会在相当长的时间内固化下来,甚至对社会观念和社会思潮产生影响。① 从这一点看,媒体作为社会公器,在行使采访、报道、监督、评论等权利时,尤其需要严守边界,恪守新闻职业规范和伦理道德规范,并通过学习调研、采访专家等方式克服专业能力不足或主观认识偏颇等问题,以专业严谨客观的新闻报道,坚守媒体基本职责,正当行使媒介权利,维护社会公序良俗,营造清朗的公共空间,正确履行社会责任。

四、传媒社会责任的基本内容

传媒社会责任的基本内容体现在企业社会责任的内容框架、传媒社会责任工作报告或评估指标体系中。

社会责任国际标准 ISO26000 是国际社会责任领域的第一个、也是唯一一个全球标准,从 2010 年 11 月 1 日正式发布以来,在世界各国快速推进应用。ISO26000 对社会责任的定义、内容和主体都进行了明确的规定。一是履行社会责任的主体不仅包括企业,还包括政府、所有营利性组织和非营利性组织;二是社会责任的内容包含管理、人权、劳工实践、环境、公平运营、消费者、社区参与和发展等七个方面;三是企业履行责任的对象是所有的利益相关方,包括股东、员工、供应商、用户、消费者、企业所在社区、社会和环境等,履行责任的工作不单纯是捐款做慈善,而是与所有利益相关方的协调和谐、利益共享。因此,社会责任管理是一种全面责任管理。②

相对于企业而言,传媒通常具有营利性组织与公共服务机构的双重属性,既符合 ISO26000 的普遍性标准,又具有不同的特点。③ 特别是在社会主义中国,传媒在服务社会、保障国家意识形态安全和文化安全方面责任重大。

从反映传媒社会责任履行情况的评价指标体系来看,构建传媒社会责任评价指标一般会综合选取理论研究成果、国际标准化组织颁布的社会责任指南 ISO26000、传媒社会责任年度报告和各单项报告等,构建出一个能够全面客观反映传媒履责情况并进行量化排名的评估体系。2012 年 4 月,学者包国

---

① 谷一飞.中国足球调查报道及其社会责任研究:以人民日报、新民晚报、体坛周报"反赌打黑"报道为例[D].上海:上海交通大学,2014.
② 黎友焕,魏升民.企业社会责任评价标准:从 SA 8000 到 ISO26000[J].学习与探索,2012(11):68-73.
③ 周志懿.做负责任的媒体:中国传媒社会责任课题研究概述[J].青年记者,2012(13):37-40.

强从治理视角,运用AHP层次分析法,建构了针对报刊的传媒社会责任专项评价体系,包含舆论导向、信息传播、舆论监督、法律法规、社会伦理、健康文化、公共权力和公民利益、创富能力、内部员工满意度等9个一级指标及19个二级指标(见表1)①。2012年5月,北京大学新闻与传播学院中国传媒社会责任课题组拟出了中国传媒业第一套社会责任标准参考指标体系,将传媒社会责任细分为责任管理、市场责任、机构责任、公益责任、环保责任、文化责任等6个一级指标,每个一级指标后还可延伸细化成上百个具体方面(见表2)②。

表1 报刊企业社会责任评价指标体系③

一级指标	二级指标
舆论导向	政治
	经济
	文化
信息传播	真实
	快速
	全面
	准确
舆论监督	对权力机关的监督力度
	对社会生活的监督力度
法律法规	遵守相关法律
社会伦理	社会主义伦理道德观
健康文化	弘扬健康、积极向上的文化
公共权力、公民利益	坚守正义与良知
	维护公民权益

---

① 包国强,张曼.简论报刊社会责任评价模型[J].新闻传播,2012(4):25-26.
② 周志懿.做负责任的媒体:中国传媒社会责任课题研究概述[J].青年记者,2012(13):37-40.
③ 包国强,张曼.简论报刊社会责任评价模型[J].新闻传播,2012(4):25-26.

续 表

一级指标	二级指标
创富能力	纳税
	盈利
	吸收社会劳动力
内部员工满意度	职业前景
	员工工资及福利

表2 中国传媒社会责任课题组制定的传媒社会责任评价标准体系①

一级指标	二级指标	三级指标
责任管理	责任治理	(1)媒体有可持续发展的声明及理念 (2)明确社会责任理念 (3)建设社会责任领导机构 (4)培育责任文化
	责任推进	(1)制定传媒社会责任发展规划 (2)构建传媒社会责任指标体系 (3)传媒社会责任风险管理 (4)开展传媒社会责任培训 (5)社会责任管理制度 (6)设置传媒社会责任部门或设立传媒社会责任专员 (7)推动合作伙伴(上下游企业)履行社会责任 (8)推动下属单位履行社会责任
	责任沟通	(1)明确利益相关方 (2)利益相关方与高层沟通机制 (3)利益相关方需求调查 (4)媒体内、外部社会责任沟通机制 (5)媒体领导参与的内部社会责任沟通与交流 (6)媒体领导参与的外部社会责任沟通与交流 (7)发布传媒社会责任报告 (8)第几份传媒社会责任报告 (9)传媒社会责任报告参考标准或指引 (10)社会责任报告披露负面信息 (11)网站上有社会责任专栏 (12)传媒社会责任报告数据可比性(包括纵向可比性与横向可比性) (13)企业社会责任报告可信度(报告含利益相关方评价、专家点评或第三方审验)
	守法合规	(1)合规体系 (2)制定行为规范 (3)守法合规培训 (4)守法合规培训绩效 (5)反商业贿赂措施 (6)反腐败措施 (7)记者管理实施办法

① 周志懿.做负责任的媒体:中国传媒社会责任课题研究概述[J].青年记者,2012(13):37-40.

续 表

一级指标	二级指标	三 级 指 标
市场责任	客户责任	(1)研发创新投入 (2)产品或服务质量管理 (3)受众满意度调查 (4)客户关系管理体系 (5)保护客户信息 (6)积极应对客户、受众投诉客户 (7)(广告主、代理商、发行商、供应商)满意度调查 (8)推动客户(上下游产业)共赢发展
	伙伴责任	(1)建立战略合作机制及平台 (2)合同履约率 (3)诚信经营的理念与制度保障 (4)公平竞争的理念和制度保障 (5)诚信经营和公平竞争培训
	产业责任	(1)成长性 (2)收益性 (3)安全性 (4)投资者关系管理体系 (5)宏观经济环境及政策变化对财务绩效的影响及对策
机构责任	政府责任	(1)响应宏观政策 (2)纳税总额 (3)确保就业及(或)带动就业的政策与措施 (4)报告期内吸纳就业人数 (5)响应政府关于传媒行业发展和管理的宏观政策 (6)坚守舆论阵地,加强舆论引导
	员工管理	(1)遵守国家劳动法律法规 (2)员工社保覆盖率 (3)员工合同签署率 (4)员工工会参与率 (5)员工薪酬体系 (6)员工培训体系及培训力度 (7)员工职业规划 (8)员工休假政策 (9)员工救助政策 (10)员工健康培训及职业安全健康管理体系 (11)离退休员工管理政策及办法
	内容管理	(1)获奖作品 (2)杜绝有偿新闻、虚假新闻的举措 (3)思想道德、环保、公益慈善等栏目设置
公益责任	公益慈善	(1)评估运营对受众群的影响 (2)建立公益基金或基金会 (3)员工本地化政策 (4)本地化采购政策 (5)员工志愿者 (6)社会捐赠方针(含理念、对象、政策、措施等) (7)捐赠总额(含实物捐赠、现金捐赠、服务捐赠等) (8)公益慈善活动(含新闻报道活动、公益活动及公益性质的活动)
环保责任	环境保护	(1)环保理念、政策及执行 (2)环保理念、法规的宣传
	节约资源	(1)资源节约制度、措施 (2)资源节约理念、措施的宣传
文化责任	文化内力	(1)设置文化栏目 (2)内容产品的文化内涵
	传承传播	(1)对区域文化的挖掘与传承 (2)对民族文化的保护与传承 (3)对多样性文化的传播 (4)举办文化活动

2018年5月,中国新闻出版研究院"中国传媒社会责任研究"课题组研究认为,新闻媒体社会责任的主要利益相关方包括公众(读者和社会大众)、政府、出资人、媒体从业人员等。社会责任的概念按照广义的标准进行界定,原则上应包括以下内容:对党和政府的责任,主要发挥舆论导向作用,重点是意识形态与主流价值观的导向,遵守国家法律法规,发挥社会效益;对出资人的责任,主要是确保企业盈利能力与经济效益;对读者的责任,主要是确保提供内容精良丰富多样的传媒产品,满足消费需求;对作者的责任,主要是保护知识产权,使作者获得最大化的精神利益与财产利益;对社会的责任,主要是积极开展公益慈善行动,披露企业履责信息;对环境的责任,主要是绿色出版、环保与生态文明建设等。[①]

综合来看,传媒社会责任的基本内容主要包括以下四个方面。

第一,舆论导向责任。这主要是指传媒的政治责任,即坚持正确舆论导向,服务于国家意识形态安全和文化安全。在新闻舆论引导方面,传媒需要坚持马克思主义新闻观,践行社会主义核心价值观,注重宣传党和国家的重要路线和方针政策,反映人民群众意愿和呼声,同时履行媒介监督职责,保障人民的知情权、参与权和监督权。在意识形态话语权方面,传媒需充分认识到当前意识形态领域斗争依然复杂,国家信息安全特别是网络意识形态安全仍然面临很多新情况,因此要积极承担传媒政治责任,不断增强意识形态领域主导权和话语权,提高新闻舆论传播力、引导力、影响力、公信力。在重大主题报道和重大舆情中,传媒需要以党和国家的重大战略思想和重要决策部署为主题,集中连续开展重大报道和密集宣传。[②] 在国际传播中,积极配合国家经济实力和国际影响力的不断拓展,推进国际传播能力建设,特别是在国际舆论环境、媒体格局和传播技术深刻变化的背景下,更加需要争夺国际传播控制权,"讲好中国故事,展现真实、立体、全面的中国,提高国家文化软实力"[③]。坚持正确舆论导向能够凝聚人民精神力量、巩固全民共同思想基础,[④]是社会主义文化制

---

① 段艳文.中国传媒社会责任研究(2017—2018)[J].中国传媒科技,2018(5):6.
② 杨明珠.融媒体背景下红色文化的传播策略和传播价值:以《湖湘英烈》为例[J].出版广角,2019(12):58-60.
③ 习近平.决胜全面建成小康社会 夺取新时代中国特色社会主义伟大胜利[N].人民日报,2017-10-28(001).
④ 中共中央关于坚持和完善中国特色社会主义制度 推进国家治理体系和治理能力现代化若干重大问题的决定[N].人民日报,2019-11-06(001).

度和媒体制度的基本工作机制,已成为国家治理体系和治理能力现代化的重要组成部分。

第二,信息传播责任。这主要是指传媒的专业责任,即确保传媒的新闻报道内容真实客观、快速、全面、准确,这是信息传播实践过程中的基本原则。在信息化时代和媒介化社会,传媒适应新媒体技术、新媒介产品和新传播生态的能力也已成为重要的专业能力。内容是传媒的核心产品,是媒介实现传播效应和社会功能的基础。根据传媒类型的不同,所承担的信息传播责任重点也不尽相同。主流媒体、市场化媒体、自媒体等根据媒介定位、内容类型和运营模式差异而发挥不同的社会职能并承担相应的传播责任,其从业者所遵守的职业伦理规范也有差异。新闻报道的真实性原则是传媒信息传播责任的基础。新闻是对新近发生的事实的报道,先有事实,后有新闻,事实是第一性的,新闻是第二性的。这是新闻界对新闻本源的普遍表述,对于我们坚持新闻的真实性、反对凭空捏造新闻具有重要意义。[①] 建立在真实性原则基础上的传媒内容生产,需进一步重视信息质量和内容价值,实现信息传播的社会效益和精神价值。

第三,经济管理责任。这主要是指传媒的市场责任,即传媒需要通过经营活动履行对股东等投资者、对广告商和经销商等合作商以及对媒体从业者的经济责任。传媒具有产业属性,处于由上下游产业链共同构成的传媒市场中,涉及来自产业链中的投资方、股东、广告主、受众等多方面的利益相关方。[②] 作为反映意识形态的精神产品的生产者,传媒从属于上层建筑范畴,又属于信息(娱乐)产业,[③]具有事业属性的同时也具有产业属性。在市场化运营过程中,传媒作为一个经济组织必须面对市场,通过提供信息产品或服务满足市场特定需求。传媒的经营收益主要来自两个方面:一是信息产品的销售收益,主要体现为报刊发行量订阅率、广播电视收视听率、网络点击率或客户端活跃用户数据等量化指标;二是广告收益。传媒从事市场经营活动是其生存和发展的前提。市场经营活动为传媒带来经济效益的同时,也为媒介传播失范带来了相应的风险,常见的有偿新闻、虚假广告、标题党、消费主义等现象都与传媒

---

① 李良荣.新闻学概论[M].5版.上海:复旦大学出版社,2014:28,35.
② 蒋安丽.治理视阈下的媒体社会责任研究:基于30家媒体的问卷调研分析[D].北京:中国社会科学院大学,2015.
③ 李良荣.新闻学概论[M].5版.上海:复旦大学出版社,2014:144.

运营过度市场化有关。

第四，社会伦理责任。这主要是指传媒促进公共利益的社会责任，即传媒需要承担价值引导、文化传承及教化、促进社会公益与社会进步、提供健康积极的精神娱乐及遵守基本道德法律规范等公共性和公益性社会职责，实现传媒的社会效益。传媒作为社会责任主体具有特殊性，即在社会系统中具有特殊的社会角色和功能、特殊的社会影响和作用，需要在国家管理与行业自律、法律规范与道德评价、公益属性与市场运作、社会效益与经济效益之间找到平衡点，超越一般的企业社会责任或狭义的慈善捐助责任，实现商业性与公共性的统一、短期效益与长期效益的统一、自律与他律的统一，从而实现传播权利和社会责任的统一。

第二节　传媒社会责任的主体与客体

传媒的信息传播活动作用于社会，需要承当相应的社会责任。由于传媒的类型和功能存在差异，传媒主体承担社会责任的方式及重点也有所不同。从传媒社会责任的定义来看，传媒社会责任的构成要素就是作为主体的传媒、作为客体的社会公众和将主体与客体联结起来的信息传播活动、经营活动和公共利益。

一、传媒社会责任的主体

考察传媒社会责任的主体，回答的是"谁负责"的问题，即谁是责任的承担者？不同类型的责任主体承担社会责任的内容有所不同。从媒介技术形态划分，可以分为传统媒体、新媒体等；从媒介传播范围划分，可以分为全国性媒体、区域性媒体和地方性媒体等；从传媒组织层次上划分，可以分为宏观的整体传媒行业、中观的传媒组织和微观的媒体人；[1]从实际的专业分工角度，可以分为传媒组织、传媒从业者以及每一个参与信息传播的非职业普通用户。

传媒机构以专业化、组织化的方式进行信息传播活动，具有广泛的社会影

---

[1] 金梦兰.媒体的社会责任[M].太原：山西人民出版社，2015：165.

响力,毫无疑问需要承担相应的社会责任。传媒机构既包括以报刊、广播、电视为主的传统媒体机构,也包括新闻网站与客户端、社交媒体平台、音视频网站及客户端等新媒体机构;既包括党报党刊、国社央视等主流媒体机构,也包括以市场化运营方式为主的传媒组织、内容平台、新型传媒文化公司、影视制作公司或自媒体团队组织等。传媒产品与技术迭代更新迅速,传媒生态复杂化,以内容生产和信息传播为主要职能的各类专业传媒机构,掌握了传播资源、传播渠道和传播生产工具,传媒责任即建立在传媒基本职能基础之上。[①]

传媒从业者以专业的方式从事信息传播职业,在传播活动中发挥主导性作用,是承担社会责任的实际主体和基本单元。传媒从业者包括记者、编辑、编导、自媒体运营者等,也包括政府机构或企业、非营利组织等设置的新闻发言人、市场营销及公共关系从业者等,皆以从事专业传播活动、践行职业伦理道德的方式履行社会责任。从事传媒工作的职业媒体人一般隶属于不同的传媒机构,承担组织中某一具体环节的工作,这就形成了组织责任和个人责任的分化。作为个人的传媒从业者是责任履行的具体实践者;从业者以共同的传媒组织目标、以合作关系形成作为组织的传媒机构。传媒产品往往是多个媒体人共同产出的传媒组织集体作品。因此,传媒社会责任就具有双重主体,在具体传播活动中,责任也会在传媒组织与从业者个体之间相互转移、共同承担。[②] 因此,在传播违规违纪的责任追溯中,既可见对具体问题稿件或内容制作者的责任追究,也可见对问题传媒组织、传媒平台的责任追索,因具体情况而异。

在信息化和媒介化社会,每一个参与信息传播活动的非职业普通用户也是传媒社会责任的主体。非职业个人主体通常具有媒体对象和媒体主体双重身份,以网络、手机等媒介技术和社交媒体、内容平台等媒介产品构建起交互关系。数字技术具有突出的去中心化特征和用户赋权效应,网络空间已经成为人类精神生活的共同生存空间,也成为国家治理体系和网络主权安全的组成部分。网络用户的内容生产、点击、转载、评论等互动传播活动都是网络公共空间的基本内容,也已深刻影响专业媒体机构、专业从业者的传播议程设置。很多网络新闻事件或传播活动能够引起广泛社会关注,甚至影响现实社

[①] 燕道成.传媒责任伦理研究[D].长沙:中南大学,2010.
[②] 杨晓强,廖俊清.大众传媒社会责任的构成分析[J].新闻世界,2013(12):70-71.

会运转和机构行动。因此,每一个参与信息传播活动的普通用户也需要意识到自己需要提高网络媒体素养,规范基本的网络使用行为,承担相应的信息传播责任。

二、传媒社会责任的客体

考察传媒社会责任的客体,回答的是"对谁负责"的问题,即谁是责任的指向对象?传媒是否良好地履行了社会责任,主要是由作为社会责任客体的社会公众来判定的。社会公众即是传媒社会责任的客体。传媒承担社会责任即是要维护社会公众的公共利益,实现社会效益。

公众就是因面临共同问题、可能或者已经与特定社会组织发生某种联系的个人、群体或者团体。[①] 传媒在信息传播活动中会形成不同的公众群体。广义上讲,传媒社会责任的客体可以包括它向之进行传播并受到影响的每个个体和整个社会群体。具体来看,可以根据传媒和各类社会公众的关系和角色作用,将传媒所面向的社会公众分为以下五类。

第一,传媒受众,也包括网络媒体用户。传播活动的核心即是传受者之间的活动。目标受众是传媒履行社会责任的重要客体,是传媒实践活动的根本指向。对于网络媒介产品、社交媒体平台而言,责任客体则是其用户群体;这些用户又具有极强的能动性,能够深度参与传播活动,使得传受关系一体化,传媒履行社会责任则更需要维护平台秩序、保持公共空间内容品质,实现公共管理角色。

第二,传媒组织内部公众,即传媒机构内部从业人员。传媒对其组织成员有管理职责、经济职责、专业培训与职业发展职责、权益保障职责等,需要保护从业人员权益,建立健全员工薪酬体系,设置健康管理制度、员工救助制度等一系列以人为本的现代企业管理制度。

第三,政府及各级管理部门,即对传媒行使管理监督职能的规制部门及人员。传媒需要遵守国家法律法规等管理规范,也需要遵守相应主管部门发布的本领域规章制度等。常见的传媒管理部门包括中宣部、国家新闻出版署、国家广播电视总局、国家互联网信息办公室(中央网信办)、工业和信息化部及各

---

① 何修猛.现代公共关系学[M].3版.上海:复旦大学出版社,2016:33.

省市相关主管部门等。

第四,事件性公众,即由突发事件而短暂形成的公众群体。传媒主体因发布某一重大新闻、突发性新闻或重要事件等,短时间内聚集起大量社会公众,形成事件性公众。如汶川地震期间,中央媒体和四川地方媒体发挥了重要的信息传播功能。

第五,一般社会公众。传媒信息传播活动的影响范围常常是动态的。特别是在网络环境中,因社交媒体用户的评论、转发而引起广泛社会关注的传播事件层出不穷,虚拟用户群体的聚集和分散极为常见。在广义上,社会整体都是传媒社会责任的客体。在外延上,传媒主体不仅要对当下的社会公众负责,也需要以对历史负责的态度重视历史责任,以建设性和前瞻性的责任意识实现对未来的尊重、责任和义务。[①]

对于不同的社会群体,传媒承担社会责任的具体内容、尺度要求也不同。客体是传媒主体在具体传播实践活动中的影响对象,是围绕特定传播活动产生的。传媒主体履行社会责任的内容就体现在具体传播实践活动中及其与各类客体的责任关系中。

第三节 传媒社会责任履行的意义、作用和功能

媒介对现实社会的影响,无论是在深度、广度、形式和频度上,都远远超过历史上任何时期。"媒介化社会"概念即是对媒介与社会之间密切关系的描述,认为媒体媒介已经深刻地介入社会的多个层面,媒介深度影响社会,社会也不断塑造媒介。[②]信息技术促进媒介更进一步影响现实社会的生产、生活活动,产生了社会空间、物理空间和精神空间的动态套叠和分离,[③]形成了人们对媒介的深度依赖。媒介不仅是人的延伸,甚至部分或者全部替代了一些社会行动以及社会机构。媒介与社会形成互动共生关系。人类社会从传播学意义上已经进入了媒介化社会。

[①] 钟嫒嫒.传媒责任伦理研究[M].北京:中国传媒大学出版社,2018:46.
[②] 张涛甫.媒介化社会语境下的舆论表达[J].现代传播(中国传媒大学学报),2006(5):12-15.
[③] 周翔,李镓.网络社会中的"媒介化"问题:理论、实践与展望[J].国际新闻界,2017,39(4):137-154.

一、传媒社会责任履行的意义

传媒需要履行的社会责任既包括具有强约束性的法律责任和政治责任，也包括具有一般约束力的经济责任和专业责任，同时包括具有较弱约束性的道德伦理责任。传媒社会责任随着政治制度和社会条件的演变而演变。社会公众的道德观、价值观和公共利益驱动传媒自觉主动履行社会责任。传媒责任建立在传媒基本职能和社会共识基础之上。传媒承担社会责任具有重要的现实意义和理论意义。

第一，传媒承担社会责任体现了传媒的职责功能定位和社会价值追求，真正践行了传媒的根本目的和价值目标。传媒通过信息传播活动实现人们的思想表达、意见传递、社会整合与媒介监督等功能。履行社会责任能够使传媒在错综复杂的国内国际环境和千变万化的现代社会生活中，正确认识和把握信息传播活动的内在品质要求和客观规律原则，实现传媒专业价值和社会价值。

第二，传媒承担社会责任有利于实现传媒机构长期可持续发展。传媒组织的发展应建立于专业职能、经济职能、社会职能与政治职能等协调发展的基础上，而不是仅仅追逐眼前的短期经济利润。任何发展变化都是相互关联的，任何发展都是离不开人类社会并影响社会的。媒介化社会的传媒主体尤其如此。传媒社会责任根源于传媒所处的社会关系及其利益结构，也必然在协调和解决这些社会关系的过程中获得自身的生存和发展。传媒应将履行社会责任置于关系到组织生存发展的战略位置来重视和执行。短期来看，传媒为吸引商业流量和获取商业利益而易将新闻职业道德与媒介效益利润对立起来。长期来看，具有社会责任的传媒能够获得投资者、政府和社会的更多关注和帮助，从而使其获得更多发展机会和社会综合支持，[1]增强社会资本和核心竞争力，促进长期发展和可持续发展。

第三，传媒承担社会责任有利于增进传媒组织和从业者的职业伦理道德，抵挡不规范的市场秩序行为，克服过度商业化、职业腐败等不良风气的冲击，解决传媒组织运营与发展中的实际问题。社会责任意识能够帮助从业者正确践行专业理念，巩固执业之基，强化立身之本，成为富有使命感、道德品质和社

---

[1] 环境与发展研究所.企业社会责任在中国[M].北京：经济科学出版社，2004：292.

会责任担当的传媒人。

第四,传媒承担社会责任的相关理论研究与建构也具有重要的理论意义和理论价值。中国特色社会主义进入新时代,践行的是社会主义的传媒管理制度和社会责任理念。社会主义的传媒社会责任理论是以马克思主义新闻观为指导,基于社会主义制度的传媒实践而形成的创新理论。这与资本主义国家以传媒私有制为基础而形成的社会责任论形成显著差异。在我国,传媒能够通过坚持正确义利观、履行社会责任而有力践行社会主义核心价值观、传播社会主义先进文化、建设社会主义和谐社会和促进社会主义民主政治。中国特色的社会主义传媒社会责任理论是中国新闻理论和社会科学理论创新的组成部分,在指导思想、学术体系和话语体系[①]等方面充分体现了中国特色、中国立场和中国价值。

二、传媒承担社会责任的正向作用

传媒承担社会责任的正向作用,指的是传媒机构或从业人员在具体履行职责和功能的过程中所产生的正向影响和效用。对应于传媒承担社会责任的基本内容和现实意义,可以将传媒社会责任的正向作用归纳为以下三个方面。

第一,传媒承担社会责任具有联结与沟通作用。传媒通过信息传播与处理来发挥联结与沟通作用。信息时代,媒介化生存的质量高度依赖传媒是否能够正确履行社会责任,提供有品质、有价值的信息与服务,实现联结与沟通作用。在政治层面,传媒能够传达国家政策与路线方针,将国家意志与主流价值观广泛宣传告知民众,同时传达多样化的民意呼声,实现权利合法化。在经济层面,传媒能够采集并传播经济新闻与经济运行信息,服务社会各经济主体的信息沟通需求。良好践行社会责任的传媒发挥着信息基础设施的作用,作为一种结构性力量,服务和支撑着国家、社会与个人等多领域多主体的生产、生活信息需求,通过"联结"关系建立起媒介化社会。

第二,传媒承担社会责任具有整合与凝聚作用。社会成员具有主观能动性,人们正是发挥主观能动作用进行经济建设与发展生产,才能够保持社会运行与发展。但是人们的需求和思想常常是具有多样化差异的,传媒通过理性

---

① 习近平.在哲学社会科学工作座谈会上的讲话[N].人民日报,2016-05-19(002).

公共讨论、聚合意见、整合社群等方式弥合差异,构建社会认同,凝聚意志,建设共识,发挥社会整合作用。而过度追求点击率的一些媒介不惜通过极端观点撕裂社会,制造或扩大分歧,造成社群分化与隔离,会产生放大矛盾、扩大内耗、意见割裂等问题,扩大社会紧张感,引发社会冲突与价值秩序混乱,严重损害社会公共利益。民族凝聚力与向心力关系到社会主义意识形态建设与国家共识建设。维护社会公共利益、道德伦理与公序良俗关系到公众社会生活秩序与媒介化生存质量,起到协调各方、建立共识、促进并维持共同价值观的重要作用。

第三,传媒承担社会责任具有监测与应变作用。传媒不应制造新闻或扩大社会矛盾,而应客观全面采集与制作新闻信息,反映社会动态现实,监测环境,并发挥调节作用与应变作用,服务社会,建设社会,增进社会公益,促进社会进步。当社会面临外部或内部矛盾问题、重大危机时,传媒也能够促进政治动员、推动社会组织与动员等,维护社会公共秩序,缓解矛盾冲击并协调社会力量,推动解决问题。传媒已直接渗透介入社会运行的每个过程和每个环节中去,因此不仅能够在宏观上实现对国家与社会整体的环境监测,如通过舆论监督公权力运行,也能在中观的组织层面和微观的个体层面发挥出经常性的调节作用与应变作用,达到预防、缓解、反映、交流沟通、调节与建设、反馈等目的,良好履行传媒社会责任。

社会主义国家的传媒以马克思主义新闻观为指导,承担着为党和人民服务的职责和使命,践行社会主义传媒责任观。马克思主义新闻观融合了马克思主义理论、新闻理论和责任理论等多个领域,是无产阶级及其政党对于新闻事业的工作性质、工作原则和工作规律等的系统和科学的认识。[①] 无产阶级领袖投身革命,注重以报刊作为战斗阵地,对无产阶级新闻事业具有丰富实践经验和科学认识,认为"报刊按其使命来说,是社会的捍卫者"[②],是自由、准确表达公众意见的平台,报刊的社会职责是坚持事实,要力求经得起事实、实践和历史的检验。列宁通过创办各类党报发表论述,进行思想宣传,认为党报的社会职责是导向正确,[③]指出"思想性、坚定性、政治路线的明确性以及对敌人斗

---

① 廖志坤,李冰婧.马克思主义新闻观指导下新闻传播人才培养创新的几个问题[J].湖南师范大学教育科学学报,2018,17(2):98-102.
② 郑保卫.论马克思报刊活动的历史地位:纪念马克思诞辰200周年[J].现代传播(中国传媒大学学报),2018,40(4):1-8.
③ 唐欢.马克思主义关于新闻社会责任研究[D].合肥:合肥工业大学,2016.

争的不妥协性,是机关报极为重要的品格。我们将严格按照马克思主义的方针办报。"①毛泽东主席继承和发展了世界无产阶级新闻事业的办报传统,与中国革命的伟大新闻实践相结合,是一位卓越的革命报刊活动家和新闻宣传家。毛泽东新闻思想奠定中国共产党新闻思想的理论基础,成为其中最基本、最重要的部分。它将马克思主义新闻思想推进到了以中国共产党人的新闻思想为主要内容和基本标志的新的历史阶段,为后来几代党的领导人新闻思想的形成奠定了理论基础。因此,在中国共产党新闻思想发展史上具有极其重要的历史地位。② 中国的领导集体在继承和发扬毛主席新闻思想理论的基础上,与时俱进,不断创新,根据所处时代党的中心任务、基本国情以及当时新闻工作的实际需要,分别阐释了改革开放时期、市场经济条件下和信息化背景下党的新闻宣传和舆论引导的新特点和新规律,不断充实、丰富和发展着中国共产党的新闻思想和马克思主义新闻观的理论体系。

新时代背景下,习近平总书记从党和国家事业发展全局和治国理政、定国安邦整体布局的战略高度,对新闻宣传工作发表了一系列重要讲话和指导,形成了新时代宣传思想观,③要求新闻传媒筑牢新时代意识形态政治阵地,承担新时代的新使命新任务和新责任。习近平总书记在党的新闻舆论工作座谈会上,要求中央主要媒体做好党的新闻舆论工作,"牢牢坚持党性原则,牢牢坚持马克思主义新闻观,牢牢坚持正确舆论导向,牢牢坚持正面宣传为主",④守正创新,提高新闻舆论传播力引导力。以主流媒体为主要力量的中国新闻事业承担着重要的政治责任、宣传责任、历史责任和社会责任。⑤ "人在哪儿,宣传思想工作的重点就在哪儿"。我国已经步入网络社会。目前,我国网民规模超过 10.32 亿户,手机网民规模达 10.29 亿户,互联网普及率达 73.0%。面对全媒体时代的广阔空间,唯有坚持移动优先策略,加强传播手段建设和创新,发展各类新媒体,发展各种互动式、服务式、体验式新闻信息服务,才能推动党的

---

① 唐欢.马克思主义关于新闻社会责任研究[D].合肥:合肥工业大学,2016.
② 郑保卫.论毛泽东、邓小平、江泽民、胡锦涛新闻思想的历史地位及理论贡献[C]//新闻学论集第26辑,2011:13-23.
③ 郑保卫.学好习近平宣传思想工作重要论述 筑牢新时代意识形态政治阵地[J].中国广播电视学刊,2021(2):18-22.
④ 人民论坛网评.以"四个牢牢坚持"引领新闻舆论工作政治方向[EB/OL].(2021-02-21).https://m.gmw.cn/baijia/2021-02/21/34631137.html.
⑤ 郑保卫.学好习近平宣传思想工作重要论述筑牢新时代意识形态政治阵地[J].中国广播电视学刊,2021(2):18-22.

声音直接进入各类用户终端,努力占领新的舆论场,牢牢占据舆论引导、思想引领、文化传承、服务人民的传播制高点。① 在技术层面,根据传媒智能化传播和算法驱动的全新发展特征,也需要我国主流传媒增强紧迫感和使命感,推进关键核心技术自主创新不断实现突破,探索将人工智能技术运用在新闻采集、生产、分发、接收、反馈中,用主流价值导向驾驭"算法",全面提高舆论引导能力。② 当前,国际风云变幻,世界正面临百年未有之大变局。面对全媒体时代日新月异的新技术革命,面对互联网技术对媒体格局和舆论格局带来的巨大冲击,我国新闻事业也正在经历激烈的调整与变动,③承担更为重大、更为重要、更为复杂深刻的传媒社会责任也成为新时代的新要求。

三、传媒承担社会责任的功能

媒介通过承担社会责任,能够更好地实现媒介社会功能。媒介功能强调媒介使用者所需要的目的和效用,媒介社会功能主要强调媒介对于社会需求的满足。哈罗德·拉斯韦尔(Harold Lasswell)认为传媒在社会中的主要功能是监视社会环境、协调社会力量和传承社会遗产。④ 赖特为描述媒介的各种影响,将"提供娱乐"补充为媒介的第四个功能,认为媒介能够满足人们精神生活的需要,为个人提供奖赏、轻松和消除紧张。也有研究将媒介功能归纳为社会雷达、操纵控制、社会动员等,并指出传媒也具有强化社会规范、降低审美和麻醉等负面社会功能。⑤ 总结来看,传媒具有信息传递、检测环境、社会协调和文化传承、休闲娱乐等功能。

传媒通过正确履行社会责任,能够更好践行传媒的正面社会功能,最大程度避免负面社会功能。传媒践行社会责任能够发挥治理功能、整合功能和道德功能。

---

① 新华网.推动媒体融合发展走深走实[EB/OL].(2019-01-26).https://baijiahao.baidu.com/s?id=16237294265738105028&wfr=spider&for=pc.
② 习近平.加快推动媒体融合发展 构建全媒体传播格局[EB/OL].(2019-03-15).http://www.gov.cn/xinwen/2019-03/15/content_5374027.htm.
③ 郑保卫,张喆喆.习近平新闻舆论观的思想精髓、理论来源与实践价值[J].新闻与写作,2019(10):5-14.
④ Lasswell H D. The Structure and Function of Communication in Society[M]. New York: Harper & Bros, 1948.
⑤ 郭庆光.传播学教程[M].2版.北京:中国人民大学出版社,2011:100-103.

第一，传媒承担社会责任能够履行社会治理功能。随着社会媒介化发展，传媒作为重要的信息枢纽和内容平台，能够通过社会引导、社会服务、激发社会活动等多种方式深度嵌入并多方面参与社会治理，成为真正的社会组织者和管理主体，保障社会系统协调稳定运行。传媒通过弘扬主流价值观、维护意识形态安全进行舆论引导和行为动员，能够设置建设性议题，建构理性公共领域，凝聚共识，维护社会和谐与稳定。同时通过构建社会沟通平台和沟通机制，促进公众表达、讨论与沟通，通过信息传播与舆情监测预判预警社会风险，疏导社会情绪，推动建设性公共空间建设，服务社会公共利益需要，激发社会活力，实现社会协商，构建共治共享的现代化治理体系。在对外传播中，传媒则通过构建国家形象、推动国际传播等方式参与全球传播与全球治理，提升国际影响力和话语权。传媒的社会治理能力是国家治理体系和治理能力现代化的有机组成部分。传媒实力和影响力与国家实力、国家发展密切相关，是国家软实力的重要体现。在媒介化社会，社会治理的开展越来越需要依赖传媒所拥有的资源，出现"治理的媒介化转向"，如电视问政[①]，使得传媒与社会治理开始在更深的层次上展开联结。可以作为现代社会柔性治理的重要主体，配合政府主体的行政管理和社会治理。传媒在危机治理中也具有显著作用，能够传播科学声音、发布权威信息、实现信息沟通、平衡社会情绪、实现社会动员，与政府的行政治理互动协同，[②]缓解与平息社会危机，维护社会秩序。传媒通过表达多样化的利益和声音，扩大社会主义意识形态影响力，形成并凝聚社会共识，实现社会治理功能。

第二，传媒承担社会责任能够履行社会整合功能。传媒已成为思想文化呈现、思潮观念交锋的主要阵地。特别是社会分化快速发展、社会冲突加剧的当下，传媒成为认识社会冲突、反映社会矛盾和修复社会断裂的重要力量，也成为构建社会共识和维护社会稳定的重要平台和重要变量。[③] 传媒可以将不同社会群体的心理动机、思想观念、目标追求和行为规范等予以一定程度的呈现和讨论协商，将不同社会群体协调为一个社会整体，这被称为社会整合。[④]

---

① 闫文捷,潘忠党,吴红雨.媒介化治理：电视问政个案的比较分析[J].新闻与传播研究,2020(11)：37-56,126-127.
② 蔡志强.媒介在危机治理中的功能：以汶川大地震中的媒介为例[J].中国行政管理,2008(7)：19-22.
③ 龚新琼.关系・冲突・整合：理解媒介依赖理论的三个维度[J].当代传播,2011(6)：28-30.
④ 黄永林.大众传媒与当代大众世界：论大众传媒的社会功能[J].华中师范大学学报（人文社会科学版）,1999(2)：125-131.

社会整合要求成员在文化规范、价值意识和目标取向等方面适应群体价值,[①]符合共同规范,从而促进社会协调与进步,形成共同的价值标准和情感纽带,建设社会共同体,实现维护社会整体和提高社会整合度的功能。传媒在形成价值共识、建立社会认同上具有无可比拟和难以替代的优势,[②]其社会整合功能能够包蕴与宽容多元化社会利益和多样化社会观念,形成具有弹性与柔性的社会整合结构力量,促使社会在兼收并蓄中走向平衡与整合。

第三,传媒承担社会责任能够履行道德文化功能。传媒的道德功能是通过其传播内容和道德行为所产生的实际效果而创造出的道德价值,具体包括道德协调功能、道德教育功能和道德示范功能。[③] 现代社会是一个建立在专业分工合作基础上的复杂有机社会,社会成员之间以及不同群体之间具有不同的立场、兴趣和价值选择,传媒能够通过意见表达、意见汇聚、意见讨论和选择处理等一系列机制实现协调功能,引导各个利益主体的行为符合相应的社会规范,实现协调功能。同时,传媒能够通过优质内容选择、宣传道德典范、践行职业伦理道德等方式,激发公众道德情感,实现道德价值导向功能和道德示范教育功能。在文化方面,传媒则能够发挥公众教育教化、文化传承和文化保护以及传播先进文化的功能。社会公众共享文化传统、文化价值和文化环境。传媒承担社会责任能够较好维护社会公序良俗、延续文化与价值、传播先进文化,从而更好践行道德文化功能。

第四节　信息爆炸与传媒社会责任的挑战和回归

诞生于报刊时代的"社会责任论"是对新闻自由主义理论的重大修正和发展,但是并未能回答报刊自身与经济利益集团的关系问题,以及如何避免发展成为一个"特权产业"的问题。同时,该理论主要应对新闻业在美国国内的问题,对于其在全球传播中的新闻客观性、专业性和中立性等国际责任问题并未涉及。尼罗等学者[④]认为美国"社会责任论"长期占领全球新闻业话语制高点,

---

① 黄永林.大众传媒与当代大众世界:论大众传媒的社会功能[J].华中师范大学学报(人文社会科学版),1999(2):125-131.
② 龚新琼.关系·冲突·整合:理解媒介依赖理论的三个维度[J].当代传播,2011(6):28-30.
③ 钟媛.传媒责任伦理研究[M].北京:中国传媒大学出版社,2018:25.
④ 尼罗,贝里,布拉曼,等.最后的权利:重议《报刊的四种理论》[M].周翔,译.汕头:汕头大学出版社,2008:110.

但并没有给新闻业带来真正的变革与好转,媒介新技术才让公众的声音真正可以广泛传播。① 信息化时代,传媒社会责任论强调媒体与个人的自由表达权必须与其他人的私人权利和重要的社会利益相协调。传媒社会责任理论的一些基本原则面临新一轮挑战与回归。

进入 21 世纪以来,媒介技术发展为传媒社会责任带来更多挑战。在数字化生存和媒介化生存的环境中,随着技术和产品模式的不断创新变化和责任道德主客体的泛化与互换,媒介技术平台与社会主体之间的利益与道德责任关系正在重构。② 以互联网和移动互联网为技术基础的新型媒介产品形式和传播模式涌现,深刻改变了全球信息传播格局和人类媒介化生存形态,同时也产生了虚假新闻、平台垄断、侵犯网络知识产权、个人隐私数据泄露等新的挑战与问题。具体而言,在新闻领域,出现了虚假新闻、媒介审判、媒介暴力等突出问题;在广告经营方面,出现了虚假广告、低俗广告、违法广告等问题;在技术层面,出现了侵犯用户个人数据安全和隐私问题、搜索引擎竞价排名商业化和商业干预检索结果公正的问题、算法推荐新闻缺失传媒社会责任等问题。在国际传播领域,还出现了基于数据分析的个性化信息推送服务技术③(算法推荐新闻)出口与国家信息安全、技术安全等新问题。特别是数字技术革新之下产生的新兴网络媒体平台,产品迭代迅速,重视商业化运营和实现经济效益,社会责任意识有待增强;同时,由于尚缺乏针对网络新兴平台的成熟管理体制和普遍化管理举措,相较于主流媒体,网络媒体的传播失范现象较为严重。

网络传媒社会责任建设具有规范传播秩序、形成正确网络舆论工作格局的重要作用。面对部分商业化网络媒介机构和自媒体等,在传媒社会责任的履行过程中存在着违反新闻真实性原则、舆论导向错位、舆论内容不健康、传播秩序不规范、侵犯知识产权和隐私权、责任主体严重缺位等现象,④相关主管部门也不断推出相应规制举措,管理规范新模式、新问题、新挑战。信息爆炸与媒介信息化时代,包括虚假新闻、低俗内容、侵犯知识产权等此前已广受争

---

① 赵云泽,赵国宁."理想"和"技术"哪个更让新闻业负责任?:兼论中国新闻实践中对美国"社会责任论"的批判借鉴[J].新闻界,2018(9):28-33.
② 卢家银.数字化生存中的伦理失范、责任与应对[J].新闻与写作,2020(12):28-34.
③ 商务部,科技部.商务部 科技部公告 2020 年第 38 号 关于调整发布《中国禁止出口限制出口技术目录》的公告[EB/OL].(2020-08-28)[2021-03-07]. http://www.most.gov.cn/tztg/202008/t20200828_158545.html.
④ 胡玉璋,易鹏.中国网络媒介社会责任建设探析[J].长安大学学报(社会科学版),2015,17(4):73-77.

议的问题在内,新型传媒与技术仍然面临的一些新型挑战主要包括以下几个方面。

第一,算法驱动的媒介平台获取了内容聚合和内容分发的关键权利,并收获超额商业利润,却相对缺失承担传媒社会责任。算法已成为媒介平台处理海量用户数据,绘制用户画像、个性化推送和精准定价的"生产工具",成为平台运行的核心动力,①应当注重强化平台责任、设置监管框架,建立完善平台算法监管机制和问责体系。

今日头条、抖音等算法推荐平台,已经是广大传统媒体、新闻媒体、企业媒体和自媒体等广泛主体的信息发布平台和内容聚合平台,以庞大的活跃用户数量和领先的信息推送技术,发展成为媒介化社会的结构性"基础设施",是新型媒体平台和传播平台,是"媒体的媒体"。② 用户使用媒介的习惯从"主动搜索""主动选择和使用"转变成了被动式的"个性化推荐"。用户的信息选择和媒介化生存环境感知渐渐被掌握在算法和平台一方。截至 2020 年 1 月,算法推荐资讯平台今日头条日活跃用户达到 1.3 亿户,月活跃用户达 4.1 亿户,位居资讯类应用榜首,人均日使用频次、人均日使用时长同样领跑;③截至 2020 年 8 月,短视频平台抖音的日活跃用户突破 6 亿户,日均视频搜索量突破 4 亿户。④ 经由数以亿计用户训练过的算法推荐模型已经超出了普通用户的认知理解范围和驾驭能力,成为高度复杂化和专业化的算法技术模型,仅基础算法就包括基于协同过滤的推荐算法、基于模型的推荐算法、基于流行度的推荐算法和基于群体的推荐算法、基于文本的推荐算法和混合式推荐算法等,其中又以协同过滤算法最为基础和重要。⑤ 而深受算法影响的用户除了被动接受算法之外,难以获悉算法原则、难以理解算法或参与修改算法。特别是基于模型的推荐算法则使用了机器深度学习技术,算法准确性和效率持续提高,相应技术仍然在高速更迭之中,以达到更好推荐效果。算法驱动的媒介信息平台为

---

① 张凌寒.《个人信息保护法(草案)》中的平台算法问责制及其完善[J].经贸法律评论,2021(1):36-46.
② 钱魏.十字路口上的搜索引擎媒介责任构建:以"魏则西事件"后百度整改为例[J].新闻研究导刊,2016,7(15):48-49.
③ 巨星算数.2020年今日头条用户画像[EB/OL].(2020-02-01)[2021-03-23]. http://www.doczj.com/doc/9f2414038562caaedd3383c4bb4cf7ec4bfeb663.html.
④ 字节跳动.抖音发布2020数据报告,18亿次评论关于"加油"[EB/OL].(2021-01-06)[2021-03-23]. https://www.bytedance.com/zh/news/60489e2c5dc4ed02d13cb3b9.
⑤ 吴小坤.热搜的底层逻辑与社会责任调适[J].人民论坛,2020(28):107-109.

用户营造出"沉浸式"的使用体验,建构出一个超真实的虚拟媒介空间。如果算法模型缺失信息把关机制和责任承担机制,用户就会在人机协作中被算法及背后的平台市场利益强化自身的认知盲区与偏见歧视等人性弱点,形成人为设置的信息过滤泡,损害个人信息获取质量和媒介素养,造成用户社群化分割和圈层化分离,阻碍社会共识建设。

对于算法的隐忧在于:谁来决定信息的价值?谁来决定算法的架构?算法驱动下的平台运营责任主体转向了谁?谁来监督算法或者为算法运行承担社会公共责任?从哲学意义上来说,价值判断是受判断主体需要和客体属性双重制约的实践活动。[①] 算法参与新闻分发和用户信息获取,触发了新闻价值判断和责任判断的主体、客体和中介关系的嬗变。信息社会,人们面对海量信息和数据冗余存在信息焦虑和社交疲倦现象,数量庞大的用户群体选择接受精准信息推送服务及其相关产品。算法技术、用户心理、信息内容和平台经济利益共同构成了此类平台的运营逻辑。从产品逻辑角度来看,建立在推荐算法、信息流自动更新和热门排行与推荐基础上的媒介平台,能够为用户减轻甚至消解信息选择压力,帮助用户快速找到热点信息和个人偏好的信息,降低信息冗余和信息过载压力,提高用户体验和平台信息转化率。平台据此形成了媒介权力,最大化压缩了人们浏览、认知和选择信息的过程,挤压了个体自主选择异质化、多样化内容的权利,直接影响平台用户的信息感知和对世界的整体性理解。但是,算法一旦被低质量信息、平台利益或商业化信息、错误的价值观影响或俘获,会造成广泛和深刻的影响。如果算法推荐技术基于流量利益和商业利益一味迎合用户心理和个人喜好,会导致个人信息流高度同质化、内容低俗化,而缺失信息质量把关,缺少关键重要信息推荐机制,会导致用户信息获取质量不足,扭曲用户对现实世界的客观感知,影响数字社会和公共舆论环境健康可持续发展。同时,平台收集、存储和分析数以亿计的大规模用户个人信息作为"原料",通过机器深度学习、用户个人数据挖掘和算法模型等技术收集信息、分析信息,有可能通过信息还原的方法掌握一个国家或地区的社会风貌[②]和社会深层心理动态,甚至形成影响乃至干涉公共意见、公共舆论的能力,威胁国家信息安全。在这个意义上,对影响力巨大的算法技术立法的声

[①] 张军辉,沈宇.理想的彼岸抑或意义的迷失:算法驱动新闻社会责任反思[J].中国出版,2019(4):14-19.
[②] 卢家银.数字化生存中的伦理失范、责任与应对[J].新闻与写作,2020(12):28-34.

音出现,要求对算法技术、推荐机制、算法模型等进行更加有力的公共监管,并完善算法平台问责机制。《中华人民共和国个人信息保护法》已确立了我国算法自动化决策治理的基本框架,要求平台作为最重要的自动化决策主体承担事前风险预防义务、事中安全运行义务和事后的相关责任,设定了对算法运行的全生命周期监管框架。但是从实施"算法问责"到促进"算法履责",还需要更多的技术条件和社会条件。

算法平台所建构的传播秩序脱离了内容生产和内容把关,强化了事关媒介权利和商业利益的内容聚合和内容分发功能,以"技术中立"作为标签,并未针对信息客观性和全面性、信息品质、商业操控等设置相应技术机制,相对缺失履行传媒社会责任。在算法广泛成为制度、意识形态、传播机制关键参与者的当下,算法推荐的可控性、可预测性、透明度和履行社会责任等问题,已经成为传播领域和技术领域的新型关键问题。

第二,在国际化传播中,传媒企业特别是传媒技术企业面临维护国家利益、承担国际传播责任的挑战。特别是在中国政治、经济全球化影响力日益增强和参与全球治理的新时代背景下,对于传媒承担国际传播责任出现了一些新挑战和新要求。

在信息化时代,中国已逐渐形成互联网商业模式、产品模式和传播模式上的一系列领先创新优势,并积极拓展海外市场版图,形成国际影响力。2020年以来,数字经济展现出抗击"逆全球化"的强大韧性和巨大活力,人工智能、大数据、云计算等数字信息技术在各国抗击疫情进程中快速发展。以数字技术为基础的短视频传播、电子商务、远程办公、视频会议、云端经济等新产业、新业态、新模式异军突起。① 这既为维持各国经济社会正常运转发挥了重要作用,也为对冲世界经济下行注入了新的动能,具有低成本跨国经营、跨国协同的优势,有利于中国发展全球数字经济、参与全球数字治理。

在经济全球化受阻和国际冲突加剧的背景下,中国传媒企业、技术企业出海受阻,面临国外政府的一些不合理规制举措或国际冲突压力。一些已形成国际影响力的媒介平台以及具有媒介功能的技术平台、商业平台等,在国际化运营、对外传播过程中,本应同时承担传播中华优秀文化、讲好中国故事的国际传播责任。而根植于中国市场和中国用户之中的本土企业,将基于数据分

---

① 马相东.抵御"逆全球化"数字经济展现韧性[N].光明日报,2021-02-18(002).

析的个性化信息推送服务技术、算法模型或人工技术交互界面技术、关键专利技术等运用于海外市场的过程中,当遭受国外政府不合理规制甚至违法限制时,也应配合本国政府,维护基于国家利益的企业合理利益,承担本土企业出海应承担的技术保护职责、国家安全职责,履行媒介传播责任、文化传播责任和企业社会责任。

2017年"出海"运营获得巨大成功的短视频平台TikTok是以中国为源头的一款真正的世界级应用。① 数据显示,2020年上半年,TikTok全球下载量已达6.26亿次,在苹果和谷歌系统内产生收入为4.21亿美元,位列全球第三。② 需要强调的是,在产品模式创新、算法推荐等方面,TikTok根植于中国市场和中国用户数据,离不开其中国总公司字节跳动的核心算法技术支持和运维支持。2020年8月,TikTok遭受美国政府、美国大型互联网企业觊觎和攻击;中国商务部、科技部及时调整发布《中国禁止出口限制出口技术目录》,以国家力量纾解中国企业海外困境,维护国家技术安全和国家利益。在国际竞争中,理想意义上的政治经济全球化并未完全实现,所谓开放公平的国际传播格局和国际互联网竞争格局也并未按照技术逻辑和经济逻辑一蹴而就。在未来发展中,中国传媒技术企业也应以本土企业和本土利益为根本,积极配合中国发展战略与全球化治理进程,维护基于国家安全利益的企业合理利益,承担国际传播责任。

第三,传播主体泛化背景下,媒介组织、自媒体或传播个体等过度追求流量增长和过度商业化等问题。

新媒体语境下,传播主体泛化增加了传播风险,弱化了传播职业规范和传媒社会责任。人人皆可为媒,传播主体多元化,消解了传媒专业壁垒和专业边界。在传统媒体时代,通过专业新闻教育、专业传媒组织和职业培训等全面强调和恪守规范的专业伦理和职业道德,在主体泛化的过程中被大大消解。而泛化的自媒体个人或组织机构,缺少专业"把关人",缺少信息核实与保持信息品质的根本动力,也缺少强有力的规制措施予以规范,仅依赖一般媒介素养、一般社会道德等弱约束机制或自我规制意识,很难抵御强大的商业流量和商业利益的冲击。同时,娱乐新闻、社会新闻等软新闻内容能够为大众提供精神

---

① 张颐武.珍视平台跨文化传播价值[N].环球时报,2020-08-18(015).
② 中国互联网络信息中心.第47次《中国互联网络发展状况统计报告》[EB/OL].(2021-02-03)[2021-03-24]. http://www.cnnic.net.cn/hlwfzyj/hlwxzbg/hlwtjbg/202102/t20210203_71361.htm.

层面的调剂、缓解现实压力,相比国计民生和公共政策相关的硬新闻,大众的日常内容选择也偏泛娱乐化。① 但是提供的娱乐,从社会公共利益角度来看,应当是"好的"娱乐,而非脱离语境、肤浅和碎片化的"娱乐至死"类型的娱乐;② 特别是媒介技术进化升级之下涌现的游戏直播、VR 等新型媒介样态,相比电视时代,更加提升了即时交互效果和临场用户体验,③放大了娱乐效应和娱乐效果。在技术驱动和商业驱动下,如果以市场化媒体、新媒体为主的内容生产者缺失社会责任,制作媚俗低俗甚至虚假低劣的内容以获取商业流量和商业利润,会影响公共舆论空间的理性与建设性,影响大众新闻议程设置。

传媒机构的过度商业化运营、缺失社会责任危害深远。媒介化生存时代,传媒以损害信息真实性和客观性原则、制作与传播虚假低俗信息等短期化行为过度追求流量增长或商业化变现,甚至通过产品创新或技术研发等形成固化的运营模式,造成信息相关度失真、损害信息真实性和客观性,干扰公共讨论议程设置,长期运营之后形成更为持久和固化的信息传播问题,损害用户利益和社会公益,造成比传统媒体时代更为恶劣和广泛的后果。在激烈的市场竞争和生存压力之中,市场化媒介组织难以保持严格自律和遵守行业他律,最终也使得追求传媒社会责任成为空谈。④约束多样化、多元性的传媒责任主体,不可能仅依赖具有软约束力的道德责任或行业自律,必然需要有力的法律法规、制度规制和落实到明确主体的实现路径。一些对社会危害较大的传播行为治理尤其依赖强有力的法律法规约束和行政化干预管理。

以用户基数庞大、技术和运营模式成熟的搜索引擎和社交媒体平台为例,其基本功能本应是提供客观信息,满足用户信息需求和社交需求,并完善信息把关和监督,遵守法律法规和维护社会公共利益。但在过度商业化驱动下,有的搜索引擎或社交媒体平台在运营中扭曲信息呈现质量、流量造假或推广虚假广告等,损害社会公共利益。如搜索引擎在搜索结果或热搜中屏蔽关联企业负面新闻,或通过竞价排名、信息流广告等为资质不健全的民营医疗机构或不规范的商业机构导流,造成用户获取虚假信息、无效信息或信息盲区,损害

---

① 杨美杰,蒋佳臻.新媒介语境下媒体社会责任的困境及应对策略[J].现代视听,2019(12):27-30.
② 刘肖.超越表象:对"娱乐至死"命题的批判性思考[J].新闻界,2007(4):37-39,85.
③ 王长潇,刘瑞一.网络影像奇观的生成逻辑、类型建构与意义解码[J].现代传播(中国传媒大学学报),2018,40(4):86-91.
④ 谷一飞.中国足球调查报道及其社会责任研究:以人民日报、新民晚报、体坛周报"反赌打黑"报道为例[D].上海:上海交通大学,2014.

用户利益和社会公共利益,引发如魏则西事件等严重事故。在商业利益驱动下,社交媒体的信息流、热搜榜等产品的客观性和真实性也受到广泛干扰,资本一方面通过购买热搜榜的方式获取公众注意力,另一方面也有通过购买"水军"刷榜、刷流量等方式干预公共讨论,并已渐渐固化为舆论生产的一部分,为社交媒体平台带来更大的流量经济和实际商业收益。

承担社会伦理的责任主体,不仅包括组织化的信息内容的生产者、发布者和传播者,也包括技术开发者、平台运营者;不仅包括广泛的个人化自媒体和普通网络用户,也包括组织化的专业传媒机构、企业主体和各种社会组织,都需要承担与媒介使用和信息传播相对应的社会责任。商业化自媒体主体因缺乏稳定的身份和固定的产业收益,传受身份界限消失,更加解构了现实中媒介的权利和义务。自媒体的传播优势在于成为公众表达自我、抒发己见、获取信息、建言献策和社会感知的重要主体和重要中介;①但是因自媒体专业意识和专业能力不足、缺乏信息把关人和信息约束机制、商业化冲动较强等客观原因,其内容质量不能确保稳定优质和客观理性,特别是在新闻信息核实、专业化知识的认知与传播,以及提供建设性讨论和服务社会公共利益等方面,有待加强与其传播权利相匹配的履责社会责任的能力。值得期待的是,一些不断涌现的知识型自媒体、专业型自媒体,如《博物杂志》及运营者张辰亮、法医秦明、江宁公安在线及运营者江宁婆婆、沈逸教授等,在科学传播、专业传播和大众科普与沟通方面起到了开拓性和建设性的作用,并且通过全媒体平台运营和社群传播等多种方式,获得了良好的社会效益和经济效益。

需要看到,信息化技术进一步发展之下,传媒社会责任还在持续面临新问题和新挑战,如使用模拟语音、图像合成和 AI 换脸等深度造假(Deep Fake)技术制造更加难以识辨的虚假信息,已被应用于一些领域。VR、AR、5G、无人航拍等新型媒体技术也孕育着具有多种可能性的传播新技术、新业态和新模式,带着巨大的变革潜力和发展空间而来。面临重要而关键的传媒社会责任问题,仍然需要强调,不论媒介形态和所有制形式,不论产品模式和技术形式,任何媒介都需要承担社会责任。② 这是由媒介的公共属性、强大影响及其行业特性所决定的,是传媒权利与责任相一致原则的体现。传媒社会责任理念与实

---

① 贾佳.风险社会语境下自媒体的社会责任研究[D].成都:西南交通大学,2016.
② 卢家银.数字化生存中的伦理失范、责任与应对[J].新闻与写作,2020(12):28-34.

践再次回归。

为确保国家信息安全、网络传播秩序以及社会公共利益,国家已发布相应政策法规予以规范管理。互联网信息安全与传播治理已成为国家现代化治理体系的重要组成部分。2014年8月,国务院授权国家互联网信息办公室负责互联网信息内容管理工作,[①]为网络信息安全提供了组织保障。2016年11月发布的《中华人民共和国网络安全法》[②]是我国网络安全领域的技术性法律,规定了网络空间主权原则,保护国家关键信息基础设施,强化个人信息保护并规制跨境数据转移等,是网络传播安全与传播秩序的法律保障。[③] 2019年1月、8月、12月,国家网信办分别发布《区块链信息服务管理规定》《儿童个人信息网络保护规定》《网络信息内容生态治理规定》,皆是对相应传播领域的专门化规定。同年12月,多部门联合发布《App违法违规收集使用个人信息行为认定方法》。2021年2月,多部门联合发布《关于加强网络直播规范管理工作的指导意见》[④]。国家已制定发布一系列法律法规,对我国互联网领域安全秩序和最新问题予以有效规制与专业化管理。整体上看,我国已形成了法律、行政法规、部门规章和规范性文件、政策文件等规制手段,具有先进性、整体性和可操作性等特征,为国家互联网治理和全球网络治理贡献了中国智慧和中国方案。

主流媒体是我国媒体格局和舆论生态的中流砥柱,建设一批具有强大影响力和竞争力的新型主流媒体成为引领主流舆论格局、服务文化传播和人民信息需求的重要战略举措。新型主流媒体通过内容资源优势、渠道整合能力和平台融合传播提高传播力、引导力、影响力和公信力,体现并传播社会主义主流意识形态与核心价值观,凝聚社会共识。主流媒体主要是指以严肃新闻为主要报道内容,具有专业理念和文化自觉精神,着力弘扬主流价值,在竞争区域内处于重要地位并占较大市场份额,在社会发展中勇于担当社会责任的媒体。[⑤] 新型主流媒体不以网络"流量"或数据为首要指标,强调遵守互联网技

---

① 国务院.国务院关于授权国家互联网信息办公室负责互联网信息内容管理工作的通知[EB/OL].(2014-08-28)[2021-03-20]. http://www.cac.gov.cn/2014-08/28/c_1112264158.htm.
② 中华人民共和国网络安全法[A].中华人民共和国全国人民代表大会常务委员会公报,2016(6):899-907.
③ 王春晖.《网络安全法》六大法律制度解析[J].南京邮电大学学报(自然科学版),2017,37(1):1-13.
④ 关于加强网络直播规范管理工作的指导意见[J].电子政务,2021(3):2.
⑤ 强月新,陈星,张明新.我国主流媒体的传播力现状考察:基于对广东、湖北、贵州三省民众的问卷调查[J].新闻记者,2016(5):16-26.

术逻辑和传播规律,树立信息权威性和公信力。传媒技术革新要求主流媒体快速适应并强化意识形态影响力,做好舆论引导,传播主流价值。以党报党刊党台为主体的主流媒体本身即具有事业属性,在管理部门工作部署下注重把握导向、发挥职能,践行责任理念。而新兴的多样态网络媒体平台、网络媒体组织和自媒体等市场化程度相对较高的媒体,在履行社会责任方面有待加强。新媒体环境带来传播主体泛化、传播职业道德弱化、把关难度增大、内容同质化和媚俗化等现实问题。特别是在舆论环境复杂化和社会群体利益诉求多元化的背景下,社交媒体、技术平台及自媒体等市场化媒介具有较强议程设置能力和话语博弈能力,逐渐形成舆论倒逼或越位现象,带来局部的传播秩序混乱甚至社会舆情危机。[1]对主流媒体的舆论引领产生了一定冲击。

2014年8月,中央全面深化改革领导小组第四次会议审议通过了《关于推动传统媒体和新兴媒体融合发展的指导意见》,要求推动传统媒体和新兴媒体在内容、渠道、平台、经营和管理等多方面的深度融合。[2] 2020年9月,中共中央办公厅、国务院办公厅印发《关于加快推进媒体深度融合发展的意见》,要求尽快建成一批具有强大影响力和竞争力的新型主流媒体,建设以内容建设为根本、先进技术为支撑、创新管理为保障的全媒体传播体系。[3] 2020年11月,《中共中央关于制定国民经济和社会发展第十四个五年规划和二〇三五年远景目标的建议》也强调实施全媒体传播工程,做强新型主流媒体,并将之作为繁荣和发展社会主义文化事业和文化产业的重要举措。[4] 打造新型主流媒体即是重建主流媒体与网络用户的连接,使主流媒体重新成为网络社会中的中心节点和关键意见平台,增强议程设置能力和舆论引导能力,[5]增强社会主义意识形态凝聚力和引导力,团结国民理想信念、价值理念和道德观念,巩固共同奋斗的思想基础,构建网上网下思想同心圆,形成立体多样、融合发展的现代传播体系。

---

[1] 许向东,邓鹏卓.新媒体环境下主流媒体的社会责任[J].新闻战线,2018(17):43-44.
[2] 陈昌凤,杨依军.意识形态安全与党管媒体原则:中国媒体融合政策之形成与体系建构[J].现代传播(中国传媒大学学报),2015,37(11):26-33.
[3] 中共中央办公厅,国务院.中共中央办公厅 国务院办公厅印发《关于加快推进媒体深度融合发展的意见》[EB/OL].(2020-09-26)[2021-03-23].http://www.gov.cn/zhengce/2020-09/26/content_5547310.htm.
[4] 中共中央关于制定国民经济和社会发展第十四个五年规划和二〇三五年远景目标的建议[N].人民日报,2020-11-04(001).
[5] 李良荣,袁鸣徽.锻造中国新型主流媒体[J].新闻大学,2018(5):1-6,145.

特别是在突发事件、重大舆情事件、重大公共卫生事件等重大、重要、重点新闻传播中,事件发展和传播路径不可预测性增强,舆情热点升温迅速,所构建的短期舆论场剧烈变化,难以把关关键新闻事实的发布与传播,难以把控虚假新闻和谣言的生成与恶劣影响,极易产生较大社会影响。传媒居于现代国家治理重要位置是由现代社会知识化、网络化、媒介化的特点所决定的。尚未抵达理想彼岸的现代社会具有一定的风险性和脆弱性,隐藏于复杂结构的社会表面之下有一些不确定和不可预测的潜在风险,一旦条件和时机成熟,或受到放大与激发,将借助网络媒介技术以相当快的速度传播扩大,甚至放大为社会现实危机。作为国家治理和社会治理重要组成部分的主流媒体尤其应当承担起正确舆论导向的职能,权威发布客观真实全面的新闻事实,持续追踪,理性发声,消解传播风险,引领建设性讨论和正向社会价值观传播,切实承担主流媒体在政治传播和社会治理方面的重要责任。疫情期间,85%受众对主流媒体的信息需求度明显增加,[1]认为主流媒体发布信息更加具有可靠性、真实性和准确性,并且重视从主流媒体获取各级政府权威声音,感受政府回应与国家关切;同时,主流媒体更能够邀请到顶尖专家,有益于高效学习有效知识。主流媒体具有党媒属性、专业内容生产力和传播渠道掌控力,在日益复杂的现代环境和风险社会进一步凸显了战略价值和治理价值。

信息产品和网络服务的使用者也是承担网络传播责任的重要主体。网络空间中,个体传播的自由程度不断提升,权利意识不断增强,思潮与意见交锋高频高强度出现。普通网络用户并不会自动生成体系化、规范化的社会秩序和传播规范,[2]需要由政府及传播平台等积极指导和有效监管,建立健全虚拟社会的舆论引导机制,强化网络传播社会责任,规范个体传播行为。[3]

在技术层面,从治理根源上讲,通过对网络基础设施、关键技术的研发与运用,对算法推荐、深度造假、侵害隐私等信息传播问题进行物理限制和技术阻遏,是一种更为有效和值得期待的强制性规范措施和彻底变革。在互联网时代,传统媒体专业把关人的角色已被弱化和替代,依靠人工编辑进行信息把关的可行性不断降低,[4]探索优化技术把关的可能性或训练能够承担社会责任

---

[1] 艾瑞咨询.中国新型主流媒体发展案例研究报告[EB/OL].(2021-01-12)[2021-03-24]. http://report.iresearch.cn/report/202101/3723.shtml.
[2] 杨胜利.网民个体化及其媒介社会责任研究[D].长沙:湖南大学,2019.
[3] 杨胜利.网民个体化及其媒介社会责任研究[D].长沙:湖南大学,2019.
[4] 吴小坤.热搜的底层逻辑与社会责任调适[J].人民论坛,2020(28):107-109.

的算法机制更加具有紧迫性。资本和平台利用中立的算法技术和传播技术,实质上掌握了超出商业范畴的媒介权利和社会影响力,需要由政府在信息聚合市场、算法推荐等智能内容分发市场及社交媒体平台等积极介入指导和有效监管,建立健全虚拟社会的舆论引导机制,强化大型平台网络传播社会责任,并规范管理个体传播行为。商业平台未必有足够的驱动力研发与应用相关责任伦理技术,仍然需要国家法律法规、制度规范、行业联盟律等多种方式"多元共律",才能避免选择冲突式、短期化的治理举措,形成稳定长效的履责机制。

新技术背景和传播生态下,传媒社会责任面临新一轮迫切需求与回归。整体上看,我国传媒仍然重视承担社会责任,但尚缺乏可落实的指导标准和统一的评价指标体。提倡传媒承担社会责任,需要有具体可执行、可落实的措施,不能仅使用提倡自律等方式,应从顶层设计层面重视传媒社会责任治理的制度创新与机制创新,明确责任主体,形成硬法与软法并举、法律与伦理兼具、强制性规范与鼓励性规范并包,[①]自律和他律结合等多个维度、多元主体的治理体系,建构规制媒介传播行为的有效治理模式,使传媒真正承担起维护社会公共利益、维护"道义良心"的社会责任。[②]

传媒承担社会责任在信息时代的回归也有一些新举措和新亮点。疫情期间,主流媒体充分发挥传播优势,及时主动公开疫情最新信息和政府、专家权威信息,[③]凝聚社会共识,动员社会力量,化解疫情带来的紧张氛围和恐慌情绪;社交媒体平台、短视频平台、自媒体等也积极传播科学防控措施,发掘民间抗疫故事;电商直播平台蓬勃发展,创新发展线上消费,提振市场信心。决战决胜扶贫攻坚期间,传媒业和技术企业也发挥着讲好扶贫故事、助力扶贫传播和乡村旅游、发展助农电商和汇聚社会扶贫力量等功能,如短视频平台积极为乡村文旅和农村电商导流,充分发挥了短视频下沉式、普惠式的产品优势,积极主动承担社会责任。在中美贸易摩擦期间和中国面临新一轮西方国家舆论施压问题中,传媒和广大用户联合行动,在国际传播和国内传播中主动设置议程反击西方传播霸权,凝聚共识维护国家利益,彰显制度自信和文化自信。在

---

① 卢家银.数字化生存中的伦理失范、责任与应对[J].新闻与写作,2020(12):28-34.
② 胡玉璋,易鹏.中国网络媒介社会责任建设探析[J].长安大学学报(社会科学版),2015,17(4):73-77.
③ 刘宗义.2020年新闻传播学界的抗疫力量研究综述[J].传媒观察,2021(2):47-53.

影视制作领域、文娱文创领域和经济领域,中华传统文化、中国故事成为新国潮和新风尚,彰显年轻人新的情感诉求、价值归属和社群认同,传递强烈的民族骄傲感和国家认同感,坚守中华立场,传承文化基因。

思考题

1. 如何理解传媒社会责任的内涵及边界?
2. 传媒承担社会责任具有哪些功能?
3. 信息爆炸时代,传媒社会责任面临哪些新型挑战?如何应对?

相关学习延伸资料

1. 陈力丹.自由主义理论和社会责任论[J].当代传播,2003(3):4-5.
2. 常湘萍,杜一娜.普及社会责任报告制度,促进媒体行业自律[EB/OL].(2021-07-20). http://data.chinaxwcb.com/epaper2021/epaper/d7524/d5b/202107/117993.html.
3. 郁涛.新媒体时代媒体承担哪些社会责任[EB/OL].(2018-08-03). http://www.rmlt.com.cn.
4. 许向东,邓鹏卓.新媒体环境下主流媒体的社会责任[J].新闻战线,2018(17):43-44.
5. 阿特休尔.权力的媒介[M].北京:华夏出版社,1989.
6. 邵培仁.媒体的当下使命及社会责任[J].中国广播电视学刊,2006(6):5.
7. 郑保卫.新闻工作者要担负起自己的职业责任:从"纸箱馅包子"假新闻事件谈起[J].今传媒,2007(11):40-42.

参考文献

[1] 本书编写组.马克思主义新闻观十二讲[M].北京:高等教育出版社,2019.
[2] 西伯特,彼得森,施拉姆.传媒的四种理论[M].北京:中国人民大学出版社,2008.
[3] 新闻自由委员会.一个自由而负责的新闻界[M].北京:中国人民大学出版社,2009.
[4] 金梦兰.媒体的社会责任[M].太原:山西人民出版社,2015.
[5] 钟媛媛.传媒责任伦理研究[M].北京:中国传媒大学出版社,2018.
[6] 李良荣.新闻学概论[M].5版.上海:复旦大学出版社,2014.
[7] 环境与发展研究所.企业社会责任在中国[M].北京:经济科学出版社,2004.

[8] 肖利花.媒体社会责任概念维度的归纳性分析[D].长沙:中南大学,2011.

[9] 贺琛.新闻传播者的道德责任研究[D].长沙:中南大学,2013.

[10] 郑保卫.权力·责任·道德·法律:兼论新闻媒体的属性、职能及行为规范[J].国际新闻界,2005(4):44.

[11] 黄诚,包国强,李佩佳.基于网络空间治理的网络社会责任内涵及治理结构的多维解析[J].科技传播,2019,11(3):11-18.

[12] 包国强,张曼.简论报刊社会责任评价模型[J].新闻传播,2012(4):25-26.

[13] 周志懿.做负责任的媒体:中国传媒社会责任课题研究概述[J].青年记者,2012(13):37-40.

[14] 段艳文.中国传媒社会责任研究(2017—2018)[J].中国传媒科技,2018(5):6.

[15] 杨晓强,廖俊清.大众传媒社会责任的构成分析[J].新闻世界,2013(12):70-71.

[16] 胡玉璋,易鹏.中国网络媒介社会责任建设探析[J].长安大学学报(社会科学版),2015,17(4):73-77.

[17] 中共中央关于坚持和完善中国特色社会主义制度 推进国家治理体系和治理能力现代化若干重大问题的决定[N].人民日报,2019-11-06(001).

[18] 郭庆光.传播学教程[M].2版.北京:中国人民大学出版社,2011.

第一章
传媒社会责任发展的历史

第一节 传媒社会责任的产生和发展

一、西方传媒社会责任的产生和发展

(一) 产生背景

西方传媒社会责任缘起于"社会责任理论"的诞生与发展,"社会责任理论"发端于20世纪中叶的美国,哈钦斯委员会(Hutchins Commission)发布了《一个自由而负责的新闻界》标志着"社会责任理论"的诞生,该理论强调大众传播媒介对社会和公众应承担一定义务与责任,是对自由主义报刊理论的修正。[1]

自由主义报刊理论产生于20世纪的美国,是自由主义理论在新闻界的延伸。自由主义理论认为人是具有理性的,每个人都能够认识周围的世界,根据自己的经验做出正确判断,人们能够自主地交流、获取信息并追求成功。真理若不受约束,便能战胜一切。因此,个人的意见必须得到充分尊重。[2]

现代自由主义理论产生于17世纪,18世纪末至20世纪上半叶逐渐成为西方工业国家新闻学的主流理念。17—18世纪的启蒙运动使得自由至上主义广为传播,因此也影响了大众传媒,"自由至上主义在这一领域最重要的贡献是强调了个人的重要性,相信人的理性能力和天赋权利。宗教信仰自由、言论和出版自由都是天赋权利的一部分。"[3]

---

[1] 郭庆光.传播学教程[M].2版.北京:中国人民大学出版社,2011:142.
[2] 陈力丹.自由主义理论和社会责任论[J].当代传播,2003(3):4-5.
[3] 西伯特,彼得森,施拉姆.传媒的四种理论[M].戴鑫,译.展江,校.北京:中国人民大学出版社,2007:35.

从文艺复兴至启蒙运动,人类对自由的追求从未停歇。欧洲自中世纪开始,无论封建王权还是教会均对人们进行着严格的思想控制,1644年,约翰·弥尔顿(John Milton)出版了《论出版自由》,批判了当时封建社会的书报检查制度,并主张人们应拥有思想自由、出版自由的权利,这一思想也为自由主义新闻理论的提出奠定了基础。1859年,约翰·穆勒(John Stuart Mill)发表了著作《论自由》,提出"衡量是否存在言论自由的标准,是看少数人是否能够自由地发表意见,而多数本身,就已经决定了他们拥有自由发表意见的权利。"[①] 自由主义理论遵循着这样一种前提:人人都有认识追求真理的愿望,但是真理只能通过各种意见自由而公开的争论来获得,人们相互容忍不同的意见并争论,正确、合理的意见最终会被人们接受,真理不能为权力所垄断,一旦被垄断会导致缺乏不同意见而出现错误。因而,自由主义理论的核心即观点的自由市场和意见的自我修正。

随着自由主义理论的发展,各国也逐渐开始以宪法形式确立言论和出版自由。1789年,法国《人权宣言》第11条规定:"无拘束地交流思想和意见是人类最宝贵的权利之一,每个公民都有言论、著述和出版自由,只要他对滥用法律规定情况下的这种自由负责。"[②]美国《宪法第一修正案》规定"国会不得制定关于下列事项的法律:确立国教或禁止信教自由;剥夺言论自由或出版自由;或剥夺人民和平集会和向政府请愿申冤的权利。"[③]该修正案于1791年12月15日通过并生效,是美国权利法案中的一部分,由此确立了美国的新闻自由。新闻自由保证了各种资讯和观点得到自由出版的权利,任何形式的出版审查均违反《宪法第一修正案》,属于违宪行为。宪法保护传媒免受政府的控制。

从18世纪中叶到19世纪,伴随着工业革命的开展,机器大工业时代来临。受益于此,这一时代科学技术飞速进步,贸易范围不断扩大,同时现代运输业也快速发展起来。大批欧洲移民涌入美国,大西洋沿岸城镇发展成为早期的城市中心,伴随着城市化的发展,大众媒介与城市中心同步发展起来。此外,市民识字率提升,越来越多的人能够阅读并且对信息的需求不断上升,大

---

① 陈力丹.自由主义理论和社会责任论[J].当代传播,2003(3):4-5.
② 百度百科.人权宣言[EB/OL].(2021-12-15).https://baike.baidu.com/item/%E4%BA%BA%E6%9D%83%E5%AE%A3%E8%A8%80/909435.
③ 饶龙飞.论限制公民宪法基本权利的职权正当化事由:以法律保留、宪法保留的功能与规范基础为中心[J].岭南学刊,2015(4):81-88.

众市场不断扩张,报刊的商业和政治作用日益突出。

1833年9月3日,本杰明·戴(Benjamin H. Day)创办了《纽约太阳报》,秉持着"照耀所有人"(It Shines for All)的口号,它成功地开启了大众媒介的时代。本杰明·戴将太阳报的售价定为一分钱,通过吸引读者,增加发行量并以广告收入来弥补因此带来的损失进而获得盈利。低廉的售价使得城市里的任何人都能够购买得起一份报纸。而这群庞大的新的读者群体,是被旧有商业报刊忽视的工人群众。①

《纽约太阳报》发刊词中,表述其宗旨"在每个人都能支付的价钱下,将一天中发生的所有的新闻奉献在公众面前,同时也给刊登广告提供一个便利的工具",报刊将内容售卖给读者,又将读者售卖给广告商,这样的二次售卖模式,随后引起诸多报纸效仿,由此引发便士报革命,彻底改变了报纸的盈利模式。在二次售卖模式下,由于广告商的介入,使得媒体不仅要服务于受众,同时要吸引广告商的投资目光,成为将受众输送给广告商的中介,进而影响了媒体对于内容和受众应负何种职责的认知。由于便士报革命将利润中心从受众转移到广告商,因而引起了三方面的问题:一是为了吸引大量观众,媒体内容偏于保守且同质化,以确保不会冒犯部分受众,因此导致新闻报道的偏差与视野的狭隘。二是便士报革命使多样化的观点更难以找到主流论坛。三是便士报革命加剧了势力强大的广告商和势力较弱的读者在有争议的内容上存在的利益上的矛盾,广告商微妙地影响着媒介内容。

19世纪末,资本主义经济开始由自由竞争走向垄断,资本主义报业也开始发生变化,报业竞争加剧,兼并收购不断进行,垄断报业集团开始形成,资本主义报业进入垄断阶段,"观点的自由市场"逐渐变成了垄断的超级市场,供应统一的观点。

进入20世纪,美国经济也发生了变化。20年代末,自由主义经济政策之下,迎来了资本主义经济的危机——经济大萧条。30年代后,罗斯福(Franklin Delano Roosevelt)开始实行新政,放弃了过去自由放任、全凭市场机制这只看不见的手自行调整的方式,国家开始大规模地干预经济,美国进入了国家垄断资本主义时期,把资本主义巨大的经济力量和国家巨大的政治力量紧密结合

---

① 阿特休尔.权力的媒介[M].黄煜,裘志康,译.北京:华夏出版社,1989:42.

起来,对社会的经济生活和政治生活进行了全面的控制。① 新闻界也受此影响,受到政府的干预,同时,新闻企业自身垄断程度加剧,媒介资源越来越集中在少数人手中。40年代初,新闻自由愈发受到威胁,一方面,战争期间,政府需要建立一些原则来管理言论传播,以此确保战争的胜利,战时赋予政府的巨大权力正不断地威胁着新闻自由;另一方面,由于商业利益的驱动,新闻媒体正日益放弃自己的公共责任。

随着传媒市场规模的扩大,传媒所有权日益集中,媒介资源被少数媒介公司垄断,传媒也日益遭受批评。传媒所有者只传达自己的意见、屈从于广告公司;传媒内容关注煽情、肤浅的内容,缺乏对重大事件的关注,危害了社会公德,传媒由商业阶层控制,危害了自由而公开的观点市场。②

而这样的发展,与自由至上主义报刊理论的初衷相去甚远。自由主义报刊理论主张通过意见自由市场与自我修正过程,提供各种事实和观点,提供给公众作为判断基础,协助他们揭露真相,解决政治和社会问题。作为企业的新闻传媒机构,在利润至上原则的驱使下,"观点的自由市场"难以实现,传媒服务于商业利益而忽视了公共利益,因此,伤害到了其他权利主体。

然而,由于自由至上主义报刊理论对自由的标准并不十分明晰,导致自由与滥用自由难以区分,极端的自由往往导向消极自由。

一方面,美国民主制度之所以兴盛,某种程度上归结于新闻媒介传播的信息,人们根据从新闻媒介获得的消息做出投票决定,美国人在处理公共事务时对传媒的依赖越来越深;而另一方面,媒体的所有权越来越集中在少数人手中,媒介成为强权的代言机构,因此媒体的消费者在很大程度上受到媒体经营者的任意摆布而无能为力。③

为了防止媒介的高度垄断带来的诸多问题引起社会矛盾激化,并防止政府对媒介采取干预措施,社会责任理论应运而生。

(二) 发展过程

除了媒介自身的原因,美国企业社会责任运动也对传媒业产生影响。19

---

① 游雨欣.施拉姆"报刊的四种理论"的哲学根源[J].太原师范学院学报(社会科学版),2009,8(2):38-40.
② 西伯特,彼得森,施拉姆.传媒的四种理论[M].戴鑫,译.展江,校.北京:中国人民大学出版社,2008:66-67.
③ 西伯特,彼得森,施拉姆.传媒的四种理论[M].戴鑫,译.展江,校.北京:中国人民大学出版社,2008:75.

世纪,工业革命的发展带来企业的快速发展,企业的规模和数量不断扩大和增长。19世纪中后期,企业制度逐渐完善,企业也开始注重自己的社会责任(CSR)。进入20世纪,美国一些理论学家关注到了企业日益巨型化所产生的社会问题,提出了另一种挑战传统企业角色或目标定位的理论——企业的社会责任理论。所谓企业的社会责任,就是指企业在追求利润、对股东负责的同时,也对社会、消费者、环境等负责。①

二战之后,新闻在美国社会中的作用愈发重要,然而新闻业的自由竞争导致传媒业的权力和资源却越来越集中,被少数人所垄断,人们失去自由表达思想的机会,新闻媒介提供的服务也逐渐脱离社会需要甚至受到社会谴责。② 当时对报纸的批评主要集中在新闻界有失公正、政治报道有倾向性、新闻内容中缺乏对公众有益的消息等方面,如果继续下去,必然会受到政府的约束控制。为了防止这一现象出现,《时代》杂志亨利·卢斯(Henry Robinson Luce)决定提供资金筹建一个由学者组成的委员会,专门研究新闻传播情况并汇总建议,以改善新闻传播的质量,为消除政府干预献计献策。1946年,该委员会——哈钦斯委员会,也就是美国新闻自由研究委员会成立,主席由芝加哥大学校长罗伯特·哈钦斯(Robert M. Hutchins)担任,委员包括其他12位各个领域的专家。

1947年,该委员会出版了《一个自由而负责的新闻界》(*A Free and Responsible Press*)一书,书中指出美国新闻自由正处于危险之中:

第一,作为一种大众传播工具,新闻界的发展对人民的重要性大大提高。同时,作为一种大众传播工具,新闻界的发展却大大降低了能通过新闻界表达其意见和观点的人的比例。

第二,能把新闻机构作为大众传播工具使用的少数人,未能提供满足社会需要的服务。

第三,那些新闻机构的指导者不时地从事受到社会谴责的种种活动,这些活动如果继续下去的话,新闻机构将不可避免地受到管理或控制。

如果一种对所有人都具有头等重要性的工具仅供少数人使用,且不能提供人们所需要的服务,那么此时,利用那种工具的少数人的自由就处在危

---

① 燕道成.中外传媒责任伦理研究综述[J].当代传播,2010(2):34-37.
② 林珊.新闻媒介是统治阶级的工具——评介美国新闻理论著作《权力的媒介》[J].国际新闻界,1990(1):1-5.

险之中了。① 进而提出了美国传媒业应担负的社会责任，提出媒介应在政治体制中承担特定职责，提供自由社会所需要的消息，包括以下五个功能：

第一，"一种就当日事件在赋予其意义的情境中的真实、全面、智慧的报道"。媒介报道应当真实准确地报道事实真相，提供权威可信的消息。

第二，"一个交流评论和批评的论坛"。大众传播机构应将自己视为公共讨论的载体，社会中所有重要的观点与利益都应得到反映。

第三，"一种供社会各群体相互传递意见和态度的工具"。大众媒体会起到形象塑造作用，因而在大众媒体上呈现的群体形象应是社会群体真实而典型的形象，进而促使人们对特定社会群体的正确认知与尊重理解。

第四，"一种呈现与阐明社会目标与价值观的方法"。新闻界具有教育功能，承担宣传、教育职责，应当阐明整个社会的价值观和目标。

第五，"一个将新闻界提供的信息流、思想流和感情流送达每一个社会成员的途径"。② 新闻界应该为公民提供所需信息，并尽量公正、完整地呈现，以使人们依此做出决策。

1956年，西伯特、彼得森和施拉姆出版了《传媒的四种理论》一书，书中系统阐述了社会责任理论，该理论后来成为传媒界的理想目标。作者认为美国传媒一直奉行的自由主义理论的根基出现了动摇。自由主义理论秉持着这样一种前提，即假设人都是理性的动物，都想认识真理并遵循真理去追求幸福与成功，真理只能通过各种意见的自由公开的争论来获得。然而随后现代心理学的发展推翻了这一假设，人的理性并不完善，人类有时是非理性的，难以仅靠辩论得到结论，而人类寻求真理的动力也并不充足，出于自身需要和欲望驱动，人们并不总是寻求信息，反而常常被动接受所见所闻，容易被人操纵。因此，仅靠公众自身并不能促成意见市场的良性运作，媒体必须为此承担起自身的责任。社会责任理论的核心观点也正是在此，强调媒介自由与责任的统一、权利和义务的统一，将新闻自由视作一种不可剥夺的权利。这就意味着新闻媒介应承担相应的责任和义务，新闻媒介必须对其所服务的公众和社会负责，同时"公众则应采取行动监督新闻传播。公众有权要求新闻媒体提供客观事

---

① 新闻自由委员会.一个自由而负责的新闻界[M].展江，王征，王涛，译.北京：中国人民大学出版社，2004：1-2.
② 雷霞.碎片里的融合——浅析移动终端新闻生产[J].科技传播，2015(22)：39-44.

实,并加以解释和澄清"。①

可见,社会责任理论实则是在自由主义理论基础上进行的修正。自由主义理论主张媒介作为提供信息给选民的工具,应完全自由,不受任何因素的控制或制约。社会责任论则认识到不受限制的自由会带来危险,新闻媒介必须对"良知和公共道德"负责,最终"通过新闻界的自律、政府的干预和公众的监督,促使新闻界实现负责任的自由"。②

社会责任理论于 20 世纪 40 年代被提出,50 年代逐渐普及并为各国所接受。但是,随着传媒环境不断发生变化,到了 20 世纪 80 年代,社会责任理论也受到了挑战。

20 世纪八九十年代,传媒所有权日益集中,媒介公司的大规模合并收购,使得媒介垄断化加剧。媒介追求的商业利益压过了公共利益,由此带来了新闻价值观念的变更,为了减少成本,增加利润,报纸的连锁经营、电台的合并经营,意味着统一的内容编排,内容同质化的倾向明显,极大地影响了新闻内容的质量。与此同时,过度的集中可能会产生霸权限制竞争,进而限制社会可获取的信息和娱乐的多样性、阻碍多元信息的流通与传播。③

社会责任理论提出于 20 世纪 40 年代,当时跨国集团和系列企业尚未成熟,因而该理论忽视了现代媒介经济权力集中的现实问题。

1984 年,英国的 J·赫伯特·阿特休尔(J. Herbert Altschull)在《权力的媒介》(*Agents of Power: The Role of the News Medias in Human Affairs*)一书中批判了社会责任理论,认为社会责任一词过于含混,难以表述清楚,更缺乏执行的准则;资本主义媒介集团的营利本质使得其"非营利性公共服务"缺乏现实基础,因而社会责任理论是一个含义不清的理想模式,新闻媒介最终只是被统治阶级利用的工具。作者认为,新闻媒介在任何情况下都是政治和经济权力的工具,所有国家的新闻自由都离不开国家的新闻政策。"没有哪个当局会让新闻媒介担负任何一种社会责任,他所需要的是一种符合特定社会秩序概念的社会责任"④。

---

① 阿特休尔.权力的媒介[M].黄煜,裘志康,译.北京:华夏出版社,1989:210.
② 涂光晋,吴惠凡.传媒"社会责任理论"的现实困境[J].武汉理工大学学报(社会科学版),2010,23(6):805-811.
③ 王颖吉.传播与媒介文化研究方法[M].北京:北京大学出版社,2017:545.
④ 阿特休尔.权力的媒介[M].黄煜,裘志康,译.北京:华夏出版社,1989:232-233.

二、中国传媒社会责任理论的产生和发展

有学者认为国内传媒社会责任研究始于徐宝璜,①但与西方传媒社会责任理论相接轨的媒介社会责任研究则起始于20世纪80年代。1980年,彼得森的著作以《传媒的四种理论》为书名被翻译成中文后,国内学界逐渐意识到传媒社会责任的重要性,一直十分重视传媒社会责任研究。②

(一) 产生背景

中国传媒社会责任最早源于20世纪20年代,伴随我国新闻事业的发展而产生。徐宝璜首先提出了传媒责任观,并认为我国传媒责任观产生的时代背景主要有如下几点③:媒介的社会作用日益增强,媒介的公众影响力日益提升;媒介环境恶化,公信力降低;五四运动推动使得新闻媒介成为新思想传播的重要载体,积极承担自身社会责任。

徐宝璜是我国最早的新闻理论家和新闻教育家,被誉为我国"新闻教育第一位大师",新闻界的开山鼻祖。其所著《新闻学》是我国第一本新闻理论专著,开启并创立了中国新闻学,"第一次触及和研究中国报刊的职业化问题,并形成了中国新闻思想史上第一个关于新闻职业化的思潮"④。在其新闻思想中,新闻责任是一项重要内容。

徐宝璜提出的传媒责任观,是基于当时的时代背景。民国成立后,报刊新闻记者备受重视,社会地位也有所提高。20世纪20年代,中国近代报刊发展到一定阶段,媒介的社会作用日益增强,社会影响力越来越大,然而,此时媒介环境恶化,人们对媒介的信赖度降低,这引起了新闻界一些有识之士的担忧。五四运动的推动使得中国迎来了一次思想大解放,而新闻媒介作为思想传播载体,作为社会的"大讲堂",应该积极地发挥自己的作用并承担自己的社会责任。据此,徐宝璜提出媒介应该能够"代表舆论"甚至"创造舆论"⑤。

第一,徐宝璜认为当下报纸已经成为民众生活不可或缺的一部分,"社会

---

① 徐新平.新闻伦理学新论[M].长沙:湖南师范大学出版社,2001:85-92.
② 严晓青.媒介社会责任研究:现状、困境与展望[J].当代传播,2010(2):38-41.
③ 田振华.试论徐宝璜的媒介责任观[J].广西大学学报(哲学社会科学版),2007(S1):285-286.
④ 黄旦.五四前后新闻思想的再认识[J].浙江大学学报(人文社会科学版),2000(4):5-13.
⑤ 徐新平.略论徐宝璜的新闻伦理观[J].新闻大学,2000(4):61-62,54.

各级人士,无论贫富贵贱,几无不以阅报为每日必要之行事而不能一日或缺",①报纸"几如布帛菽粟而为世人生活上必需之物"。

第二,徐宝璜认为报纸在社会中承担着极其重要的角色,是公共事业的组成部分,"余惟新闻纸者,近代文明中势力最雄伟之物也。……国民之政治思想,赖以养成;社会之道德智识,赖以涵育,思想之自由,赖以发扬;文明之基础,赖以奠定,其力诚莫与厚矣"②。报纸对国民社会以及思想传播与文明进步均有重要作用,应保持行业自律,明确自身使命。

基于以上原因,徐宝璜提出了传媒社会责任的相关观点。

第一,徐宝璜提出了报纸自身的职责与应承担的功能,分别有六点:"供给新闻,代表舆论,创造舆论,输灌智识,提倡道德及振兴商业"③。

第二,徐宝璜提出报纸的独立性,他认为报纸不是归谁专有,而是属于全社会并为全社会服务的,"报刊应该尽量争取和保持自己的独立地位,减少自身的政治色彩"④。受西方资产阶级新闻理论影响,在与政治的关系上,他主张"新闻纸于政治上,不作任何方牺牲品,凡正当之议论,且将予各方面以平等发表之机会",⑤坚持报纸的超党派、超政治的独立地位;在如何处理商业利益与社会利益的关系上,徐宝璜提出报纸应"公私兼顾","不以私而害公"。

第三,徐宝璜认为新闻媒介作用重大,然而"至此力之为祸为福,则全视人之运用如何,如能善用之,则新闻纸者,诚'社会之耳目也,民国之喉舌也,人群之境也,文坛之王也,将来之灯也,现在之粮也'。"⑥可见,新闻媒介要达成其使命,重点在于运用之人也就是新闻界的从业人员,新闻记者应主动担负起自己的职责使命。进而,徐宝璜提出了对新闻从业人员的要求,认为他们应当意识到自身的责任,"新闻纸既为社会之公共机关,故其记者亦为社会之公人,责任匪轻,处之宜慎,遇事当求其真,发言应本乎正,本独立之精神,作神圣之事业,信仰取得,权威自立,尊严立见"⑦。"彼以颠倒是非,博官猎贿,或专以致富为目的而办新闻纸者,乃新闻事业之罪人也"⑧。

---

① 徐宝璜.新闻学[M].北京:中国传媒大学出版社,2016:97.
② 徐宝璜.新闻学[M].北京:中国传媒大学出版社,2016:108-109.
③ 徐宝璜.新闻学[M].北京:中国传媒大学出版社,2016:3.
④ 田振华.试论徐宝璜的媒介责任观[J].广西大学学报(哲学社会科学版),2007(S1):285-286.
⑤ 田振华.试论徐宝璜的媒介责任观[J].广西大学学报(哲学社会科学版),2007(S1):285-286.
⑥ 周纪宣.按照新闻特性保护舆论监督[M].新闻大学,1993(1):10-12.
⑦ 徐宝璜.新闻学[M].北京:中国传媒大学出版社,2016:104.
⑧ 徐宝璜.新闻学[M].北京:中国传媒大学出版社,2016:7.

在实践细则上,徐宝璜在"访员应守之金科玉律"与"访员之资格"两节中提出了对新闻记者的要求,如关于真实性、公正性、敏捷性的要求,关于勤勉、廉洁、知人守信以及广告方面的道德要求等。[1]

综上,徐宝璜传媒责任观的主要特点是从媒介自身出发,强调媒介"自律"以及新闻职业道德规范,强调新闻记者应提升自己的道德品质、个人修养与职业素质,担负起自身的社会责任,进而促进新闻业的良性发展。[2]

(二) 发展过程

新中国成立后,我国新闻事业进入一个新的阶段,1949年颁布的《中国人民政治协商会议共同纲领》第五条规定:"中华人民共和国人民有思想、言论、出版、集会、结社、通讯、人身、居住、迁徙、宗教信仰及示威游行的自由权。"该规定赋予了广大人民群众在合法的前提下充分行使言论自由的权利,确保了新闻事业的发展始终坚持服务于人民群众的基本方向。

传媒功能也发生了改变。新中国成立初期,出于巩固政权和迅速恢复国民经济的需要,新闻媒体成为党的重要舆论工具,以《人民日报》等为代表的党报党刊积极宣传党的方针政策,报纸在当时成为阶级斗争的工具。

新中国成立后,"中国共产党的新闻事业,部分继承了启蒙的传统,但在制度上彻底改变了传媒与国家的结构关系,将以天下为己任的知识分子收编进了党—国体制,将他们定位成党的意识形态的承载者和宣扬者"[3]。

20世纪50年代,为解决新中国新闻事业中存在的新闻机构单一、新闻宣传公式化等问题,在毛泽东同志和刘少奇同志的指导下,中国新闻工作开始进行改革。在《人民日报》进行新闻工作改革的同时或稍后,中央和各地的报纸、广播电台等也开始改革,掀起了一个规模巨大的新闻工作改革热潮。[4]

1981年1月29日,中共中央颁布《关于当前报刊新闻广播宣传方针的决定》,这是十一届三中全会以后党中央就新闻工作颁布的第一个纲领性文件,决定了新闻媒介在解放思想拨乱反正方面的突出表现,强调报刊、广播电视都

---

[1] 徐新平.略论徐宝璜的新闻伦理观[J].新闻大学,2000(4):61-62,54.
[2] 徐宝璜.新闻学[M].北京:中国传媒大学出版社,2016:7.
[3] 涂光晋,吴惠凡.传媒"社会责任理论"的现实困境[J].武汉理工大学学报(社会科学版),2010,23(6):805-811.
[4] 黄瑚.中国新闻事业发展史[M].2版.上海:复旦大学出版社,2013:287-291.

是党的舆论机关,要严格按照党的方针路线政策进行宣传,大力宣传建设社会主义的高度精神文明,正确地开展批评与自我批评。

1985年2月8日,胡耀邦在中央书记处会议上发表《关于党的新闻工作》,明确指出"党的新闻事业是党的喉舌,自然也是党所领导的人民政府的喉舌,同时也是人民自己的喉舌"[①]。

1992年之后,随着邓小平南方谈话和党的十四大的召开,明确了我国经济体制改革的目标是建立社会主义市场经济体制,标志着我国改革开放和现代化建设进入新阶段。文化体制改革深入推进,2002年,党的十六大首次将文化分为文化事业和文化产业,之后,文化体制改革的步伐明显加快,传媒业进行转企改制。报业单位不再由财政支持,而是自负盈亏,逐渐走向市场,集团化趋势明显。收入来源的变化,使得传媒更加注重经营,关注受众与广告商,传媒社会责任时有淡化。在新时代,技术的发展导致传媒环境也发生了深刻变化,对传媒责任也提出了新的要求,在真实、全面、客观、公正的基础上,坚持党性和人民性相统一的原则。

第二节 中国传媒社会责任的发展阶段

一、基于纯粹政治目的驱使的传媒社会责任管理阶段

媒体的新闻传播不隐讳与政治政策的紧密关系,是我国传媒社会责任的重要特征。[②] 我国传媒业始终肩负着政治任务,遵循党的指导,这有其历史渊源。20世纪20年代,我国传媒所肩负的社会责任包括传递消息、启迪民智、鼓励思想争论等,传播马列思想以及中国共产党的目标政策等。

中国共产党成立后,于1922年9月13日,经中国共产党第二次全国代表大会决定,《向导》周报正式于上海创刊,这是中国共产党中央委员会第一份政治机关报。该报主要发表时政评论文章,积极宣传马列主义和党的纲领、路

---

① 中国共产党新闻网.《胡耀邦文选》重要篇目介绍[EB/OL].(2015-11-20).http://dangshi.people.com.cn/n/2015/1120/c85037-27835715.html.
② 王海燕,科林·斯巴克斯,黄煜,吕楠.中国传统媒体新闻报道模式分析[J].国际新闻界,2017,39(6):105-123.

线、方针、政策,大力宣传反帝反封建思想,积极指导群众斗争。① 中国共产党的报刊创办多受马列主义报刊思想影响,借鉴列宁党报和俄国党报经验创办起来,因而报刊具有鲜明的阶级性。党报党刊作为党的事业的重要组成部分,需贯彻党性原则,在思想上,要宣传党的理论基础和思想体系,以指导思想为新闻工作的准绳;在政治上,要宣传党的纲领路线、方针政策,使之成为亿万人民的实际行动;在组织上,要接受党的领导,遵守党的组织原则和新闻宣传工作的纪律。②

抗日战争时期,1941年5月16日《解放日报》在延安创刊,成为革命根据地出版的中共中央机关报,也是抗日战争时期及解放战争初期革命根据地影响最大的报纸。③

在1942年整风运动期间,《解放日报》成为党推动中心工作开展的重要宣传工具,贯彻党的方针,走群众路线反映群众情况,加强思想斗争,以此贯彻报纸的党性、群众性、战斗性和组织性。提出"全党办报"思想之后,党报必须由全党来办,确立了新闻工作的党性原则,加强新闻工作者的党性修养,确立"人民公仆"的思想。

新中国成立后,我国新闻媒介成为党和国家政策重要的传达工具。在这一时期,除报纸外,人民广播电台也担负着发布新闻、传达政令、社会教育、文化娱乐的任务。新闻工作重在联系实际、联系群众,积极展开批评与自我批评,巩固我国政权,推进党的建设。1956年社会主义改造基本完成之后,我国进入全面建设社会主义的新阶段,新闻媒体成为党的重要舆论工具。

在这一阶段,我国传媒业从属于党的宣传事业,媒介是党、政府和人民的喉舌,基于纯粹的政治目的承担自身社会责任,坚持党和政府的领导,宣传党的方针路线政策,同时关注受众,坚持群众路线,将报纸通俗化使其内容易被人民接受和理解。然而受政治影响太深,缺乏传媒业自身相关的法律、制度建设,媒介难以良好地履行其社会责任。如20世纪50年代末,新闻业在"大跃进"中"大放卫星"等,进行不实报道,最终给社会造成了巨大的负面影响。

---

① 张树军.《向导》:中共中央第一份政治机关报[EB/OL].(2021-04-06).http://www.cssn.cn/zx/bwyc/202104/t20210406_5324049.shtml.
② 郭庆光.传播学教程[M].2版.北京:中国人民大学出版社,2011:147.
③ 方汉奇.中国新闻传播史[M].北京:中国人民大学出版社,2004:251-252.

二、基于社会经济发展要求的传媒社会责任管理阶段

1978年,十一届三中全会决定将党和国家的工作重心转移到经济建设上来,拉开了改革开放的序幕,中国从此进入改革开放和社会主义现代化建设的历史新时期。

我国传媒业此时也开始实行改革,1978年,人民日报社等多家首都新闻机构开始试行"事业单位,企业化管理"改革,希望通过适度自主经营而获得一些经济收入。根据当时的政策,报社属于事业单位的性质不变,但可以从事一定的经营活动,经营所得可以用于增加职工收入和提高福利待遇,也可用于改善报社办公条件和配置技术设备。1979年4月,财政部发文要求全国新闻机构推行"事业单位,企业化管理",中国传媒业的市场化转型由此拉开序幕。①

随着中国经济体制改革的深化,1992年邓小平发表南方谈话,提出要建立社会主义市场经济体制,中共十四大正式提出建立社会主义市场经济体制的目标。传媒体制改革也进入新的历史阶段,"市场化逐渐成为人们在传媒体制改革方向上的共识"。"市场化",一般被认为是"市场机制在一个经济中对资源配置发挥的作用持续地增大,经济对市场机制的依赖程度不断加深和增强,市场机制从逐步产生、发展到成熟的演变过程"②。在传媒体制改革的过程中,市场机制被引入其中并成为传媒资源配置的重要手段,传媒机构也日益作为市场主体进行着市场化运作。

20世纪90年代,集团化成为深化传媒体制改革的重要手段。1996年,我国首家报业集团广州日报报业集团成立,由此开启了90年代中后期国内新闻媒体产业化和集团化改革历程,随后光明日报报业集团、经济日报报业集团、南方日报报业集团、羊城晚报报业集团等多家报业集团相继成立。报业集团的成立是实现"多层次与多类别结构发展以及多种经营的报业走向规模化的必经阶段,是报业发展的综合实力竞争和结构性重组的开始阶段"③。除集团化外,资本化也成为传媒体制改革的关键环节,通过资本运营来扩大新闻媒体

---

① 李明文,陈傲兰.中国传媒业市场化转型的问题与路径[J].当代传播,2014(5):70-71.
② 殷琦.1978年以来中国传媒体制改革观念演进的过程与机制——以"市场化"为中心的考察[J].新闻与传播研究,2017,24(2):104-117,128.
③ 殷琦.1978年以来中国传媒体制改革观念演进的过程与机制——以"市场化"为中心的考察[J].新闻与传播研究,2017,24(2):104-117,128.

的控制力、增强竞争力与抗风险能力,资本运作有利于推动传媒业的市场化与规范化发展。

直到20世纪末,我国传媒体制改革虽然进入市场化阶段,但仍以事业性结构调整为主。不论是1983年中共中央提出"四级办台"的事业建设体制,还是之后提出的"三台合一""四级变两级"的体制变革,总体上仍然没有脱离行政区域式的发展格局。而传媒业的市场化过程也是在政策的指导下进行,体制变革仍是在旧有框架中变动,是以政府为主体,依靠行政命令进行调整,而非通过市场竞争进行媒介资源的自由整合优化、达成有效配置。①

进入21世纪,加入世贸组织后我国媒介面临的任务也更加重要,传媒体制改革进入新的阶段。2001年8月,中共中央宣传部、国家广播电视电影总局、新闻出版总署下发的《关于深化新闻出版广播影视业改革的若干意见》成为我国政府全方位深化媒介改革的重要文件,提出要以资本和业务为纽带组建多媒体兼营和跨地区经营的媒介集团,并要以结构调整为主线对媒介业的组织结构、资本结构等进行全面调整。②

2002年,中共十六大提出要积极发展文化事业和文化产业,根据社会主义精神文明建设的特点和规律,适应社会主义市场经济发展的要求,推进文化体制改革,将公益性文化事业和经营性文化产业分开,不再由市场统包统揽,而是通过发挥市场机制的作用来发展文化产业。在这样的政策框架下,我国传媒业也走上了转企改制的道路,实现由"事业单位到企业主体的身份转型"③。

除新闻宣传外的社会服务、大众娱乐类节目和专业报刊出版等经营性资源从现在的事业体制中分离出来,按现代产权和企业制度组建公司,实行所有权与经营权分离,并推进经营性资源的区域整合和跨地区经营。作为企业的传媒机构,媒介主体性不断增强,传媒机构通过市场自由竞争实现媒介资源的整合优化、达成有效配置。④

然而,随着传媒市场化改革的不断深入,市场化带来的新闻媒体的社会责

---

① 胡正荣,李继东.我国媒介规制变迁的制度困境及其意识形态根源[J].新闻大学,2005(1):3-8.
② 胡正荣,李继东.我国媒介规制变迁的制度困境及其意识形态根源[J].新闻大学,2005(1):3-8.
③ 殷琦.1978年以来中国传媒体制改革观念演进的过程与机制——以"市场化"为中心的考察[J].新闻与传播研究,2017,24(2):104-117,128.
④ 王亚敏.从事业单位法人走向企业法人——中国报业集团第一个十年法人制度变迁发展研究[D].武汉:华中科技大学,2009.

任缺失与公共利益边缘化问题也引起重视。传媒业的资本化从根本上改变了媒介经营的逻辑,资本逻辑成为媒介经营的主导逻辑。在企业盈利目标驱使下,商业媒体的激烈竞争对媒体的内容生产产生结构性影响,推动了传媒内容的改变,影响了传媒产品的品质、数量以及多元性,公共利益为商业利益让步,"比如服务类信息产制部门在传媒组织架构中的扩张,娱乐新闻与选秀节目繁荣相衬之下调查性新闻的沉浮与颓势",[1]部分媒体甚至将新闻报道娱乐化,故意利用暴力、金钱、色情、丑闻和怪异现象等内容迎合受众,致使低俗新闻大行其道。此外,过去媒体收入依赖订阅和零售时,传媒对受众负责;而当广告成为媒体主要收入来源之后,广告主就可能对传媒施加影响,受众的市场权利被边缘化[2]。

传媒在通过市场化和商业化实现经济上的独立的同时,要警惕资本带来的威胁,谨防特殊利益集团和私人资本影响和控制媒介,从而妨害传媒的公共性和社会公众自由表达的权利。[3] 传媒业应在政治利益、经济利益和公共利益这三者之间寻求平衡,承担社会责任,坚守新闻专业主义与新闻职业道德规范,提升公共服务意识,确保媒介为公共利益服务。

三、基于社会风险防范的传媒社会责任管理阶段

1986年,德国社会学家乌尔里希·贝克(Ulrich Beck)首次提出"风险社会"这一概念,用以理解现代化的社会。他认为伴随着现代化的深入发展,世界进入了一个风险社会。虽然人类社会发展以来风险就无处不在,但常态社会的风险与风险社会中的风险有本质的不同。风险社会中的风险往往是宏观风险,其表现形式多种多样,如环境和自然风险、经济风险、社会风险、政治风险等,[4]这种风险的影响并不像过去只是影响到部分地区和区域,而是会像"蝴蝶效应"一样,牵一发而动全身,带来全球化的影响并可能造成难以估量的后

---

[1] 张宁,邓理峰.企业权力、传媒的市场化改革与公共利益:对两场媒体改革运动的分析[J].国际新闻界,2013,35(5):130-136.
[2] 张宁,邓理峰.企业权力、传媒的市场化改革与公共利益:对两场媒体改革运动的分析[J].国际新闻界,2013,35(5):130-136.
[3] 转引自殷琦.1978年以来中国传媒体制改革观念演进的过程与机制——以"市场化"为中心的考察[J].新闻与传播研究,2017,24(2):104-117,128.
[4] 庹继光.风险社会中的传媒监测功能及边界剖析[J].西南民族大学学报(人文社科版),2008(7):159-162.

果,没有哪个国家能完全规避这类风险。此外,风险的承担者也发生了变化,风险社会中风险的承担者并非某一个体或某部分群体,他们不分贫富、种族、职业,而是社会中的每一个人,当风险袭来时,几乎无人能完全隔离于风险之外。

伴随着风险社会的一些新特征,大众传媒也需要对自身的社会角色和社会责任做新的审视和定位。贝克指出,"风险"(risk)本身并不是"危险"(danger)或"灾难"(disaster),而是一种危险和灾难的可能性,[①]风险是实际的危险和人对危险认知的辩证统一。而媒体在对危险或灾难事件等进行新闻报道时,会影响人们对其的认知,会扩大或缩小风险,对社会造成更广泛的影响。此外传媒还可能会出现角色的异化和责任的缺失等问题,大众传媒在风险社会中有可能成为新的风险源。

风险社会中,"由于现代信息技术的高度发达,由风险和灾难所导致的恐惧感和不信任感将通过现代信息手段迅速传播到全社会,引发社会的动荡不安"[②]。风险传播的杀伤力主要体现在心理层面,因为心理上的恐慌所引起的社会性群体焦虑的危害远远大于生理因素引发的疾病。媒体的风险定义和公众的风险想象已经共同制造了数起真实的公共安全危机事件。[③]

因此,媒介必须负担起对于公共安全的责任。从媒体自身的体制、运行机制和传媒的职业规范、操守、伦理等角度入手,传媒应加强自律,成为负责任的公共信息传播者和公共安全守护者。[④]

在风险社会里,由于不确定性、不稳定性的风险因素无处不在。因此,作为"社会雷达"的媒体必须时刻保持感知风险和规避风险的能力。在公共危机发生时,媒体承担的责任是双重的:一方面,媒体有责任将事件告知公众;另一方面,媒体也有责任参与公共危机的解决和治理。具体而言,一是传媒应该保障公众知情权,监测风险并及时向公众预告风险发生的可能性,促使社会尽快采取相应举措,阻止和降低风险的发生。[⑤]二是传媒的风险告知应当及时迅

[①] 庹继光.风险社会中的传媒监测功能及边界剖析[J].西南民族大学学报(人文社科版),2008(7):159-162.
[②] 姜红.风险社会的公共安全与媒体责任[J].新闻战线,2007(3):16-18.
[③] 姜红.风险社会的公共安全与媒体责任[J].新闻战线,2007(3):16-18.
[④] 姜红.风险社会的公共安全与媒体责任[J].新闻战线,2007(3):16-18.
[⑤] 韩东.风险社会中的媒体功能研究[D].哈尔滨:黑龙江大学,2010.

速,当风险发生时,媒体越是透明、及时、准确地报道事实,越能快速消除谣言,树立消息的权威性,同时也能避免大规模宏观风险发生的可能。① 相反,传媒越是反应迟钝或隐而不报,越容易使公众难以从正规渠道获取信息,转而从互联网、社交媒体中获取不实信息,加剧恐慌心理,造成风险范围扩大、程度升级,不利于社会风险治理。三是传媒应加强对公众的风险教育,传媒在向公众告知风险的同时,也有责任引导公众正确认识风险、规避风险。

但也应注意到,媒介在处理公共事件时也会受到外力干预。比如来自政府行政命令的干预,由于我国传媒的特殊体制,各级媒体都有其政府主管部门,在强调维稳、和谐的社会大环境下,发生突发事件时,相关政府部门为了防止极端事件发生,往往倾向于对媒体的信息发布进行相应的管制,进而导致在关键时刻信息不能上传下达,民意不能得到及时反映,媒体社会责任的履行受到阻碍。②

媒体在此时缺位,就会导致"媒体失语"现象的出现。当一个影响重大的新闻事件发生时,媒体虽然认为报道有利于社会公共利益,但根据以往惯例或潜规则预计到报道出去会"踩雷"或有风险,而自觉地保持沉默,不对该事件进行报道,或不在受众迫切需要了解事件真相的时刻给予报道,这就是媒体的失语。当多数媒体都默不作声,"集体失语"就会造成更大范围的影响。③

在公共事件的解决过程中,"及时传播事实真相,弥合政府与公众之间的裂痕,重建社会共识,大众媒体的作用无可替代"④。因而,媒体新闻报道的真实、全面、客观和均衡就十分必要,媒体有责任保障公众知情权和表达权,促使其对风险形成正确的认知和行动决策。

当下时代,全球化使得各个国家不同程度地交织在一起,而我国社会环境也日益复杂化,社会风险频发,互联网加速了信息的流动与传播,新闻传媒就更需在规避社会风险中积极履行自身社会责任,对潜在的和频频发生的社会风险应当起到环境监测、社会预警和舆论引导的作用。

---

① 姜红.风险社会的公共安全与媒体责任[J].新闻战线,2007(3):16-18.
② 李菁菁.媒介社会责任的危机及其成因分析[D].南京:南京大学,2013.
③ 杜志红.传媒社会责任的缺失原因与实现路径[J].中国广播电视学刊,2006(7):10-12.
④ 范红霞.解释·建构·变迁·反思:危机中的风险传播与媒体使命——"突发公共事件新闻报道与大众传媒社会责任"研讨会综述[J].当代传播,2010(5):46-49.

四、基于综合价值创造的传媒社会责任管理阶段

根据黄晓新、刘建华、邸昂提出的传媒社会责任指标体系,[①]将传媒社会责任分为如下几个方面:

第一,传媒的政治价值。一方面是要发挥传媒的舆论引导功能,要进行思想政策宣传,传播党和政府的方针路线政策,做好政策解读,还应做好重大主题宣传和典型人物事件宣传,弘扬主旋律,传播主流价值观;要做好重大会议报道宣传工作,比如全国两会以及我国举办的重大国际性会议等,传达会议内容,使民众领略会议精神;另一方面则是要发挥媒体的社会监督功能,注重负面新闻的报道,监督公权力的行使。在新媒体时代,主流媒体还应占领互联网舆论高地,做好网络空间的主流思想传播,注重网络舆情监测,及时引导舆论,疏导舆情。

第二,传媒的市场价值。媒体的市场价值是媒体得以肩负起社会责任的有力经济保障。一是媒体实现市场价值即经济价值,便是对社会肩负起了经济责任,它可以保障传媒自身的长久发展,如员工工资及福利水平,聘用优秀的人才,降低社会的就业压力,而且可以为国家财政创收;二是媒体实现了市场价值,才能为实现新闻价值、宣传价值与公益价值提供有力保障。媒体在经济上具备了独立性,才能更好地进行常规新闻采编活动,同时进行采写设备技术的研发与更新,从而更好地去实现新闻价值;不再依靠党和政府财政补贴,媒体就有充足的精力去传播相应的政策等,从而更好地实现宣传价值,同时在舆论监督上也能更有力量;传媒实现了经济价值才能有充足的物质基础去挖掘深度新闻、创造优秀的传媒产品、投入慈善事业等公益事业,也能避免媒介寻租等行为的出现,从而更好地去实现公共价值。[②]

第三,传媒的公共价值。传媒的公共价值是传媒社会责任体系的重要组成部分,是传媒的不懈追求。媒体的公共性与公益性属性意味着公共价值是媒体社会责任体系的追求目标。具体而言,传媒产出精神文化产品,应传播优

[①] 黄晓新,刘建华,邸昂.中国试点媒体社会责任指数研究报告(2017—2018年)[J].中国传媒科技,2018(5):7-11.
[②] 包国强,王作剩,黄诚.新闻、宣传、公共利益与市场——中国特色媒体社会责任的价值体系构成与内在逻辑[J].新闻爱好者,2020(11):9-15.

秀的文化与价值观;传媒还应捍卫公民的知情权与表达权,为公众提供客观、真实而全面的信息,关注民生,做好公共服务;由于媒体被誉为社会公器,有利于人类的福祉,因此它应当坚守新闻专业主义,为弱势群体、底层群体等发声,为沟通不同群体与缓解社会矛盾而努力,维持社会公共秩序,保证公共安全,弘扬公平与正义。公益价值永远是媒体存在的最为重要的社会责任。①

第四,传媒的责任管理,将传媒责任进行综合管理,平衡各方利益,发挥多种价值。具体而言包括责任战略、责任治理、责任绩效等。通过传媒自身良好的责任管理实现政治价值、经济价值、公共价值等综合价值共创,促进传媒的长远发展。

媒体在追求价值实现时,除了自律,还应受到其他权利对媒体的监督,防止媒体出现错误和方向偏差。我国自2014年开始实行媒体社会责任报告制度,让传媒自觉全面地接受社会的监督,②重新塑造传媒的社会形象。

2014年6月9日,首批11家试点媒体社会责任报告正式对外发布,对2013年度本媒体履行社会责任情况进行了全面梳理展示。中宣部、中国记协等决定在新闻战线探索建立的传媒社会责任报告制度,正是为了推动媒体自觉接受社会监督并按照传媒社会责任规范执业行为,切实加强社会责任意识教育、厉行社会责任义务。建立和执行报告制度,能够得到群众的支持和业界的拥护,树立传媒的良好形象,提升公信力。通过报告制度的执行,传媒社会责任得到切实履行,传媒社会形象得到一定提升,传媒在社会治理、国家建设中的作用得到更好体现。③

第三节 传媒社会责任的发展趋势

一、社会效益与经济效益的平衡成为不可逃避的责任

当代社会,经过传媒体制的深化改革,传媒组织多已成为市场经济中的独

---

① 包国强,王作剩,黄诚.新闻、宣传、公共利益与市场——中国特色媒体社会责任的价值体系构成与内在逻辑[J].新闻爱好者,2020(11):9-15.
② 童兵.传媒社会责任的履行与违悖[J].新闻与写作,2014(8):41-43.
③ 童兵.传媒社会责任的履行与违悖[J].新闻与写作,2014(8):41-43.

立主体,既追求其作为市场经营主体的经济利益,又应追求其作为社会公器的社会利益。事实上,社会效益与经济效益之间是相辅相成的,传媒组织经济效益的增长会提升其实现社会效益的能力,扩展其社会责任的范围与限度;传媒社会责任的落实则会提高传媒组织的社会美誉度,增强其实现经济利益的能力。[①]

正确处理好社会效益和经济效益的关系,坚持社会效益第一,实现社会效益和经济效益的统一,必须通过切实履行社会责任来实现。传媒社会效益提升有利于提升传媒的公信力和影响力,这是传媒在社会和受众中的信誉、权威和影响,是传媒生存和发展的基础与保障。而影响大众媒介公信力的三个维度是[②]:媒介的专业主义品质(如客观公正);公众对媒介社会角色的期待;公众对媒介在文化上、情感上和价值观上的认同。

因此,媒介应坚守新闻专业主义,客观真实、完整准确地报道公众所需的日常信息,做好舆论监督工作,维持社会公平正义,传播优秀文化,倡导主流价值观。

当媒体过度追求经济利益时,就会造成"媒介迷失",传媒的社会责任在传媒行为中发生异化或扭曲,成为谋取私利的借口。具体而言,有如下几种情况[③]:如"媒体寻租",又称"有偿新闻"或"媒体(从业人员)受贿";"媒体媚俗",指为了吸引受众眼球而对趣味低下的内容进行大肆炒作、煽情,或是把严肃的内容进行"泛娱乐化"的处理;"媒体侵权",即媒体在采访和报道过程中对被采访和报道对象的人格尊严、名誉权、隐私权、肖像权和信用权的侵害,具体表现为暗访偷拍成风、缺乏人文关怀等;"媒体崇富",即报道内容更多地关注富裕地区和富裕阶层,媒体的价值趋向更贴近消费主义和富人的价值观,而对弱势群体和贫困地区漠不关心。

在新媒体时代,传媒的经济效益有了新的衡量指标,传媒公司开始追求流量,为了吸引受众注意力,许多媒体发布耸人听闻的新闻来博人眼球,争当"标题党"来获得阅读量;有些媒体则是没有核实信源真实性就予以发布,导致反转新闻层出不穷,损害了媒体的公信力。在进行新闻报道时,也只顾煽动情

---

① 朱辉宇.传媒社会责任理论再思考[J].传媒,2010(11):68-69.
② 李明德,张园.传媒社会责任意识的深层建构[J].西安交通大学学报(社会科学版),2017,37(1):101-106.
③ 杜志红.传媒社会责任的缺失原因与实现路径[J].中国广播电视学刊,2006(7):10-12.

绪,而非寻求真相,忽视了公民权利,也缺乏人文关怀。

一些媒介过度追逐商业利益甚至会损害社会利益。比如部分媒体出于商业利益的考虑而讨好广告主,在媒介资源和话语权支配方面,大幅度向广告客户倾斜,在某些广告大户应该成为舆论监督的对象时,媒体非但不发挥其作用,反而设法使之幸免。这样的行为有损于社会公平正义。①

此外,在追求商业利益时,媒介资源分配不均也会损害社会利益。部分相对弱势的群体,他们虽然不能给媒介带来经济回报,但他们毫无疑问也是媒介的服务对象,更为需要媒介提供扶持和帮助。媒介在发布信息时若只注重能带来经济回报的群体,就会忽略某些社会成员的需求,不一视同仁地尊重其知情权,也不为其提供表达意见的机会、资源。这样,弱势群体就会从广度和深度上被强势力量的媒体集体边缘化,成为利益集团转述、描写与设想的对象。②

对于传媒在片面追求经济利益过程中的种种偏差问题,传媒责任制度的建立就十分必要。具体包括两个方面:一是建立传媒的自律制度,从传媒自身出发,不断提升传媒从业人员的专业素养,加强职业道德规范的培育,保障公众知情权、表达权、参与权等合法权益,利用同行和公众的舆论来强化道德信念和意识,通过同行谴责和公众批评来使传媒主体产生道德压力。同时,还要成立新闻自律监督机构来有效执行专业标准并进行监督批评。二是传媒的他律制度,即来自传媒之外的约束和控制力量。一方面要建立并完善相关的法律制度,确保基本道德底线不被突破,另一方面,政府和相关部门也要对传媒市场进行及时引导、规范,让传媒对公众负责。③

传媒社会责任必然是通过媒介、公众、政府等多方共同努力来实现,公众有义务和责任了解与监督大众媒介是否满足社会需要,政府也有规范传媒市场的责任,④通过媒介内部与外部的共同努力,协调社会价值与经济价值之间的内在一致性,使媒介自觉承担起社会责任,树立为公众利益服务和社会效益优先的理念,实现社会效益与经济效益的价值共创,实现传媒的名利双收。

---

① 丁柏铨.社会公平正义与新闻传媒的责任[J].新闻大学,2007(3):22-27.
② 刘燕,刘仁圣.媒体共舞:弱势群体被"弱化"之现象探析[J].广告大观(媒介版),2006(6):23-24.
③ 杜志红.传媒社会责任的缺失原因与实现路径[J].中国广播电视学刊,2006(7):10-12.
④ 严三九,刘峰.试论新媒体时代的传媒伦理失范现象、原因和对策[J].新闻记者,2014(3):25-29.

二、传媒的社会责任角色将被重新定位

20世纪40年代,"社会责任理论成形的时候,对信息的主要担心是供应不足,人们可能得不到他们行使公民权所需的信息。但是,今天,对信息的主要担心是原始数据的过量:人们可能无法在一团混乱中过滤出他们所需的信息"[①]。

传播技术的进步使社会责任的主体发生显著变化。社会责任理论产生于20世纪40年代末,当时诸如互联网之类的新媒体尚未出现和普及。因此,当时这一理论强调受众作为公民"知晓权的满足",强调媒体作为"把关人""启蒙者"的责任和功能。[②] 然而,随着技术的进步,以互联网为代表的新媒体迅速兴起,社交媒体产生带来的信息共建和共享,使得点对点的传播成为可能,从而改变了传统的大众传播一对多的单向传播模式,传播模式开始"去中心化"[③]。

网络媒介使得过去的受众成为传播者,他们主动发布新闻,挑战了传统的由职业记者进行的组织化新闻生产过程,过去以职业记者为生产主体、通过"把关"将新闻呈现给受众的单向传播链被移动互联网的多节点互动取代了;通过社交平台,公众同样也成为新闻生产和传播的主体,过往组织化媒介机构和职业记者主导的新闻生产过程因此体现为多主体、多中心的动态实践。在新闻生产技术和方式变迁的语境下,"协作性新闻策展"这一新闻生产模式就此产生了。这种新技术和媒介融合主导的新闻生产,使得互联网引发的互动快速成为影响组织化媒介机构的新闻报道逻辑和方向的决定性因素。[④]

互联网为所有人提供了一个平等参与的舞台,在这样一种参与式的媒介生态下,传统媒体的"把关人"作用受到冲击,媒介权威在一定程度上被消解,[⑤]传媒社会责任的实现面临困难,传媒的社会责任角色亟须进行重新调整定位。

第一,在新闻内容的生产和分发上,传统媒介不再是单一消息来源,网络

[①] 严晓青.媒介社会责任研究:现状、困境与展望[J].当代传播,2010(2):38-41.
[②] 涂光晋,吴惠凡.传媒"社会责任理论"的现实困境[J].武汉理工大学学报(社会科学版),2010,23(6):805-811.
[③] 涂光晋,吴惠凡.传媒"社会责任理论"的现实困境[J].武汉理工大学学报(社会科学版),2010,23(6):805-811.
[④] 陆晔,周睿鸣."液态"的新闻业:新传播形态与新闻专业主义再思考——以澎湃新闻"东方之星"长江沉船事故报道为个案[J].新闻与传播研究,2016,23(7):24-46,126-127.
[⑤] 涂光晋,吴惠凡.传媒"社会责任理论"的现实困境[J].武汉理工大学学报(社会科学版),2010,23(6):805-811.

公众提供了大量消息来源,而传统媒介应当保持专业主义精神,以严谨、客观真实等要求自身,做到准确、快速、理性,核实信源,避免"反转新闻"的出现。

第二,在议题设置上,由于技术导致海量信息的流通加速,快速的网络新闻生产节奏打破了传统媒介新闻生产的时间流程和版面语言,①新闻生产也开始加速,此时应确保严肃媒体的职业伦理,以从业人员的专业素养确定新闻内容,不能为了数量而降低质量。在新闻选题上,除了受众想要知道的新闻外,还应提供受众应该知道的新闻,增加硬新闻的比重。

第三,在舆论引导上,传统媒体应注意当前新媒体领域中的社会责任。在新兴媒介技术的帮助下,公众对政治生活的参与度、关注度不断提高,网络在很大程度上为公众形成议题提供了一个平台,公众可以借助网络来陈述事实、发表意见,以各种不同的传播形式,引起社会舆论的广泛关注。② 新闻媒体在介入过程中应及时监测舆情,引导舆论,避免群体极化,同时发挥问责、质疑等舆论监督功能,促进问题解决。

传播的技术革命在给人们带来海量资讯的同时也造成了"信息过载"的压力和困扰;"信息超载"所带来的心理压力是巨大的,而话语的众说纷纭在消解传统的权威同时也引发着社会的"价值危机"。传统社会建立在信息资源垄断基础上的社会治理模式发生了从"全景监狱"到"共景监狱"的根本性转换。③

面对多元化的社会价值体系,传媒过去的信息提供者的角色弱化了,应当转而在不同的观念标准、知识背景和文化转换中寻求对话与沟通、译解与阐释,成为与公众地位平等的"解释者"④。

技术不仅改变了信息的传播和接受的格局,更为深刻的,技术还造成传媒市场格局的改变。新兴媒体与传统媒体有着巨大的不同,"它们甫一出现即是以独立的市场主体姿态进行运作与管理,并借助制度优势和技术优势对传统媒体形成了极大挤压,由此带来传媒行业格局的变化与调整。"⑤

"在此背景下,中央于 2014 年 8 月出台了《关于推动传统媒体和新兴媒体

---

① 纪静.移动媒体深度报道的现状、困境与趋势研究[D].济南:山东师范大学,2018.
② 王博,孙亚萍.浅谈网络时代议程设置的变化[J].科技风,2009(9):135.
③ 喻国明.传播责任:时代的发展与内涵的转变[J].新闻与传播研究,2009,16(6):11-13.
④ 范红霞.解释·建构·变迁·反思:危机中的风险传播与媒体使命——"突发公共事件新闻报道与大众传媒社会责任"研讨会综述[J].当代传播,2010(5):46-49.
⑤ 殷琦.1978 年以来中国传媒体制改革观念演进的过程与机制——以"市场化"为中心的考察[J].新闻与传播研究,2017,24(2):104-117,128.

融合发展的指导意见》,力图建立新媒体与传统媒体相融合的新型传媒集团。这一意见显示出党和政府既希望通过集团化的方式将新兴崛起的新媒体纳入传媒体制范畴之内,也寄望利用之前一直位于传媒体制外的新媒体更为市场化的运作方式来带动与推进传媒体制改革与创新。"①

在我国,互联网、社交媒体的兴起催生了新浪、搜狐、阿里巴巴、腾讯、百度、字节跳动等公司。早期作为资讯整合平台的互联网平台,如今也成为传媒市场的重要力量,这些商业媒体不同于传统媒体,其创立之初就是追求经济利益,缺乏对社会负责的强制要求。近年来其带来的问题也不容忽视,如字节跳动旗下的"今日头条"由于算法产生的"信息茧房"问题备受关注。信息茧房最先由美国学者凯斯·桑斯坦(Cass R. Sunstein)在其著作《信息乌托邦》中提出,他认为"在网络信息传播中,因公众自身的信息需求并非全方位的,公众只注意自己选择的东西和使自己愉悦的通信领域,久而久之,会将自身桎梏于像蚕茧一般的'茧房'中"。②

"回声室效应"则描述网民更容易接触和自己意识形态相似,或是价值观相符的资讯,进而使得民众得到的讯息越来越趋单一化。人工智能通过协同过滤算法构建的信息筛选方式使得个性化定制信息越发容易,用户一方面可以选择信息,媒介则可以同时根据用户偏好为其推送信息。但是这种机制,容易使得相同的信息不断被放大扩散,持有相同观点的人更容易聚集,进一步强化他们的观点,最终形成回音室,这也易造成个人盲目自信,导致群体极化等问题,进而可能危害社会公共安全。

人工智能推送的深层危害在于其损害了传统的新闻价值标准。传统对新闻报道的价值判断一方面以"新闻事实与社会需要"为原则(如时新性、重要性、显著性),另一方面是以"新闻被读者关心"为依据(如接近性、趣味性),大众媒体通过对新闻事实的报道,履行了自己提供公共信息的职能、满足了公众知情权的要求。但是当智能算法大行其道,"你所关注的才是头条"被业界奉为圭臬的时候,新闻价值的客观性就受到挑战,大量具有重要性、显著性的新闻让位于用户的个人趣味,真正有意义、有价值的新闻或许会因为缺失权重而不能进入"热搜榜"中,公众应知而未知的新闻未能准确送达公众手中,大众媒

---

① 殷琦.1978年以来中国传媒体制改革观念演进的过程与机制——以"市场化"为中心的考察[J].新闻与传播研究,2017,24(2):104-117,128.
② 梁锋.信息茧房[J].新闻前哨,2013(1):87.

体的公共服务职能就受到了极大侵蚀。①

作为媒体机构,随着信息传播系统的越发强大,缺乏道德引领只会造成越严重的社会危害。作为工具的技术与算法并不能引导人们在意见自由市场上的秩序和理性。② 随着新媒体上越来越多的假新闻、个性定制新闻和"信息茧房"现象的出现,应如何在这个新的信息角逐场构建应有的伦理秩序和操作规范已经迫在眉睫。

互联网新媒体应不断增强自身社会责任意识,在政策把握、内容生产、安全管理、网络问政等方面履行好自己的社会责任。③ 在技术层面,应改进算法,减轻回音室效应和信息茧房,优化议程设置;同时由于用户上传内容的随意性,媒介自身应加强对内容的审核,防止不良内容充斥媒体。在内容层面上,应做好内容安全管理和风险防范工作,确保网络舆论安全,强化传媒技术升级,优化信息互动服务,推进网络问政平台升级,做好政务服务和舆情监测。④

技术的进程,不只改变了传统媒体,促进了新兴媒体的出现,重要的是,技术改变了公众。大众完成了从传统媒体时代的"受众"到互联网时代的"用户"的身份转变,网络的易得性和发表事实与言论的低成本性、匿名性推动了用户话语权的解放,人们从传统媒体时代被动弱势的"接受者"变成具有一定自主性的"参与者"。⑤ 然而,虽然互联网提供了用户交流的平台,人们获取新闻等信息也较之前更加容易,但用户整体媒介素养仍有待提高。

媒介素养,按照美国媒介素养研究中心的定义,是指人们面对媒体各种信息的选择、理解、质疑、评估、创造和生产以及思辨和反应的能力。具体而言,一个生活在现代社会的公民,必须能够主动获取信息,正确理解信息,批判地思考信息,让信息为己所用。毋庸置疑,媒介素养已成为现代人生存、发展必

---

① 韩鸿,彭璟.论智媒时代社交媒体的社会责任——对2016美国大选中Facebook假新闻事件的反思[J].新闻界,2017(5):86-93.
② 韩鸿,彭璟.论智媒时代社交媒体的社会责任——对2016美国大选中Facebook假新闻事件的反思[J].新闻界,2017(5):86-93.
③ 刘建华,卢剑锋,李文竹.中国传媒业履行社会责任的现状、问题与相关建议[J].传媒,2020(21):72-75,77.
④ 刘建华,卢剑锋,李文竹.中国传媒业履行社会责任的现状、问题与相关建议[J].传媒,2020(21):72-75,77.
⑤ 赵云泽,赵国宁."理想"和"技术"哪个更让新闻业负责任?——兼论中国新闻实践中对美国"社会责任论"的批判借鉴[J].新闻界,2018(9):28-33.

须具备的一种基本素质。提高媒介素养的目的在于培养人正确地使用和有效利用媒介的能力,建立获得正确的媒介信息、独立判断信息价值和意义的知识结构,使之为个人成长和社会发展服务。一旦受众媒介素养不高,极易迷失在由一些媒介所构建出来的对真实世界或夸张、或歪曲、或放大的非正常的"虚拟环境"中。①

当下媒介的另一种重要角色即是发挥自身教育功能,切实提升公众的媒介素养。不仅要培养公众对媒介信息的批判能力,还要培养其在新媒体环境的信息使用和交往能力,鼓励公众成为积极的媒介行动主义者,而非被动的新闻消费者。在加强公众判断力、辨别力的同时,加强他们自身的法制观念、公民意识及责任意识,使其能够自由、自主、自律地在公共领域中进行表达,并在自律和他律的配合下,成为一个"积极"且"负责"的公众。②

三、构建人类命运共同体成为传媒社会责任的追求

进入21世纪以来,伴随着经济全球化,各国之间交往日益深入,国际环境也复杂多变,人类社会面临诸多问题,社会变迁带来的不确定性加剧,风险治理逐渐成为全球新秩序的核心议题。任何单一民族国家都不具备控制全球风险的能力,政府之间的跨国合作变得越来越常见。③

在全球治理问题上,中国也提出了自己的解决方案,即"人类命运共同体"。2012年11月,党的十八大报告中首次提出了"命运共同体"的理念:"这个世界,各国相互联系、相互依存的程度空前加深,人类生活在同一个地球村里,生活在历史和现实交会的同一个时空里,越来越成为你中有我、我中有你的命运共同体。"2013年3月,国家主席习近平在莫斯科国际关系学院发表演讲时全面阐述了其核心观点,即是在追求本国利益时兼顾他国合理关切,在谋求本国发展中促进各国共同发展。新闻传播领域也逐渐从以国家利益为准绳的"国际传播"转向聚焦于全人类普遍关切的"全球传播"。2011年7月,时任新华社社长李从军提出建立"媒体联合国"的构想和原则。这些原则分别是公

---

① 郑瑜.媒介素养与传媒责任[J].当代传播,2007(4):1.
② 涂光晋,吴惠凡.传媒"社会责任理论"的现实困境[J].武汉理工大学学报(社会科学版),2010,23(6):805-811.
③ 范志勇.风险社会的破产法回应[J].甘肃政法大学学报,2021(2):70-84.

平(fairness)、共赢(all-win)、包容(inclusive)与责任(responsibility)——其英文首字母构成 FAIR,恰好契合了中文"公正"的要旨,指出传媒应避免国家中心主义或民族中心主义。① 我国传媒应在建立全球传播新秩序的进程中能够承担更多的责任与义务,努力打造全球交流合作的平台,促进不同种族、宗教、社会和意识形态群体之间的平等对话,交流互鉴,以此消解文明冲突。

在报道有争议的国际问题时,媒介应尽量保持自身的客观与独立,从全球社会治理的高度出发承担社会责任。西方新闻所声称的大众传媒负担的是狭隘的社会责任,即只对其所服务的社会共同体负责。所以虽然西方媒体声称负有社会责任,但在涉外问题上总是发出不负责任的报道,只站在维护国家和民族政治、经济和文化利益的立场和角度说话,甚至在某些问题上对中国进行"妖魔化"报道,抹黑中国。这样的"社会责任",当然不能被国际社会所普遍接受。②

媒体一旦受国家民族中心主义影响太深,就容易在敏感的国际事务中失去客观、公允,又由于媒体对公众情绪的影响力,这些失去了客观、公允的报道就有可能在公众中酿成有破坏性的情绪。在涉及国际敏感问题的报道上,媒体传统的社会责任感的概念应拓展,目标在于建立一种积极的、为各利益相关国认同的媒体报道准绳。③ 在当今时代,"跨国报道"要基于一种新的社会责任感,这种社会责任感既要兼容各国的利益,又要超越单方面的价值观念。

在如今现实矛盾、传播背景已经复杂化的情况下,从人类命运共同体的视角出发,发挥传媒的社会责任,建设全球和谐社会十分必要。

在新闻传媒实践层面,传媒社会责任应该考虑到广义层面的责任,媒介满足的"社会需要"不应以利益或是人数多寡为准绳,应符合人类公益、正义、道义、健康等范畴,要以人为本,遵循人与人、人与自然和谐共生的原则,在社会层面,则要符合"社会公益、正义、道义、健康"的核心原则,眼球效应与经济效益决不能成为传媒社会责任是否践行的考量依据,唯有社会公益与社会效益是首要依据。媒体应关注全人类的福祉,促进以人为本的社会和谐发展。媒介应关注弱势群体,媒介的社会责任的终极目标与关怀,就是

---

① 史安斌,张耀钟.构建全球传播新秩序:解析"中国方案"的历史溯源和现实考量[J].新闻爱好者,2016(5):13-20,63.
② 黄建新,闫鹏飞.再论西方传媒"社会责任论"的现实困境[J].新闻记者,2011(5):59-62.
③ 黄建新,闫鹏飞.再论西方传媒"社会责任论"的现实困境[J].新闻记者,2011(5):59-62.

通过对社会各个阶层,尤其是弱势人群合法权利的维护,实现公众需要与社会公益的最大化满足。①

在一些全球问题中,中国媒体也应展现自己的担当与责任。如在环境问题上,媒介应该把"生态环境保护"嵌入日常议程,把促进社会政治、经济制度向着文明消费、健康生活、关爱环境、以人为本的价值旨归迈进作为自己长期恪守的社会责任,关注与全人类息息相关的环境问题的解决,通过传媒促进各个国家间关于此类问题的共同意识与共同治理。②

构建人类命运共同体将成为未来传媒社会责任的共同追求,关注全人类的公共利益、绝大多数人的一致需求以及弱势群体的合法权利等,关注国际政治经济文化交流,推动全球问题共同治理。

思考题

1. 简述《一个自由而负责的新闻界》中提及的传媒的五种责任。
2. 简述我国传媒社会责任发展的四个阶段。
3. 请结合你的思考,谈谈人工智能时代传媒社会责任的履行面临哪些问题。

相关学习延伸资料

1. 密尔顿.论出版自由[M].北京:商务印书馆,1958.
2. 周翼虎.媒体的转型动力学:新时期新闻媒介的社会责任[J].青年记者,2008(16):14-17.
3. 文钊.这个时代如何承担媒体责任[EB/OL].(2017-11-08).https://baijiahao.baidu.com/s?id=1583463866816503834&wfr=spider&for=pc.
4. 吴挺,赖勤.平台型媒体的社会责任——学习习近平总书记关于新闻舆论工作的重要论述[J].中国广播电视学刊,2021(9):103-107.
5. 童兵.比较新闻传播学[M].北京:中国人民大学出版社,2002.

参考文献

[1] 新闻自由委员会.一个自由而负责的新闻界[M].展江,王征,王涛,译.北京:中国人民大学出版社,2004.

---

① 朱清河.媒介"社会责任"的解构与重构[J].新闻大学,2013(1):16-22.
② 朱清河.媒介"社会责任"的解构与重构[J].新闻大学,2013(1):16-22.

[2] 西伯特,施拉姆,彼得森等.传媒的四种理论[M].戴鑫,译.北京：中国人民大学出版社,2007.

[3] 李良荣.新闻学概论[M].上海：复旦大学出版社,2001.

[4] 方汉奇.中国新闻传播史[M].北京：中国人民大学出版社,2002.

[5] 阿特休尔.权力的媒介[M].黄煜,裘志康,译.北京：华夏出版社,1989.

[6] 帕特森,威尔金斯.媒介伦理学：问题与案例[M].李青藜,译.北京：中国人民大学出版社,2006.

[7] 徐宝璜.新闻学[M].北京：中国传媒大学出版社,2016.

[8] 吉登斯,萨顿.社会学基本概念：第2版[M].王修晓,译.北京：北京大学出版社,2019.

[9] 贝克.风险社会[M].何博闻,译.南京：译林出版社,2007.

[10] 陈力丹.自由主义理论和社会责任论[J].当代传播,2003(3)：4-5.

[11] 徐新平.略论徐宝璜的新闻伦理观[J].新闻大学,2000(4)：61-62,54.

[12] 黄旦.五四前后新闻思想的再认识[J].浙江大学学报(人文社会科学版),2000(4)：5-13.

[13] 田振华.试论徐宝璜的媒介责任观[J].广西大学学报(哲学社会科学版),2007(S1)：285-286.

[14] 黄建新,闫鹏飞.再论西方传媒"社会责任论"的现实困境[J].新闻记者,2011(5)：59-62.

[15] 李明德,张园.传媒社会责任意识的深层建构[J].西安交通大学学报(社会科学版),2017,37(1)：101-106.

[16] 涂光晋,吴惠凡.传媒"社会责任理论"的现实困境[J].武汉理工大学学报(社会科学版),2010,23(6)：805-811.

[17] 朱辉宇.传媒社会责任理论再思考[J].传媒,2010(11)：68-69.

[18] 陆晔,周睿鸣."液态"的新闻业：新传播形态与新闻专业主义再思考——以澎湃新闻"东方之星"长江沉船事故报道为个案[J].新闻与传播研究,2016,23(7)：24-46,126-127.

[19] 范红霞.解释·建构·变迁·反思：危机中的风险传播与媒体使命——"突发公共事件新闻报道与大众传媒社会责任"研讨会综述[J].当代传播,2010(5)：46-49.

[20] 燕道成.中外传媒责任伦理研究综述[J].当代传播,2010(2)：34-37.

[21] 李菁菁.媒介社会责任的危机及其成因分析[D].南京：南京大学,2013.

[22] 喻国明.传媒责任：时代的发展与内涵的转变[J].新闻与传播研究,2009,16(6)：11-13.

[23] 朱清河.媒介"社会责任"的解构与重构[J].新闻大学,2013(1)：16-22.

[24] 殷琦.1978年以来中国传媒体制改革观念演进的过程与机制——以"市场化"为中心的考察[J].新闻与传播研究,2017,24(2):104-117,128.

[25] 丁柏铨.社会公平正义与新闻传媒的责任[J].新闻大学,2007(3):22-27.

[26] 郑瑜.媒介素养与传媒责任[J].当代传播,2007(4):1.

[27] 刘建华,卢剑锋,李文竹.中国传媒业履行社会责任的现状、问题与相关建议[J].传媒,2020(21):72-75,77.

[28] 王海燕,科林·斯巴克斯,黄煜,吕楠.中国传统媒体新闻报道模式分析[J].国际新闻界,2017,39(6):105-123.

[29] 姜红.风险社会的公共安全与媒体责任[J].新闻战线,2007(3):16-18.

[30] 杜志红.传媒社会责任的缺失原因与实现路径[J].中国广播电视学刊,2006(7):10-12.

[31] 胡正荣,李继东.我国媒介规制变迁的制度困境及其意识形态根源[J].新闻大学,2005(1):3-8.

[32] 包国强,王作剩,黄诚.新闻、宣传、公共利益与市场——中国特色媒体社会责任的价值体系构成与内在逻辑[J].新闻爱好者,2020(11):9-15.

[33] 韩鸿,彭璟.论智媒时代社交媒体的社会责任——对2016美国大选中Facebook假新闻事件的反思[J].新闻界,2017(5):86-93.

[34] 张宁,邓理峰.企业权力、传媒的市场化改革与公共利益:对两场媒体改革运动的分析[J].国际新闻界,2013,35(5):130-136.

第二章
中西方传媒社会责任比较研究

19世纪以来,信息通信技术的革新以及工业化浪潮带来的传播需求,使得传媒在"地球村"中的地位愈加重要。自从传媒取得自身独特的社会地位以后,或者说是社会赋予传媒以特殊地位以来,传媒作用于社会的力量与方式正逐渐超越信息交流这一最初功能,现代社会日益加深的媒介化趋势正形塑着社会的各个领域。我们正迈入一个通过媒介"转述"来接触和了解外界,通过声音、影像传递而来的信息构建图景认知的媒介化社会,[①]正是传媒在信息需求的固有公共属性与广泛影响能力要求传媒组织机构切实履行传媒社会责任。自世界新闻事业出现以来,研究传媒社会责任的论著和学者并不鲜见,关于传媒社会责任问题的讨论,一直都是社会的热门话题。然而,中西方传媒社会责任在理论渊源、历史背景和实践运用中有着迥异的背景元素,关于两者的比较一直都是重要且有待梳理的问题。

作为学术研究,西方传媒社会责任的理论构建早在20世纪40年代中期就已经开始,由哈钦斯新闻委员会出版的《一个自由而负责的新闻界》一书开启了大众传媒社会责任研究的篇章,随后《传媒的四种理论》一书真正从概念上明确和从理论上阐述传媒社会责任理论,为传媒的社会责任理论建设开启鸿蒙。[②] 中国特色传媒社会责任理论与西方的传媒社会责任论有着彼此独立又相互联系的复杂关系,并在中国新闻实践的经验成果与马克思主义新闻观的理论建设中逐步探索自身独特的、科学的、具有中国特色的传媒社会责任体系。[③] 中国的新闻媒体自晚清近代报业开始就充分认识到"新闻界理应负起对

[①] 蔡骐.媒介化社会的来临与媒介素养教育的三个维度[J].现代传播(中国传媒大学学报),2008(6):106-108.
[②] 杨晓强."媒"田守望者:当代中国大众传媒社会责任研究[M].北京:新华出版社,2015:271.
[③] 包国强,王作剩,黄诚.新闻、宣传、公共利益与市场——中国特色媒体社会责任的价值体系构成与内在逻辑[J].新闻爱好者,2020(11):9-15.

社会的任务",传媒在新中国成立后虽有波折,但自改革开放以来坚持用马克思主义新闻观指导实践,在新时代更是切实遵循习近平新闻舆论思想和理论成果的指导。习近平强调新闻舆论工作的"五个事关",提出"48字职责使命",要求强化新闻舆论工作者坐标定位的"四种角色"论述等。①

作为社会实践,社会责任内化于传媒组织及其从业者的价值理念与行为操守,但在具体的实践层面中西方仍存在侧重要点。西方传媒社会责任强调大众传播媒介对社会和公众应该承担责任和义务,是基于传播媒介垄断程度越来越高、传播资源越来越集中在少数人手中的背景而提出的。从宏观社会层面来说,一是现代思想革命几乎摧毁了支撑传媒自由主义理论的世界观,弥尔顿的"自我修正过程"学说受到质疑,在这种知识场域才给传媒社会责任理论孕育提供了思想基础;二是传媒社会责任论的出现是对发端于20世纪初美国企业社会责任运动的积极响应,②传媒作为特殊的企业在美国商业的示范和促使下产生为公共利益服务的使命感;三是新闻业新闻专业主义的推动,尤其是政党报纸解体后发展出的"公共服务"信念。③ 仅从国内来看,我国"传媒的社会责任"观念伴随着改革开放后的一系列经济、政治与文化体制改革而渐次提出,1949年后的一段时期,单一的政治责任主导要求传媒对国家和政府负责,传媒的社会责任被国家社会一体化的现实遮蔽,因此强调传媒政治责任而淡化其社会责任成为常态。十一届三中全会以后,传媒体制改革的全面深化迫使传媒机构直面市场竞争,加之互联网原生媒体数量激增,为抢占有限注意力资源,产业属性觉醒的媒体为获取更多眼球展开激烈竞争。于是,在缺乏有效、有力监督体系的情况下,虚假造谣、低俗媚俗庸俗内容、炒作成风等失职失责现象大肆出现,追求经济效益而漠视社会效益的传媒实际现状呼唤传媒业重建传媒社会责任。

考察中外学者关于大众传媒社会责任的定义可以发现:到目前为止,还没有一个中西方普遍认可的传媒社会责任概念。随着媒介技术的突破和世界政治经济格局的演变,传媒社会责任理论也在新闻实践话语的反思和总结中得到修正和发展,比较中西方传媒社会责任的建构背景与理论要求,不管在认

---

① 林如鹏,支庭荣.习近平新闻思想:当代马克思主义新闻观的重大创新[J].暨南学报(哲学社会科学版),2017,39(7):1-10,130.
② 燕道成.中外传媒责任伦理研究综述[J].当代传播,2010(2):34-37.
③ 侯迎忠,赵志明.西方新闻专业主义初探[J].当代传播,2003(4):55-57.

知和实践层面都有着极为重要的意义。一方面,考察中西方传媒社会责任理论有助于认识两者的深层差异,进而在学习改进的过程中提高我国新闻工作理论建设和新闻工作能力;另一方面西方传媒社会责任实践过程中存在的经验教训将得到中国新闻界实践工作的学习借鉴。本章认为西方主流与本土化两极互动,构成了传媒社会责任的文化动脉。有鉴于此,本章将把传媒社会责任观念的产生和发展置于它所处的经济、政治、社会、文化、思想的广阔语境之中进行系统考察,学术界和新闻界对于传媒社会责任的分歧很大程度上来源于中西方不同的文化观念、社会结构以及政治体系等历史因素与现实语境。正是诸多变量的交叉影响,使得中西方传媒社会责任在理论构建和实践行动上呈现迥异态势。

第一节 中西方传媒社会责任的背景比较

"语言学转向"被视为当今人文社会科学领域一场重要变革,方维规《什么是概念史》对概念史这一历史研究进行细致的分析,认为概念起源于对日常词语的反叛①,但这种从日常实践的理性抽离不能脱离特定的时代与文化背景,其概念本身存在政治的、社会的、文化的、历史的深层内涵,需要在宏观的历史背景下重新认识词语②。可以这么说,一种思想或概念的产生,很大程度上离不开思想者对特定学术议题关于文化、社会和政治背景的考察和回应。

回顾一些学者的研究,不难发现部分中国学者有意识地进行中西差异的对比,形成一系列隐含价值判断的二元对立,同时也有一些学者关注到东西差异的背后是"个性之于共性"的关系。为方便解释议题背后的复杂性,同时克服二元对立倾向,对中国和西方在传媒社会责任的差异表现以及背后产生的根源采用多样化认识视角的原则进行探索。③ 研究者认为理解中西方传媒社会责任理论差异的基本线索就在于,透过文化、经济与政治的厘清探讨,紧跟个人主义与集体主义、大社会与弱社会、强政府与小政府的内涵,以此廓清传

---

① 方维规.什么是概念史[J].工会博览,2021(6):52.
② 方灏."知识分子"的产生:一个概念史的考察[D].武汉:华中师范大学,2014.
③ 庄丽莉.集体主义和个人主义的表现与根源——中美文化比较浅析[C]//福建省外国语文学会.福建省外国语文学会 2010 年年会论文集,2010:10.

媒社会责任在不同背景下的内在成因,进而批评性地阐明其历史的合理性与改进的可能性。需要注意的是,随着全球化浪潮在经济、政治与文化的交叉反应,中西方在面对某些传媒社会责任事件时需要对各种复杂因素进行深入思考,绝对不只是以上列举的宏观因素,中西方这种传媒社会责任的差异还需要结合具体传播语境展开个案论述,最终的选择不是非此即彼的对立思想,其中仍存在着弹性的选择空间和实操余地。

一、中西方传媒社会责任的文化背景:个人主义与集体主义

中西方社会行为的特征及其取向,是所有比较研究学者在涉及社会、文化及行为等讨论时不可避免的核心议题。随着世界一体化进程的加快,中西文明的差异受到越来越多的关注,价值观作为一个民族思想哲学的体现引起人们的热烈讨论[①]。跨文化研究表明,不同文化背景下人们的价值观不尽相同,这种区别导致了人们在认知、动机以及情绪等方面的差异,个人主义和集体主义就是衡量价值观差异的一个重要维度。因此,研究个人主义和集体主义对中西方文化尤其是中西方传媒社会责任差异的成因具有重要意义。[②] 其中最具影响力的当数西方学者所采取的二元对立范式,即认为中国人的社会行为是集体主义倾向,以便区别于西方的个人主义。[③] 但有个别学者深表怀疑,认为用集体主义和个人主义这两个概念说明中西方社会行为与价值观念的不同存在着简单化倾向,希望淡化二元对立并尝试构建新的分析结构。[④]

著名荷兰组织社会学家吉尔特·霍夫斯塔德(Geert Hofstede)曾对全球70多个国家和地区的五大文化层面进行调查比较,分析结果显示美国"个人主义"明显高于中国和世界平均水平[⑤];而在中国学者贾玉新的《跨文化交际学》引用喻国明等学者全国性调查的数据中,指出集体对于中国人的凝聚力

---

① 刘思静.中国集体主义与西方个人主义价值观之对比[J].文教资料,2017(6):94-96.
② 徐江,任孝鹏,苏红.个体主义/集体主义的影响因素:生态视角[J].心理科学进展,2016,24(8):175-184.
③ 陈爱吾.从拮抗到互动:转型期人际关系论[D].湘潭:湘潭大学,2002.
④ 翟学伟.中国人社会行动的结构——个人主义和集体主义的终结[J].南京大学学报(哲学.人文科学.社会科学版),1998(1):123-130.
⑤ Geert Hofstede 将文化层面(culture dimensions)划分为 PDI(权力距离)、IDV(个人主义)、MAS(男权主义)、UAI(不确定性回避指数)、LTO(长远规划),在对中国、美国和世界水平的比较中,中国的"个人主义"在20分以下,美国达到了90分左右,而世界的平均值是40分,由此可见中美在个人主义的价值取向中相去甚远。

指数很高。① 从经验感知和理性推测可以确定的是,中国社会具有较强的集体主义属性,以美国为代表的西方社会具有较强的个人主义特点。那么,我们不禁发问:什么是个人主义和集体主义?中西方文化差异的背后究竟隐藏着怎样的因素?以及这种差异对于中西方在传媒社会责任领域产生哪些表现呢?

(一) 个人主义与集体主义的取向

价值观是文化的重要组成部分,而个人主义和集体主义是价值观体系的核心内容之一。② 可以知道的是,个人主义和集体主义在不同历史时期对"确定人们的社会立场和奋斗目标的价值信仰;影响和制约人们价值评价与选择的价值标准……调剂人的心理和精神状态的情绪、情感、意志等"③方面具有强大功效,并深深烙印在个人与社会的互动关系中。下面通过中外学者们对个人主义和集体主义的界定,探讨个人主义和集体主义在中西方文化差异中的表现,并对两者在传媒社会责任领域的不同表现进行分析。

1. 西方与个人主义渊源

如何理解个人主义?作为一种基础性的伦理思想观念,个人主义在西方思想文化中由来已久且谱系庞杂,它既是西方人文主义传统的基石,又是西方现代经济、社会、政治思想的内核。就个人主义观念萌发的历史演变而言,现代个人主义理论的谱系可以追溯到西方文明的源头,即古希腊—罗马文明和希伯来—基督教文明④。随着自然科学祛魅、宗教改革世俗化、资产阶级政治运动等社会历史进程不断推进,个人主义已然渗透西方社会生活的各个角落,简单归纳为"在哲学上的人本主义、政治上的民主主义、经济上的自由主义以及文化上要求个性独立的自我意识等层面的内容"⑤。可以说,个人主义主要涉及自我与他人、个人与共同体、个体与整体等成对关系,西方资产阶级个人主义的思想在经过一两百年的演化之后,已经到了趋于成熟即瓜熟蒂落的时

---

① 中国学者贾玉新在《跨文化交际学》中罗列一组数据:"根据喻国明等学者全国性调查,61.3%的被访者表示'我们对集体荣誉看得很重',集体对中国人的凝聚力的指数为55.63%。"
② 庄丽莉.集体主义和个人主义的表现与根源——中美文化比较浅析[C]//福建省外国语文学会.福建省外国语文学会2010年年会论文集,2010:10.
③ 贾然然.当代中西方核心价值观差异分析[D].石家庄:河北师范大学,2011.
④ 杨明,张伟.个人主义:西方文化的核心价值观[J].南京社会科学,2007(4):38-44.
⑤ 邹广文,赵浩.个人主义与西方文化传统[J].求是学刊,1999(2):12-18.

刻了。思想已经具备,实践也已经具备,欠缺的仅是一位进行综合概括的思想家。而这一历史角色是由19世纪法国著名的政治思想家托克维尔(Alexis de Tocqueville)来担当的①。托克维尔指出个人主义并非利己主义,是民主主义孕育了个人主义。同时,他详尽阐述了个人主义的制度表现,如三权分立的政治制度,民主、自由、平等的观念,等等②。可以说,托克维尔对个人主义进行了符合西方自由、民主理念的阐释,使得个人主义在西方资本主义世界获得大量的拥趸。

大体来看,西方个人主义理论建立在其人性假定的基础之上,它的核心是判定人的本性是自私的。正如斯密把人们的美德归于自私的本性,认为"对我们个人幸福和利益的关心,在许多场合也表现为一种非常值得称赞的行为原则"③。

作为资本主义社会的核心价值理念,个人主义已经逐渐渗透资本主义社会的各个侧面,在不同阶层、不同领域均产生相应的影响。个人主义在传媒领域的突出表现主要包括三个方面:一是政治个人主义:政府建立在公民个人共识的基础之上,政府的目的在于使个人利益得到实现与保障,作为"第四权力"的传媒,其重要职责就是对政府行为的监督,使得个人权利免受政府侵害;二是经济个人主义:对私有制和经济自由的坚守,主张市场的自由竞争,减少政府对传媒活动的干预程度;三是伦理个人主义:个人行为的唯一道德标准目标就是自己的利益,其在当代表现为道德相对主义,认为道德的标准在于个人利益、个人需要,这样很容易产生伦理上的"双标"。可以说,关于个人主义的内在解读,是伴随个人主义在西方社会兴起的全过程。

个人主义既是形成民主社会的基础,也是导致社会原子化、公民精神衰弱和温和专制主义等民主社会问题的核心因素。所以,个人主义的根源,既有理性缺失的一面,又有心地不良的一面。因此,在推崇个人主义的同时,克服个人主义是解决民主社会问题的关键。托克维尔从美国的经验出发,力图用正确理解的利益原则的道德方案来教育公民,用地方自由、结社激发健康、有活力的公共生活,以克服个人主义的危险后果,确保民主走向自由。④ 这是对自

---

① 夏伟东.论西方个人主义[J].学习与探索,1990(6):26-34.
② 参见汪先苹.好莱坞电影中个人主义对当代大学生价值观的影响及分析[D].合肥:安徽大学,2018.
③ 参见侯为民.批判与创新:有林教授经济思想素描[J].管理学刊,2013(4):7-10,2.
④ 桑德秀.托克维尔的"乡镇自治精神"思想及其当代价值[D].重庆:西南大学,2019.

由放任市场经济条件下的绝对个人主义做出的重大历史性修改,适应了资本主义自由放任市场经济向资本主义国家宏观调控的市场经济转换的时代需求。但正如弗朗西斯·福山(Francis Fukuyama)所言,"以权利为基础的自由主义以其本身固有的一种扩张力来反对所有现存群体的权威"[①],"自由先于平等"的假设前提得西方社会很难逃离个人主义的影响。总的来看,个人主义价值观强调个人是价值的主体,与集体的相互依赖性较弱,它是一种强调个人利益高于集体利益的人生哲学。在个人主义价值观的文化阐释中,注重的是个人自然潜力与理性选择,强调个性自由与自我发展,要求个人对自身道德具有选择权并对自己的选择负责,往往以个人成就作为评价一个人的重要标准。[②]

2. 中国与集体主义渊源

在全球文明出现对话、交流甚至交锋的复杂背景下,中国改革开放 40 多年来经济主体的独立性、市场机制的自由竞争性、价值取向的功利性以及社会转型带来的阵痛等为当代个人主义思想的形成和蔓延提供了主客观条件。但由于中国特色社会主义及与之相适应的核心价值为个人主义提供了集体主义的思想框架,以"共同富裕""公平正义"和"个人的全面发展"消除、制衡乃至超越了西方个人主义范畴,中国社会主义道德占据主导地位的仍然是集体主义。

那么什么是集体主义?布鲁克·彼得森(Brooks Peterson)认为"以个人为中心"和"以群体为中心"的区别在于人们对于自己作为"群体中的一员"这个身份的重视程度,"个人为中心"对于群体的依赖度低,"群体为中心"对群体的依赖程度高。[③] 吉尔特·霍夫斯塔德将其概括为个人融入集体的程度,个人主义作为以职责的权利作为重点,关注自己和直系亲属,强调自我和个人成就,并根据个人成就作为评价一个人的标准[④]。贾玉新在《跨文化交际学》一书中描述:"受群体取向影响,中国人提倡凡事以家庭,社会和国家利益为重,个人利益在必要时可以忽视,可以牺牲",而"在美国每一个个体都被当作一个完全不同于其他人的独特的个体,他的思维方式、行为都与

---

① 弗朗西斯·福山.信任:社会美德与创造经济繁荣[M].彭志华,译.海口:海南出版社,2001:13.
② 杨帆.中西集体主义与个人主义的价值观差异[J].湖北广播电视大学学报,2009,29(9):62-63.
③ 庄丽莉.集体主义和个人主义的表现与根源——中美文化比较浅析[C]//福建省外国语文学会.福建省外国语文学会 2010 年年会论文集,2010.
④ 刘鸿志.篮球运动中团队精神与个人主义价值观的关系研究[D].长沙:湖南师范大学,2011.

别人不同"。① 林大津在《跨文化交际研究》中认为,集体主义就是"一个人说话办事,总是以不破坏群体关系为前提,以他人为参照",而"个人主义突出个人,以个人为中心,一切由个人自主并为之负责"②。从个人主义与集体主义的对照中可以发现:集体主义强调集体是价值的主体,集体主义社会的共同特点是在社会共同责任和期待的基础上赋予状态的社会。③ 它是既肯定个人利益的正当性与合理性,又强调集体利益的优先性和首要性,主张个人利益与集体利益的辩证结合。④

集体主义是社会主义道德的基本原则,⑤它是在人类探索践行社会与个人主义原则的历史进程中逐步生长、发展起来的,是个人与社会共同体之间道德关系的理性认知与把握。人类历史最早的"共同体的脐带"——集体主义,诞生于人类抗衡自然的最初选择,是恶劣生存环境和低下生产力水平引起的自发性合作。进入阶级社会后,集体主义迅速被阶级利己主义取代,"虚幻的共同体"实际上只是那些既得利益集团的私人利益的总和。直到近代以来,工人阶级的出现,社会主义运动的兴起,集体主义才在社会主义集体主义得到更丰富的内涵。社会主义集体主义要求克服集体的虚幻性,使得集体利益能够真正代表每一个人的利益诉求,实现社会利益和个人利益的根本统一,"把个人目的变成普遍目的",认同和服膺集体主义道德原则。中国的集体主义原则作为集体主义的现实实践取得了巨大成就,中国特色社会主义制度与集体主义道德有着本质上的一致性,其理论尤其在社会主义市场经济的运行中得到坚持、发展和完善。需要考虑的是,我国基本经济制度既为集体主义的实施提供了坚实的经济制度基石,也使集体主义面临社会利益主体多元化、个体利益地位日益凸显等新情况、新挑战。因此,能否把握住集体利益与个人利益之间的平衡点,将成为影响国内社会经济发展的重要因素。

(二) 正本清源与审视差异的辨析

基于之前的中西方关于集体主义和个人主义的差异辨析,接下来我们

---

① 贾玉新.跨文化交际学[M].上海:上海外语教育出版社,1997:63.
② 林大津.跨文化交际研究:与英美人交往指南[M].福州:福建人民出版社,1996:261.
③ 杨帆.中西方跨文化教育比较[J].陕西广播电视大学学报,2009(4):39-40,78.
④ 倾文丽,孙闻博.论"个人主义"与"集体主义"[J].教育教学论坛,2018(23):76-77.
⑤ 杨喜英.论文化建设的核心和基础工程[J].公安司法(新疆公安司法管理干部学院学报),1997(4):2-5.

还要分析：究竟为什么会出现这样的差异？自然地理环境的差异孕育了中国和西方不同的政治、经济制度，也孕育了中华文明与西方文明的不同文化、哲学和价值观；①西方岛屿催生的商业文明、基于柏拉图理念论建立的西方哲学传统和世界观以及基于理性和契约精神联系的西方社会秩序滋养了西方文化内在的个人主义思想，尤其是文艺复兴时期个性觉醒与人文主义精神的重现发现、宗教改革与宗教个人主义的兴起以及启蒙时代的自由主义与浪漫主义思潮。"理性的资产阶级资本主义"体系在西方世界的普遍建立，这是一种细致、系统的理性规划与纪律背景下的取向，它把盈利与"官僚制"经济组织联系在了一起②，从而建立起资本主义精神与个人主义强烈的相关性③。

与之对比鲜明的是，以家庭为单位的农耕文明、家国一体的传统观念以及近现代救亡图存的历史使命都为集体主义思想提供了丰沃土壤。集体而非个人是人类抗衡自然的最初选择，马克思将之称为"共同体的脐带"，小农经济在经济上促进了集体主义思想在中国的盛行。中国传统文化主张在人际关系中先人后己、家国同一，尤其是儒家学说与"中央之国"的大一统思想也在潜移默化地塑造着中国人的思想。中国的传统文化心理经过几千年的沉淀，逐渐形成了以农业自然经济为基础的封建社会，这种封建的宗法社会不断强化集体主义思想对于事物的看待方式，并以礼法关系与血缘亲疏加以规范区别。从"乡土中国"到"后乡土中国"④，中国社会关系观的明显特点就是强调人际关系的和谐，强调人的社会性，强调社会、群体对个人的约束，不突出个人的个性，而是强调个体对群体的作用。⑤从上述观点不难发现：中西方集体主义与个人主义的区别可能在于：Chinese culture 关乎"稳定""和谐"以及关于农耕文明和宗族社会的集体记忆；Western culture 暗藏两希文明以来尤其是自文艺复兴之后个人价值与自我发展的个性特征。

需要注意的是，与资本主义社会的生产、交换相适应，资产阶级整体主义的道德观最终维护的是实现私人利益，每个经济主体的相互依赖并不是社会共同利益使然，而只是私人利益驱动的结果：一个人为另一个人服务，其目的

---

① 刘思静.中国集体主义与西方个人主义价值观之对比[J].文教资料,2017(6)：94-96.
② 郑飞.韦伯与西方马克思主义中的技术批判理论[J].哲学研究,2017(5)：85-90.
③ 韦伯.新教伦理与资本主义精神[M].阎克文,译.上海：上海人民出版社,2018：8-9.
④ 陆益龙.后乡土中国的基本问题及其出路[J].社会科学研究,2015(1)：116-123.
⑤ 裘燕萍.汉英亲属称谓系统的对比研究[J].四川外语学院学报,2003(3)：145-149.

只是为自己服务。在以个人自由为基础的商品交换中,交易双方都认为共同利益只存在于个人利益之中,共同利益就是私人利益的交换。正如马克思所言,"表现为全部行为的动因的共同利益,虽然被双方承认为事实,但是这种共同利益本身不是动因,它可以说只是在自身反映的特殊利益背后,在同另一个人的个别利益相对立的个别利益背后得到实现的"①。因此,资本主义社会的经济形式,决定了它的整体主义所指向的并非社会的普遍利益和共同利益,只能是各种形式的私人利益。在《德意志意识形态》中,马、恩将这类阶级社会中各种形式的统治阶级利益集团称为"虚假的共同体"或者"虚幻的共同体",一方面,其并不代表整个社会的真正的普遍利益,其假冒共同体利益之名,实际上只是统治阶级的私人利益,具有鲜明的阶级性,是那些既得利益集团的私人利益的总和;另一方面,这种虚假的共同体是由于分工和私有制所造成的不可避免的联合,而这种联合又因为其相互分离而成了一种对其而言是异己的联系。②

从本质上看,社会主义集体主义是现代社会主义运动特别是现代科学社会主义运动的直接产物。社会主义与集体主义有着密切的关系,集体主义不仅仅是社会主义的经济学说、政治学说,而且是社会主义的道德原则,集体主义反映了人们对制度的道德设计和道德愿景,预示着道德的发展方向。社会主义集体主义是社会利益和个人利益根本一致才能在社会发挥作用的道德原则,只有这两种利益真正统一起来,才能"把个人的目的变成普遍的目的,把粗野的本能变成合乎道德的意向,把天然的独立性变成精神的自由"③;要求克服集体的虚幻性,使得集体最大限度地成为尽可能多的个人利益的真实代表,强调个人利益对社会利益的自觉认同。社会主义集体主义是个人自由地道德选择的结果,个人对集体的需要、信任和服从,不是对外在必然性的盲从和屈服,而是出于对集体主义道德原则的认同和服膺。

(三)传媒社会责任与媒体价值取向的关系

一般认为,传媒社会责任理论的思想最早于 1947 年出现在哈钦斯报告

---

① 王培芝,焦丽萍.唯物史观对人民群众利益主体地位的科学阐释[J].中共福建省委党校学报,2008(6):17-21.
② 苑鹏.对马克思恩格斯有关合作制与集体所有制关系的再认识[J].中国农村观察,2015(5):2-10.
③ 余斌.论思想政治教育的主体和客体[J].思想政治教育研究,2020(1):53-56.

中,1956 年由彼得森在《传媒的四种理论》一书中以"传媒的社会责任理论"命名并作了详细的表述,才宣告传媒社会责任理论的创立。自 18 世纪初蒸汽机驱动印刷机以来,近代意义上的大众传播业就有了较为充分的发展,包括杜威(John Dewey)及深受其影响的霍顿·库利(Charles Horton Cooley)以及罗伯特·E.帕克(Robert Ezra Park)那个时代的进步主义知识分子都相信连接社会的共享价值源于态度与思想的自由表达、自由交换,传媒技术的发展能够将人们精神协作转换成为建立在身份认同和价值共享基础上的共同体①。在自由主义人本思想的引导下,西方新闻思想界基本达成相似看法,即报刊等大众传播媒介本质上是一种以服务社会为目的,公开、交流信息和观点的平台。

在资本主义制度下的自由主义媒介规范理论(即报刊的自由主义理论)和资本自由化的引导下,西方新闻界经历了争取新闻自由、政党报刊以及传媒产业化三个时期,到 20 世纪,传媒业已经成为庞大的商业结构。② 美国学者西伯特指出,现代自由主义理论中两个重要原则——"观点的自由市场"和"自我修正过程"为自由主义媒介规范理论奠定了重要的理论基础,而资本的自由化建立的两大前提——自由而公平竞争的公开市场与顾客有充分鉴别商品的能力则为自由竞争提供了重要保障。在多项因素的共同影响下,市场结构朝着产品质量优良且价格低廉的一方倾斜,并在美国逐渐形成报业所有权和"一城一报"的局面,最终导致自由而公平竞争的公开市场遭受破坏,致使大众传媒垄断格局与享有听说等自然权利的大众利益相悖。为迎合更大范围人群趣味,私有传媒的传播内容在营利动机的驱使下,越来越有浅薄化、刺激化、煽情化的倾向,严重地危害了健康的社会道德规范,极容易形成关于劣币驱逐良币的"格雷欣现象",并带来不少深刻的社会问题。这种情况,也引起人民对自由主义理论及其传媒制度的强烈不满。尤其是人类在 20 世纪两次世界大战以及多次政治、经济与文化危机后,开始对自由主义主张的理性、道德等产生怀疑反思,这场观念变革在新闻学领域的具体表现就是传媒社会责任理论产生的重要因素。回顾 20 世纪四五十年代不难看出,战时赋予政府的巨大权力正不断威胁着新闻自由,与此同时,新闻业主在巨大利益的驱动下,正日益放弃新

---

① 柯泽.库利的传播学研究及其思想价值[J].新闻爱好者,2014(5):35-40.
② 黄璜.大众传播和谐环境的建构[D].南昌:江西师范大学,2005.

闻的公共责任，就是在这种情况下才引发了知识分子对新闻以及新闻界应该承担的社会角色的严肃思考。

社会责任理论是继自由主义报刊理论之后出现的又一媒介规范理论，它是对自由主义理论的一种修正。① 但这种社会责任理论建立在资本主义的结构框架之中，它根本无法解决传媒所有制私有性和新闻媒介本身社会性的基本矛盾，其本质上仍然是个人主义的。"责任与自由"虽然在一定程度上抑制传媒社会乱象的发生，但仅仅依托"媒体自律"很难真正让传媒社会责任落到实处，尤其是网络媒体平台环境下市场竞争与权责不明的背景下，有偿新闻虚假报道、不良广告和低俗之风仍然屡禁不止。② 传媒社会责任论缘起于西方，是以西方为本位、以传统媒体为背景的一种传媒指导理论，在资本主义排他性私人占有制下，一旦将看似行之有效的体系放入传媒业的实践中加以分析，就会发现其中存在着许多操作层面的现实困境。③ 受阶级利己主义的影响，冷战结束后的西方主流新闻和大众媒体大多在国内事务的报道中保持一定客观和中立，但在国际事务的传播过程中往往存在明显的"国族倾向"，④号称独立、负责、以媒体自律为主的西方媒体在现实中有时陷入与政府、市场"合谋"的尴尬处境，进而丧失传媒社会责任感。

虽然在任何的制度背景下，媒体都应该承担社会责任，但任何传媒制度都是"制约和影响人们社会行动选择的规范系统，是提供社会互动的相互影响框架和构成社会秩序的复杂规则体系。也是系统的、较为稳定的规范"⑤。吸纳西方传媒社会责任理论中具有的共同理念，将理论与中国的集体主义有机结合，预防个人主义负效应对传媒企业的侵蚀，协调新闻界、政府与市场之间个人与集体的利益关系。伴随着市场因素的植入，种种新闻乱象开始出现，突出的表现就是商业利益对新闻客观性和公共精神的绑架和侵蚀，过度商业化与低俗化乱象驱动党的十八大之后积极引导传媒产业全面深化改革。考察某些传媒社会责任意识弱化和履行社会责任自觉性的缺失，童兵将之归纳为四大现象：一是商业势力对健康的传媒肌体的侵蚀，二是没有履行好媒体对政府

---

① 郭庆光.传播学教程[M].2 版.北京：中国人民大学出版社，2016：142.
② 陈媛媛.媒体的角色错位与社会责任[J].新闻知识，2008(3)：24-25.
③ 涂光晋，吴惠凡.传媒"社会责任理论"的现实困境[J].武汉理工大学学报(社会科学版)，2010(6)：805-811.
④ 黄建新，闫鹏飞.再论西方传媒"社会责任论"的现实困境[J].新闻记者，2011(5)：59-62.
⑤ 郑杭生.社会学概论新修[M].5 版.北京：中国人民大学出版社，2019：270-271.

部门的监督职责,三是某些记者编辑个人素质不佳,轻视甚至无视基本的社会责任规范,四是有些媒体政治上"糊涂"、业务上"马虎"、经济上"向钱看",导致社会责任淡薄。[1] 为维护最大多数人民群众的利益,传媒业市场化发展坚持社会效益与经济效益双效统一,且社会效应放在首位。与此同时,充分发挥行业协会的作用,开启并推进"媒体社会责任报告制度",这是社会主义集体主义的内在要求和必然结果。政府优化传媒担当社会责任的外部环境,社会各界(包括传媒行业)开展媒体批评以及媒体自身强化责任意识从而建构政府引领、社会参与和内部改革的传媒社会责任体系,充分展现了集体主义主体的伦理要求。[2] 李良荣就提出传媒治理的重点在于平衡多元利益诉求和一元政治意识形态之间的关系,传媒组织根据其党媒、民媒和自媒属性"各司其职",在尊重自身合法权益的同时将最大多数人民群众的集体利益"做大做强"[3]。

二、中西方传媒社会责任的社会背景:大社会与弱社会

个体与更大的社会世界相关联的一个重要途径就是通过社会化,它使我们学习并把价值观、信仰、文化规范内化并发展为一定意义上的"自我"的过程。[4] 西方学者将新闻传播体系视为社会、经济、政治、文化基本过程中的一部分,把媒介置于由上述成分产生的生产与再生产的架构之中,坚持传播与社会相互建构的观点。[5] 因此,对中西方传媒社会责任的理念差异的探讨,离不开对中西方不同的社会背景的深入解析,大社会和弱社会这一对概念,为深入解析影响中西方传媒社会责任理论的社会背景提供了较为合适的切入视角。

2010年英国保守党领袖戴维·卡梅伦(David William Donald Cameron)提出"大社会"的竞选口号,《泰晤士报》更是将"大社会"口号称为重新塑造政府职能以及解放企业家精神的一个进步举动。我们不禁要问,为何一些人会有"小政府、大社会"的思想,他们所支持的"大社会"究竟是什么?在他们看来,"小政府、大社会"将会形成一种理想图景,即"公民社会"、非政府组织极度

---

[1] 童兵.传媒社会责任的履行与违悖[J].新闻与写作,2014(8):41-43.
[2] 包国强,舒锦予,黄诚.我国近年来传媒治理研究综述:关键问题与框架分析[J].教育传媒研究,2021(1):27-29.
[3] 李良荣,郭雅静.三足鼎立下的网络媒体的态势及其治理之策[J].国际新闻界,2019,41(10):6-22.
[4] 转引自董素青.媒介真实与电视素养教育[J].福建师范大学学报(哲学社会科学版),2013(2):168-172.
[5] 曹晋,周宪.西方传播研究的点滴勾沉[J].新闻大学,2006(2):40-46,63.

发达,公民参政热情极高,成千上万的非政府组织相互联合,监督制衡政府,从而形成一种民主政治的理想模式。① 也就是说,公共行政官员不再关注控制官僚机构和提供服务,而是正在对"掌舵而非划桨"的告诫做出反应,试图成为新型的、有偏向且日益私人化的政府的企业家。② 这一论述与新自由主义经济理论有着千丝万缕的关系,如何将私营部门和工商企业的方法用于公共部门成为"大社会"发展的重要方向。这里说的"大小"反映的是范围、种类、数量、规模的问题,即在社会服务领域,谁处于主导地位,各自占据多大的比重。③ 目前政府购买社会公共服务是西方发达国家提高公共支出质量和创新公共服务的重要举措,这一进程通常与福利国家的"民营化"改革相关,伴随着西方公共服务理念和社会化管理理念的纵深发展,也是公共服务对非政府组织的依赖。④ 英国保守党"大社会"的目标在于创造一个将权力授予地方百姓和社会的政治环境,打造一个将权力从政治家让渡给人民的"大社会"计划。"大社会"计划是艾德蒙·伯克(Edmund Burke)针对霍布斯理论进行的批判修改,相对于霍布斯(Thomas Hobbes),艾德蒙·伯克更关注人类的各种才能而不是仅仅作为一个经济单位;将更多关注视角聚集在各个国家之间的中间机构;更加关注社会与个人的权利而不是任由国家摆布。⑤

(一) 大社会和弱社会的考察

从英国保守党的语境中不难看出"大社会、小政府"的基本含义是:在转变政府职能、调整政府机构、规范政府行为的同时,要充分发挥社会自身的作用,把原来由政府包办的大量社会事务交还给个人、企业事业单位和其他社会组织。⑥ 政府不再干预企业的经济活动,充分发挥社会自治功能,以逐步实行广泛的民主自治的社会,它是经济管理职能转移到社会所形成的社会化服务格局。

---

① 尹帅军."小政府、大社会"、"公民社会"辨析[J].马克思主义研究,2013(9):128-133.
② 罗伯特·B.丹哈特,珍妮特·V.丹哈特.新公共服务:服务而非掌舵[J].中国行政管理,2002(10):38-44.
③ 康晓光.转变政府职能:构建"小政府、大社会"的社会管理模式[J].学术探索,2013(12):4-5.
④ 张汝立,陈书洁.西方发达国家政府购买社会公共服务的经验和教训[J].中国行政管理,2010(11):98-102.
⑤ 成晓叶,凌宁.英国保守党语境中"大社会小政府"的特点、困局与我国的对比[J].天津行政学院学报,2013(5):105-112.
⑥ 刘凤梅.政府与社会的关系[J].海南师范学院学报(社会科学版),2004(5):130-133.

"国家与社会"作为一种理解现代性条件下社会构成及变革的基本视角，是在社会系统论的支配下形成的，关于"国家"与"社会"的实体性想象的逻辑结果就是把两者的关系想象成一个二元对立的、既对立又相互依赖、在力量上此消彼长的互动模式。① 一般认为，"大社会"能够充分发挥社会成员、社会组织和企业的自我管理和自我调节能力，增强社会的活力和动力；"弱社会"不等于是"没有活力""没有能力"的社会，而是想说明政府作为一个由复杂的社会关系所构成的产物在行使"统治职能"与"管理职能"时对社会力量的主观或客观限制，这使得公共服务的资源配置以政府为主而非市场为主。② 因此，如何在政府治理下激发社会活力，使之发挥应有的作用，这是社会组织管理者需要回答的问题。

1. 社会、国家与市民社会

什么是社会？对"社会"这一概念理论的追溯离不开"市民社会"的考察。市民社会的现代含义出现于17、18世纪，指的则是当时在封建社会的政治经济关系之外萌发的资本主义经济生活，它意味着一种经济的、私人的社会活动领域，与政治的、公共的社会领域相对。③ "市民社会"的出现意味着一个新的社交领域出现，这一领域中人与人的关系不以政治和等级为纽带而是靠独立自主的商业和贸易往来维系，这在一定程度上打破了西方封建社会历史进程的连续性，是封建社会转向资本主义社会的一个关键断裂。18世纪的资产阶级思想家开始使用"市民社会"来表示社会生活中的财产关系和经济关系，但资产阶级思想家不仅无法使"市民社会"这一术语科学化，而且不能正确地解释市民社会存在的基础以及市民社会与政治社会的关系。黑格尔虽然对市民社会做了历史考察，认为"市民社会是在现代世界中形成的"，政治国家是从家庭和市民社会中发展起来，前者是后者的原则和基础，并且他把市民社会看作是伦理精神发展的一个阶段。马克思主张市民社会属于经济基础的范畴，"对市民社会的解剖应该到政治经济学中去寻求"④；葛兰西（Gramsci Antonio）并非一味承袭马克思的观点，他把市民社会归位于与经济基础对应的上层建筑范围内，指出上层建筑包含两个层面，一是市民社会，二是政治社会即国

---

① 肖瑛.从"国家与社会"到"制度与生活"：中国社会变迁研究的视角转换[J].中国社会科学，2014(9)：88-104，204-205.
② 朱光磊，孙涛."规制——服务型"地方政府：定位、内涵与建设[J].中国人民大学学报，2005(1)：103-111.
③ 唐士其."市民社会"、现代国家以及中国的国家与社会的关系[J].北京大学学报(哲学社会科学版)，1996(6)：65-71.
④ 付文军.《资本论》与马克思的资产阶级社会"解剖学"[J].社会主义研究，2021(5)：49-56.

家。他认为市民社会是指政党、工会、学校以及报纸杂志等各种文化组织和学术团体,却忽视了意识形态属性的文化总是受到一定的社会经济基础的制约。一般认为马克思的市民社会概念包含双重含义:一是指以商品交换为核心的社会组织,它是平等的私有者在分工的前提下自由地交换其私人所有的社会,是人们的社会交往采取了异化和物象化形式的社会;二是以资本和雇佣劳动的对抗为核心的资产阶级社会。① 俞可平则在此基础上继续补充,认为马克思是在三重意义上使用"市民社会"概念:一是把它看作"物质生活关系的总合",将其等同于经济基础;二是"资产阶级社会";三是介于国家与市场之间的民间公共领域,也就是学者们所说的"公民社会"②。这种对于"社会"实体论和系统论的想象构成早期社会科学的基本思维,相比于"国家"的单数形式,学者们都承认"社会"的复数性,即"社会"被想象为一个有着自身独立结构、边界和运行逻辑、自觉追求独立性和自主性,追求与国家相区分的社会组织。这种组织在辩证关系的互动中得以成长,具体表现在公民自我组织、自我管理的社会领域的成熟,它们能够对国家权力进行制度性的监督和约束。③

2. 政府与社会关系的分类

从上述观点可以看出,政府与社会的关系是现代人类社会发展的一种重要关系,它不仅关乎现代化国家的发展,同时也影响每一个人的社会秩序。④ 从前文政府职能转型所提及的名词"大政府、小社会"以及"小政府、大社会"等表述不难发现,现在社会的概念是相对于政府而言的,是指一个特定的民族国家范围内,个人之间结成的各种非政府组织与关系的总和,它是由普通社会成员以及他们所结成的各种社会组织和社会团体所共同组成的。⑤ 而强弱反映的是主导、支配问题,即政府和社会谁处于主导地位的问题,谁支配谁的问题;大小维度反映的是范围、种类、数量、规模的问题,即在社会服务领域,谁处于主导地位,各自占据多大的比重。⑥ 刘凤梅根据政府权力与社会权利的范围及

---

① 韩立新.《德意志意识形态》中的市民社会概念(上)[J].马克思主义与现实,2006(4):40-51.
② 俞可平.让国家回归社会——马克思主义关于国家与社会的观点[J].理论视野,2013(9):9-11.
③ 肖瑛.从"国家与社会"到"制度与生活":中国社会变迁研究的视角转换[J].中国社会科学,2014(9):88-104+204-205.
④ 毛寿龙.政府与社会关系的秩序维度[J].广东青年研究,2020,34(1):78-86.
⑤ 李凯.转型时期我国政府与社会关系的变迁[J].四川行政学院学报,2003(4):5-8.
⑥ 康晓光.转变政府职能:构建"小政府、大社会"的社会管理模式[J].学术探索,2013(12):4-5.

其能力大小,可以把历史上和现实中各种不同的政府与社会关系划分为以下四类[①]:

第一,强政府、弱社会模式。在这种类型的国家中,生产力水平低下,社会分工不发达,国家内部各社会组织的功能分化有限,它们之间彼此孤立,缺乏联系。政府通过高度的中央集权来维护国家的统一和政令的畅通,政府运用行政强制力对社会成员和各种社会组织进行全面而严格的控制。

第二,弱政府、强社会模式。这些国家的特点是政府处于很软弱的状态,但却面临着更为强大的社会。政府的官僚机器以个人关系为基础,规模过分庞大,专业知识不够,而且缺少财政资源。政府自主性水平低,能力缺乏。

第三,强政府、强社会模式。这种模式的共同特点是政府在经济发展中处于很突出的地位,政府将自己的意志、目标转化为现实的能力强大;同时,社会力量及其自主性也很强,具有许多强有力的、高度组织化而且有自己利益追求的社会群体。这类国家政府具有明显的自主性,社会力量及其组织化程度相当高。

第四,弱政府、弱社会模式。在这些国家中,缺乏发达的官僚系统,缺乏强有力的中央政府,缺乏强有力的社会整合机制,甚至缺少现代民族国家所必需的社会基础,其经济落后,社会分化程度低。

(二) 传媒社会责任与西方大社会

西方资本主义国家就是典型的大社会结构。工业革命以来,科技革命给传媒业带来新的手段,蒸汽机驱动印刷机,电报、电话及广播对声音、电视的声画一体传播,科技进步一方面使信息传输的速度、方式、数量及种类持续增长,另一方面却是"技术社会要求集中经济力量",规模经营成为传媒作为私有企业追求利润的重要方式和手段。

随着市场化在社会服务领域的全面推进,大量非政府组织呈现蓬勃发展之态,资本的涌入使维持正常运作和繁荣的经济基础得到保障,大量公共服务开始为市场和社会所接受,呈现出高度非政府化特征。一般来说,非政府组织的经济来源大体分为两种:第一种是资本主导的社会结构,资本和资本的权利系统是其经费的主要来源,捐款的数额、捐款者的背景、意图直接影响到非政府组织的

---

① 刘凤梅.政府与社会的关系[J].海南师范学院学报(社会科学版),2004(5):130-133.

规模及价值取向;第二种是社会主义公有制经济主导下的社会结构,即政府与社会一体的社会结构,政府提供公共服务以保障公民经济、生活和工作。①

发达资本主义国家在现代化的过程中,各类社会主体的自主权扩大,政府对社会控制范围相对有限,社会自主活动范围、自主空间逐步扩张,包括经济生活在内的广大社会生活领域不再受政府的直接管理,而主要通过社会组织内部与市场机制运作来实现社会服务领域的协调管理。②

非常典型的例子就是美国,在资本主导的社会结构下,成熟且自由竞争的市场经济体制为"大社会"提供了更广范围、更多种类以及更大数量规模的社会服务。但"小政府、大社会""公民社会"理论同时受制于资本逻辑,其从事的活动不能撼动资本主义的经济基础。在资本的安排下,企业或个人通过捐赠形式组建非政府组织,要求其从事对自身有利的工作,出面协商一些难缠的事物,将之视为自己的"私器",忽视了社会组织应该承担的公共责任,这一点在传媒领域的极端危害就是借由资本进行的意识形态控制、政治经济控制和文化控制。大肆宣扬"大社会""公民社会"的理念,大肆鼓吹非政府组织监督的巨大作用,从而在很多人头脑里建立起一个虚幻的"公民社会"的图景,很容易陷入资本的牢笼,③人与人之间的伦理关系逐步异化为金钱关系,这显然对传媒社会责任履行带来严重弊端。

企业社会责任观念正是在这种情况下得以发展,可以说企业社会责任是对传统的股东利润最大化原则的修正和补充,是企业的法律义务和道德义务的统一体,是一种关系责任或积极责任。④ 可以这样说,一个运转良好、活力迸发的社会,需要政府、企业、社会组织、个人等在经济社会事务中扮演不同角色,发挥不同作用,承担不同责任。公民和社会组织由于更贴近社会生活,对很多社会问题的解决往往要比政府部门更有效。⑤

(三) 传媒社会责任与中国弱社会

中国社会主义初级阶段很长一段时间处于典型的"弱社会"结构。中国传统文化中一直缺少"社会"的概念,直到近代,现代意义上的"社会"的概念才经

---

① 尹帅军."小政府、大社会"、"公民社会"辨析[J].马克思主义研究,2013(9):128-133.
② 李凯.转型时期我国政府与社会关系的变迁[J].四川行政学院学报,2003(4):5-8.
③ 尹帅军."小政府、大社会"、"公民社会"辨析[J].马克思主义研究,2013(9):128-133.
④ 卢代富.国外企业社会责任界说述评[J].现代法学,2001(3):137-144.
⑤ 刘新如.从"管理"到"治理"意味着什么[N].解放军报,2013-11-26(09).

由日本引入中国。但在五四启蒙思潮下,为国家自由为限制个人自由甚至将民族解放、国家独立置于个人自由之上,使得"社会"成为"国家"的附属物;中华人民共和国建立后,"社会"更是在以计划经济为基础的全权性国家体制下被遮蔽,党和政府包办社会,缺乏独立自主的社会环境。随着社会主义市场经济的培育与发展,社会各主体力量都得到更大程度的加强,培育独立的市场主体(比如现代企业),依法支持村民自治、居民自治、行业协会自治以及其他群众组织的自治活动正逐步提上政府行政改革议程。其实质就是从政府包办到政府购买的实践运行探索,①让社会逐步具有一定的自治性、自主性,就是承认社会有其独特的运行规律,党领导社会要建立在尊重社会自身运行的规律之上。

党的十九大报告指出:"中国特色社会主义进入新时代,我国社会主要矛盾已经转化为人民日益增长的美好生活需要和不平衡不充分的发展之间的矛盾"②。

尽管在今日中国的改革棋盘上,政府、市场、社会的"三元体制"已经基本形成。③ 但相对于经济主体,政府和事业单位仍然是提供公共物品的主力军,社会组织仍然处于边缘的补充角色。这一局面短期内无法改变,甚至在长期内仍有可能持续存在。然而,随着国家治理体系和治理能力现代化的发展契机,社会发展活力的释放还大有文章可作。比如摒弃单一的行政管理手段,重点培育、优先发展行业协会商会类、科技类、公益慈善类、城乡社区服务类社会组织,让人民群众依法通过社会组织实行自我管理、自我服务和参与社会事务管理。④

需要注意的是社会治理的推进还较为迟缓,并不是轻而易举、一蹴而就的,遗留下并新产生一些社会矛盾和社会问题需要更多利益主体参与协调,这个过程既要打破观念的桎梏,又要摆脱利益的羁绊。王天定强调我们不能用媒介的政治责任取代媒介的社会责任,也不能用媒介的政治责任来衡量媒介是否很好地履行了应尽的社会责任⑤。我国传媒业在社会转型期形成了"事业性"和"产业性"双重属性的背景,既是社会主义文化建设的重要组成部分,又

---

① 许芸.从政府包办到政府购买——中国社会福利服务供给的新路径[J].南京社会科学,2009(7):101-105.
② 习近平.决胜全面建成小康社会 夺取新时代中国特色社会主义伟大胜利——在中国共产党第十九次全国代表大会上的报告[M].北京:人民出版社,2017.
③ 普沙岭.放权"搞活社会"实为改革之要[EB/OL].(2013-11-12).http://opinion.china.com.cn/opinion_22_86292.html.
④ 朱娴娇.长沙市科协参与社会管理研究[D].长沙:湖南大学,2018.
⑤ 王天定.谁的责任、向谁负责、负什么责任——浅议媒体社会责任的概念及特点[J].科学经济社会,2007(2):126-128.

是党的主流思想舆论阵地,这要求传媒业既要坚持事业性,又要体现产业性的途径和原则。尽管我国已经有了包括中国记协、中国互联网协会等在内的全国性传媒行业自律机构,以及省市县等一些地域性的行业自律机构,但在行业治理方面体现不足,协会的发育总体尚未成熟,其管理职能亟待完善;此外社会公众对传媒业的监督机制也存在不足,社会公众对传媒业的监督缺乏系统的规范指导。这样一来,传媒社会责任履行的社会监督难免流于形式,无法取得理想效果。为推动传媒业坚持正确导向,履行社会责任,党和政府正积极推动建构多元社会监督体系,加强与各类社会组织机构合作,借由社会层面的措施来保障和推动其社会责任的履行。①

三、中西方传媒社会责任的政治背景:小政府与强政府

一定的社会制度对大众传播的控制,体现为不同的传播制度与媒介规范理论,国家和政府的政治控制是媒介控制的主要方面。这种控制的目的,是通过规定大众传播体制,制定有关法律、法规和政策,来保障媒介活动为国家制度、意识形态以及各个国家目标的实现服务。②

1997年,美国普林斯顿大学政治系教授斯蒂芬·赫尔姆斯(Stephen Holmes)在题为《俄国给我们的教训是什么,弱政府如何威胁自由》的文章中认为,冷战期间,西方自由主义的共识是:苏联强大的政府是公民自由和权利的最大威胁,只有削弱苏联国家机器,公民的自由和权利才能免于政府的侵蚀。但从苏联解体后的历史教训看来,小政府模式并未使俄罗斯变成自由的乐园,相反导致新生政权难以维护个人政治权利、财产权以及生命安全。赫尔姆斯得出结论,没有公共权威,就没有公共权力。公民权利的前提是存在有效的公共权威,一个丧失治理能力的政府是对公民权利的最大威胁。③

(一) 小政府与强政府的关系

从国家与社会的关系看,国家起源于社会,国家的产生和发展是社会的需

---

① 刘建华,卢剑锋,李文竹.中国传媒业履行社会责任的现状、问题与相关建议[J].传媒,2020(21):72-75,77.
② 郭庆光.传播学教程[M].2版.北京:中国人民大学出版社,2016:135.
③ 王绍光.民主四讲[M].北京:生活·读书·新知三联书店,2018:116.

要。随着社会生产力的发展,社会日益趋于复杂,各种利益冲突超出了社会自发调节机制的控制范围,社会需要一种更为有力的控制和调节机制,以避免社会陷入混乱与无序的境地,人类社会便从氏族部落逐渐演变为国家。国家(政府)作为管理社会的公共机构是在社会发展过程中自然衍生的产物。政府的根本功能在于:从社会共同体的整体利益出发,提供公共产品,满足社会共同体的"共同需要"。可见,社会需求是政府产生的基本动力,也是政府规模扩张的基本动力。①

从政府本身来看,政府作为一种公共权力产生于社会,而一旦政府产生,便具有了相对于社会的独立性,同时也具有自我扩张规模的可能性,社会需求的增长则使这种可能性变为现实。一是随着社会的发展出现了政府机构和角色分化,导致政府规模扩张。作为一种相对独立于社会的国家力量,政府具有自主性。政府自主性首先表现在政府权力结构的自我完善,即政府机构的制度化分化与整合。二是政府自身的特殊利益使政府具有自我扩张的内在冲动,并利用社会需求的增长来实现这种扩张的欲望。政府虽然是公共利益的代表,但它实际上也存在自身的特殊利益,这种特殊利益由组成政府的人员的利益所构成。从现实的角度来看,政府规模的扩展从本质上说"并非官僚集团追求权力和利益的结果,而是公共诉求和社会合力综合作用的结果"②。社会需求的增长固然是政府规模扩大的基本动力,然而社会如果具有较强的自我满足机制与功能,那么原本由政府大包大揽的职能也将通过社会力量的发展起到自我管理和自主协调的作用。显然,社会自身的自我管理、协调和服务机制的缺失或失效,才是政府规模扩张的直接原因。③

(二)传媒社会责任与中国强政府

中国自新中国成立以来便形成了"全能主义"政府模式。高度集权的管理方式具有巨大的社会动员能力,能集中社会资源和力量来实现经济建设的目标。集中力量搞建设虽然能使经济快速发展,但全能政府行政的成本高、效率低、质量差,尤其是在微观经济活动方面更是造成了效益低下、浪费和亏损严

---

① 邓莉雅."小政府、大社会"理念的再认识——兼论发展第三部门对政府机构改革的意义[J].云南行政学院学报,2003(4):42-44.
② 张国庆.中国政府行政改革的"两难抉择"及其应对理路[J].北京行政学院学报,2001(5):1-7.
③ 何颖.中国政府机构改革 30 年回顾与反思[C]//"中国特色社会主义行政管理体制"研讨会暨中国行政管理学会第 20 届年会论文集,2010.

重的后果,而在促进社会的公平与效率方面也显得能力不足。① 1949年后,作为意识形态的新闻事业在定位和属性上与西方资本主义国家大相径庭。就传媒属性来看,在英美,大众传媒依托成熟发达的市场经济,并逐步形成传媒工业;在定位上,传媒作为政府的对立面,被赋予"第四权力"的地位。与英美对传媒的认识相殊,无产阶级的新闻事业具有鲜明的阶级属性。从属性来说,传媒的产业属性在较长一段时间内被遮蔽,不属于生产事业,政治属性和意识形态阵地在中国新闻事业领域被不断强调。

20世纪80年代中国改革开放以来,在总体上是依靠政治动员和行政主导来推进的,在一系列政策选择的过程中表现为渐进式的特点。② 主导传媒与传媒倡导的是"政府责任",是"喉舌论"。从逻辑上讲,由于国家与社会一体化,传媒对国家和政府负责,也包含了对社会负责的层面。从80年代起,针对"大而全"的政府管理社会的模式造成的种种弊端,中国政府确立了以"小政府、大社会"为中国政府机构改革的基本取向。随后的几次以精简机构,转变政府职能,提高行政有效性为目标的集中式改革,③也在对中国新闻体制进行转企改制的尝试,这在一定程度上突破了"事业单位,企业化管理"的简单机制。从现有的新闻体制改革可以看出,我国媒体按照政、事、企三重属性采用了不同的运行和管理模式。在坚持党领导媒体不变的前提下,作为党的喉舌的新闻媒体和非党的喉舌的新闻媒体得以区别,避免了角色冲突和编辑的混乱,有利于严肃主流媒体脱颖而出,也有利于减少严肃媒体的市场压力。中国的政府发展面临经济与社会的双重压力:一方面要深化改革,从"放权让利"转向注重"产权、制度";另一方面,又要实现政府自身的变革。这就决定既要充分发挥政府的作用,又要限制政府的权力。④

(三)传媒社会责任与小政府

西方政府一直以来就有自由主义的传统,并将自由企业制度和政府集权行为对立起来,要求较少政府干预,力图打造"小政府"体制,最明显的历史节

---

① 邓莉雅."小政府、大社会"理念的再认识——兼论发展第三部门对政府机构改革的意义[J].云南行政学院学报,2003(4):42-44.
② 朱光磊,孙涛."规制——服务型"地方政府:定位、内涵与建设[J].中国人民大学学报,2005(1):103-111.
③ 邵静."小政府,大社会"视角下杭州市社区老年食堂创办中的政府职能转变[J].特区经济,2014(8):69-70.
④ 朱光磊,孙涛."规制——服务型"地方政府:定位、内涵与建设[J].中国人民大学学报,2005(1):103-111.

点里根政权、撒切尔政权将经济政策的方向舵由此前的"凯恩斯资本主义体系"(国家介入经济、大政府)转向了"哈耶克经济体系"(自由市场经济、小政府)。亚瑟·C.布鲁克斯(Arthur Brooks)认为自由企业制度限制政府权力,"鼓励自由竞争,推崇基于个人才能的成就,为个人创造机会,从而为社会带来最令人满意的结果";强烈抨击政府集权制,声讨其阻断自由企业制度的良性循环,夺走了个人取得成功的能力。弗里德里希·奥古斯特·冯·哈耶克(Friedrich August von Hayek)认为,政府为了达到社会所期望的目标而干涉经济自由,就危害了整个古典的个人自由权利。经济自由是反对国家万能的"对抗力量"。没有经济自由,就有通往奴役之路的危险。[①] 按照布鲁克斯和哈耶克的认识,政府的角色主要是针对"市场失灵",国家首先需要建立最基本的公共服务,为包括老年人、穷人和残疾人等人群提供各种保障;其次,针对"市场失灵"的干预应该体现在对垄断的打击、对负面外部性的制止、对公共物品的提供和有效防止信息不对称上,但这些基本的前提就是必须有利于市场效率和成本控制。上述从政府与社会的横向比较得出市场经济的活力来自于行政手段的少干预,实际上从纵向时间轴来观测,政府规模还是呈现缓慢扩大趋势,究其原因主要是完全自发调节的市场经济宣告了自由放任主义的终结,以"政府干预+市场调整"为主要特征的混合经济兴起,为强化政府宏观调控能力和应对风险能力,政府在人、才、物等诸多方面才会走向越来越大的规模,但就实际而言,市场和社会仍然是公共服务的最大供应商。

那么如何理解西方政府与传媒组织的关系呢?从报刊的发展史来看,西方报纸发展的三个时期与政府的关系密切深刻,封建集权制度下的"官报时期"便受到王权的直接控制,或直接由政府部门创办刊物,或特许少数王权信任的出版商出版报刊,对报刊内容实行书报检查,同时严禁其他非官方的出版物。[②] 新闻自由条件下的"党报时期"是由于国家的基本政治体制、很多政策尚未确定,各阶级和各利益群体都要为自身相应的更多革命成果而进行宣传活动,在结社自由和新闻自由的条件下,政治传播成为报刊的主题,即使是商业化报刊也带有明显的政治倾向,投入到各自选择的政治宣传和讨论中。商业报刊时期是伴随着政党报刊的衰落而逐步兴起的,但在这个过程中市场竞争

---

① 古小明,邓小群.哈耶克经济伦理思想探微[J].井冈山学院学报,2007(9):64-67.
② 李宏宇.政治权力对新闻传播事业的影响[J].重庆教育学院学报,2006(5):26-29.

导致的报业兼并集中加剧,出现传媒巨头集团。

与威尔伯·施拉姆等人不同,赫伯特·阿特休尔拒绝对媒介制度的划分方式,强调《传媒的四种理论》是冷战思维的产物,已不适应当今世界新闻事业的发展现实,认为"社会责任"只不过是个含糊不清的表述。因为社会是一个不确定的实体,社会如何有责任或权力来决定媒介是否对社会负责呢?① 答案显而易见,阿特休尔指明"没有哪个当局会让其新闻媒介随意担负一种社会责任,它所需要的是一种符合特定社会秩序概念的社会责任"②,真正的权利来自于那些拥有政治和经济权力的人。③ 而在以美国为代表的西方国家在"大社会、小政府"国家—社会结构中,传媒社会责任更多强调媒体自律,政府对媒体行为进行有限度干预,且不影响传播渠道和自由主义精神的传承。芮必峰尖锐指出社会责任论的提出是适应垄断资本主义发展阶段的社会现实,"社会责任理论是自由主义理论在资本主义进入国家垄断主义发展阶段的发展,而不是自由主义理论的反动"④。

随着政府干预经济社会生活的范围和程度逐渐向外扩张,"小政府、大社会"已经成为历史。由于民众要求政府解决经济社会问题的需求持续扩大,以及经济和社会生活日益复杂多元,为了适应"大社会"可能存在的失灵错位现实,政府的规模将会越来越大。⑤ 对于任何面对大规模复杂社会治理问题的国家而言,更为可能的战略应该思考如何推进国家治理体系和治理能力的现代化,从而平衡现代性社会内部的连续性与断裂性矛盾,减缓(工业化的)"风险社会"对全球经济、政治和文化的毁灭性打击,而并非一味简单地限制政府的规模。

第二节 中西方传媒社会责任的理论比较

伴随着大众传媒对社会生活影响的与日俱增,传媒的社会责任问题广为关注。作为现代社会信息生产和传输的中枢,大众传媒加诸社会结构、社会控制和社会角色以巨大影响力的同时,也需要履行作为社会公器的责任。担当

---

① 吕扬.西方媒介社会责任观念及其流变探析[D].南京:南京大学,2013.
② 阿特休尔.权力的媒介[M].黄煜,裘志康,译.北京:华夏出版社,1989:232-233.
③ 吕扬.西方媒介社会责任观念及其流变探析[D].南京:南京大学,2013.
④ 芮必峰.西方"媒介哲学"评介[J].新闻与传播研究,1996(4):62-71.
⑤ 欧树军.美国政府规模为什么越来越大[J].中央社会主义学院学报,2018(6):39-45.

社会责任,做负责传媒已成为社会共识,越来越多的传媒组织、传媒从业者在传媒实践中自觉履行社会责任。可以说社会责任论不仅在一定程度上适应了西方社会的变迁,而且适合西方各国的现实需要。[①] 需要注意的是,由于我国传媒性质、组织目标和职能地位的特殊性,中国传媒社会责任与西方传媒社会责任有着理论建构的差异性,是西方传媒社会责任理论本土化改造和马克思主义新闻观实践过程中的产物。本节从新闻理念、价值标准、管理方式与实际效果这四个方面出发,尝试对中西方传媒社会责任进行回顾、梳理和评析。

一、新闻理念

(一) 西方传媒社会责任:社会责任论

西方传媒社会责任的理论基石是社会责任论。它发源于自由主义新闻理论,但是对其进行了修正和发展。1947年新闻自由委员会的报告开启了大众传媒的社会责任理论研究,但委员会只是将责任的概念引入新闻界,真正从概念上明确和从理论上阐明传媒社会责任理论的是1956年《传媒的四种理论》一书的出版,传媒社会责任理论事实上是经过该书的系统阐发后才得以广泛传播[②]。随着社会的发展,世界政治经济格局的演变,社会责任理论不断得到修正和发展。如1983年丹尼斯·麦奎尔(Denis Mc Quail)的"六种理论";1984年J.赫伯特·阿特休尔的"三个乐章理论";1985年罗伯特·G.皮卡德(Robert G. Picard)的"民主社会主义理论"等。这些理论在不同程度上修正和更改了传媒社会责任理论,使传媒社会责任这一概念的内涵从狭隘走向更广泛的意涵,并在发展传播学、媒介伦理学、公民新闻学等理论中得到进一步阐释。特别是20世纪后半叶,随着传媒并购加剧,大型跨国传媒集团的产生以及互联网为代表的新媒体的崛起,关于传媒社会责任讨论的氛围渐浓。传媒社会责任论理论的大前提是:自由与责任相伴而生。位于政府之下,拥有特权地位的传媒,在当今社会具有大众传播的重要功能,因此传媒有义务对社会承担责任。[③] 现代社会责任理论大体包括以下几个理论原则:一是大众传播具有很强的公共性,各机构必须对社会和公众承担和履行一定的责任和义务;

---

① 牟兰.中西方关于社会责任论新闻自由观之比较[J].金田,2013(11):442.
② 芮必峰.西方"媒介哲学"评价[J].新闻与传播研究,1996(4):62-71.
③ 西伯特,彼得森,施拉姆.传媒的四种理论[M].戴鑫,译.展江,校.北京:中国人民大学出版社,2008:62.

二是媒介的新闻报道和信息应该符合真实性、正确性、客观性、公正性等专业标准;三是媒介必须在现存法律的范围内进行自我约束,不能煽动社会犯罪,不能传播宗教或种族歧视的内容;四是有权要求媒介从事高品位的传播活动,这种干预是正当的。① 相比于自由主义理论,社会责任论是一种相当大的进步,但是这种进步并不能改变资本家对新闻媒体的占有、垄断和牟取最大利润的本质。② 另外,由于社会责任理论仅仅把希望寄托于"媒介自律",其效果微乎其微。③

(二) 中国特色传媒社会责任:马克思主义新闻观在中国的新发展

我国传媒的社会责任理论的基础是以全心全意为人民服务为核心的马克思主义新闻伦理道德观念。④ 在中国的最新发展,是习近平新闻舆论观的重要体现。中国传媒"社会责任论"的提出最早可追溯至梁启超等人论及传媒责任,提出并制定我国新闻史上最早的一批职业规范;在新闻自由委员会发布报告的时期,中国正值内战爆发,没有关注这份大洋彼岸发布的报告;1949年后,我国新闻学界较多受到苏联新闻研究模式的影响,加之国家、政府与社会高度统一,大众传媒的功能统一于"喉舌"功能下,很少有人专门谈论传媒的社会责任问题。"那时新闻学的理论体系被描述为'两论五性'(阶级斗争工具论、无产阶级专政工具论和阶级性、思想性、指导性、群众性和战斗性)"⑤。1980年,随着国内思想意识形态拨乱反正,《传媒的四种理论》在国内学术界引起强烈反响。由此,传媒的社会责任理论被正式介绍到我国,相关研究开始起步。1991年1月,全国记协通过的《中国新闻工作者职业道德准则》第一条就明确提出:新闻工作者要"坚持对党,对国家负责和对广大群众负责的一致性"⑥。1992年后,随着中国改革开放的提速,大众传媒的多重属性被确认,新闻传播实践中的"事业性单位、企业化经营"的理念开始提倡并实践,中国大众传媒的市场化经营拉开大幕。

随着中国政治、经济与文化领域改革的全面深化,中国共产党对传媒责任

---

① 郭庆光.传播学教程[M].2版.北京:中国人民大学出版社,2011:143.
② 吴玲玲.中西方记者社会责任观的异同[J].今传媒,2005(9):22-23.
③ 郭庆光.传播学教程[M].2版.北京:中国人民大学出版社,2011:143.
④ 周敏.中西方新闻记者社会责任观比较[J].湖北第二师范学院学报,2013,30(6):129-132.
⑤ 孙旭培.中国大陆传播研究的回顾与前瞻[J].新闻与传播研究,1994(1):2-9.
⑥ 郑保卫.网络媒体及其社会责任探讨[J].信息网络安全,2008(4):15-16.

问题有了更为清醒的认识,格外强调要实现道德责任、社会责任与政治责任的协调统一,提出"道德责任是基础,社会责任是核心,政治责任是关键"①,即中国新闻事业坚持把对国家负责同对社会负责、对人民负责紧密联系在一起,而且努力寻求它们之间的有机结合。

其中马克思主义新闻观在传媒社会责任的建构领域成效斐然,当前中国马克思主义新闻观的核心观念主要包括:党性原则观念,人民中心观念,新闻规律观念和正确舆论观念。② 党性原则要求所有新闻媒体必须在思想上、整治下、行动上,与党保持高度一致,坚持执政党对新闻舆论工作的绝对领导,体现了新闻舆论工作对政治的负责;人民中心观念始终坚持依靠人民群众,全心全意为人民服务的新闻舆论工作宗旨,忠于事实、检测环境、守望社会、服务大众,为人民群众提供真实而充分的认知、理解、把握环境的最新信息,为人民群众提供准确而有效展开观察、分析、思考以至指导实际行动的基础信息,坚持把实现好、维护好、发展好最广大人民的根本利益作为新闻宣传工作、舆论工作的出发点和落脚点,展示了传媒工作的社会责任;新闻规律观念承认新闻舆论工作有其自身规律,马克思曾从报刊使命和科学性谈到尊重报刊内在规律,即对报刊内部工作人员来说,不应为了政治需要或经济需要而不遵循报刊的工作规律,报刊外部更不能强加给报刊职能之外的要求③;正确舆论观念强调"舆论引导正确,就能凝聚人心,汇聚力量,推动事业发展;舆论引导错误,就会动摇人心,瓦解斗志,危害党和人民事业"④,要求必须反映和倡导正确舆论,正确引导舆论,且要旗帜鲜明地与错误舆论展开积极斗争,将不同意见引导到正确认识评价事件上来,引导到有利于问题解决、有利于社会稳定上来,有利于人民群众真实利益的实现上来。⑤

改革开放的 40 余年,党对新闻舆论工作的认识不断推进,尤其是对习近平关于新闻舆论、网络传播和哲学社会科学工作讲话提出的十对范畴的思考:

---

① 孟湘芳.全媒体时代:媒体责任意识的"自律"与"他律"[J].常州工学院学报(社科版),2010(6):60-61,119.
② 杨保军,王敏.论中国马克思主义新闻价值观的典型特征[J].山西大学学报(哲学社会科学版),2018,41(6):63-71.
③ 杨保军.当前我国马克思主义新闻观的核心观念及其基本关系[J].新闻大学,2017(4):18-25,40,146.
④ 澎湃新闻.新闻舆论工作必须坚持正确政治方向[EB/OL].(2021-02-19).https://m.thepaper.cn/baijiahao_11382307.
⑤ 杨保军.当前我国马克思主义新闻观的核心观念及其基本关系[J].新闻大学,2017(4):18-25,40,146.

强调发挥新闻舆论的正功能,警惕舆论失控可能带来的危害;重视利用现代网络引领社会舆论,全面强化新闻舆论工作管理的渠道和内容;调动舆论力量使党政机关时刻处于广大民众和新闻传媒的监督之中,既要保证批评监督有所成效又要保证实时准确、分析客观;要求互联网企业增强使命感和责任感,有效处理好信息公开和网络安全这对矛盾;必须立于人民群众之中,从人民群众现实水平出发解决实际问题;重视、尊重、培养、管理好人才体系,加快培养造就一支政治坚定、业务精湛、作风优良、党和人民放心的新闻舆论工作队伍;立足中国、借鉴国外,挖掘历史,把握当下,关怀人类,面向未来,着力构建中国特色的新闻舆论事业;坚持不忘本来、吸收外来,处理好学习借鉴与生搬硬套这对关系;从中国文化的高度构建中国学科话语体系,在构建创新过程中,既不能采取教条主义态度,又不能采取实用主义态度;自觉把中国特色社会主义理论体系贯穿传媒理论与实践全过程,坚持问题导向,坚持问题意识。[①] 这些社会责任观是中国共产党和中国政府在长期新闻事件中不断实践总结的优良传统,体现了新闻传媒活动中对马克思主义新闻理论的实践和发展。

二、价值标准

目前业界和学界认可的新闻价值要素,有着明显的商业经济和工业时代痕迹。社会实践中的认知活动,总是与人们的价值观念联系在一起。新闻传播作为人类社会的重要认知活动,其中必然包含着人们的价值观念。新闻报道的事实是客观的。在新闻报道的过程中,蕴含了人们的价值选择、价值判断和价值评价,新闻总是在表达赞成什么、反对什么,总是在告诉人们社会发生了什么,以及如何看待所发生的事实。新闻报道的背后,即是立场、观点和价值理念的表达。无论是西方媒体,还是国内媒体,新闻报道总是或多或少、或直接或间接地传播、倡导和弘扬社会核心价值观。[②]

"新闻价值"概念是中西方媒体共同认可的新闻理念,但在理解和操作上存在巨大差异,这是显而易见的。有没有新闻价值、如何判断新闻价值,

---

① 童兵.从范畴认知深化马克思主义新闻观研究——对习近平关于新闻舆论、网络传播和哲学社会科学工作讲话提出的十对范畴的思考[J].新闻大学,2016(5):17-24,146.
② 侯增文,葛铁梅.中西方媒体价值观新闻传播差异[J].吉林师范大学学报(人文社会科学版),2019,47(1):77-87.

在新闻实务操作过程中由这样的思考形成的观念,是新闻价值观的主要内涵。新闻价值标准是新闻媒体、新闻从业者在具体新闻采集、制作和传播过程中贯彻始终的专业准则,新闻价值观是新闻价值衡量标准的基础。由于社会制度、历史文化背景及媒介环境的不同,中西方媒体的新闻价值观完全不同,[①]而中西方媒体价值观新闻传播差异的表现正是其传媒社会责任的价值差异。

从19世纪新闻价值理论诞生至今,新闻价值一直没有形成稳固恒常的内在建构。[②] 传媒与信息息息相关,早期的新闻从业者根据自身主观经验对现实生活中发生的事实进行鉴别和挑选,以确定值得传播的事实,并在过程中也出现了煽情主义的"黄色新闻"。可以说,新闻选择和生产的价值标准是在不断摸索中从混沌转向清晰状态的过程。随着商品经济的发展,新闻成为工业时代流水线产品,批量化的新闻生产急需统一的新闻事实选择的标准进行指导。为了将长期实践中被感知、总结的一般经验描述升华到理论观念,[③]20世纪初美、日等新闻学者把新闻事实的选择标准统一到新闻价值这一概念上。赫伯特·甘斯(Herbert J. Gans)提出"新闻中的价值不一定是新闻从业者的价值,这些价值也不一定为新闻所独有"。约翰·费斯克(John Fiske)认为"新闻价值是产业化的新闻公司由于生产性需要而导致的结果","新闻价值的功能就在于从混杂着人物、实践与信仰的文稿中产生一种标准化产品"[④]。总而言之,新闻价值有着丰富的内涵,以新闻为主体来探讨,即新闻价值是事实所具有的、满足社会与公众对新闻需求的要素的总和,这些要素通常包括新鲜性、重要性、显著性、接近性和趣味性等;[⑤]而以新闻为客体来看,新闻的价值亦被称为新闻对社会的使用价值,即新闻信息发布后对接受者造成何种经济政治与文化方面的影响等。由于新闻价值与社会责任皆内化于传媒从业者的传播实践之中,下面从新闻工作者在"新闻专业主义"方面就中西方传媒社会责任的履行标准进行分析。

---

① 侯增文,葛铁梅.中西方媒体价值观新闻传播差异[J].吉林师范大学学报(人文社会科学版),2019,47(1):77-87.
② 李沁."第三媒介时代"新闻价值的定位与建构[J].当代传播,2015(4):41-44,48.
③ 王润泽,张凌霄.新闻价值的西方生产路径与话语权的确立[J].现代传播(中国传媒大学学报),2019,41(11):42-46.
④ 郝雨.回归本义的"新闻价值"研究[J].上海大学学报(社会科学版),2006(6):69-74.
⑤ 严俊.论改进新闻报道的理论内涵[J].青年记者,2013(14):26-27.

(一) 西方传媒社会责任：真实、自由、客观

真实、自由、客观是西方传媒社会责任的核心内容。20世纪初关于新闻价值的构成要素在西方已经初步达成共识，以"六要素"为代表的抽象价值要素渐渐进入学理化过程；①工业时代新闻生产的执行标准也从自发进入自觉阶段，并出现了新闻写作方面的倒金字塔结构、5W+1H等新闻写作要素等。更重要的是真实性被视为新闻的本质，西方新闻传播业界对新闻真实性的要求是相当严格的。特别是对每一篇新闻报道的具体新闻要素的真实有着相当严谨的要求②。真实、自由、客观等理念逐渐成为西方新闻行业的内在职业追求及价值核心，也成为西方新闻道德哲学的基本原则。个人对媒体生产的影响主要来源于把关人理论和职业角色，由于把关人在讯息传播的过程中有意或无意对所经过的讯息进行筛选过滤，因此把关人的个人性格和价值观对于传媒社会责任的履行有着一定的影响。除了个人价值观和生活背景外，新闻从业者的职业角色认知也会影响媒体的内容，1963年科恩（Cernard C. Cohen）通过各国驻美国华盛顿记者的研究，提出了新闻工作者的两种职业角色的自我认知——中立报道者和参与者。③

中立者的职业角色形成于20世纪初，它伴随着客观性的出现而被确立，它主张客观报道新闻，将观点与事实分开，使用科学的、实证的方法，尽可能中立地反映"现实"。参与者的角色有时被称为鼓吹者，兴起于资产阶级革命时期，成熟于美国19世纪的进步主义运动中，这种职业角色不希望记者仅仅作壁上观，客观记录，而是要求他们积极参与社会的政治运动，干预社会政治，推动社会向理想的目标前进。④陆晔、潘忠祥指出西方的"新闻专业主义"是一套论述新闻实践和新闻体制的话语，强调新闻工作者与新闻工作的一般特征；它又是一种意识形态，是以市场导向和公共利益为基石的意识形态；它还是一种社会控制模式，是与市场控制和政治控制相抗衡的、以专业知识为基础的专业社区控制模式。⑤

---

① 王润泽,张凌霄.新闻价值的西方生产路径与话语权的确立[J].现代传播（中国传媒大学学报）,2019,41(11)：42-46.
② 吴金.论中西新闻真实观的差异[J].青年记者,2008(20)：4-5.
③ 周灵.融合式媒介素养教育研究[M].北京：中国广播影视出版社,2018：157-158.
④ 王英杰.胡政之新闻作品分析[D].呼和浩特：内蒙古大学,2019.
⑤ 陆晔,潘忠党.成名的想象：中国社会转型过程中新闻从业者的专业主义话语建构[J].新闻学研究,2002,71(1)：17-59.

在实际工作中,中立报道者和参与者并非截然对立,因为参与者也要坚持最低限度的客观性,而中立者也并非完全没有想要实现的理想与意图。西方大部分记者的自我角色定位于两者之间,但也会偏向其中之一。对客观性的信念依赖于记者们对周围环境的洞察,他们被各种各样宣传人和公关经纪所包围,后者虎视眈眈地不断说服他们、贿赂他们、讨好他们,从而成为他们的报道中被偏袒的对象。另外出于自卫目的,他们形成了一系列管理,包括核查事实、平衡各方言论,让真实新闻遭受鲨鱼吞噬的命运。迈克尔·舒德森(Michael Schudson)指出在20世纪60—70年代,对政府、政治和社会的新闻报道被放开,"客观性2.0"在"批判"文明乃至"反抗文化"的支配下进行新闻报道。新闻报道一度变得更具有调查性、分析性,尝试挑战公共和私人领域的传统界限,更加注重背景内容,而非仅限于描述此地发生的事情[1],西方记者正如船头的"瞭望者",同国家"休戚相关,升沉与共",担负着"维护公理""保障社会道德""塑造国家前途"等重大社会责任。

(二) 中国特色传媒社会责任的价值体系:新闻、宣传、公共利益与市场价值

新闻、宣传、公共利益与市场价值构成了中国特色传媒社会责任的价值体系。中国特色传媒社会责任理论与西方传媒社会责任理论既相互联系又彼此独立,它既有传统知识分子经世济民的历史使命、中国共产党宣传工作的要求、源自西方但被"本土化"了的独立商业媒体传统,[2]又有我国传媒实践的百年积淀,是兼顾经营目标、宣传目标、公共性与公益性的价值综合体,不受西方话语控制。

第一,对新闻本体的回归。不管是民国时期的徐宝璜、邵飘萍,还是现在的李良荣、陈力丹,他们关于新闻价值的论述都是建立在新闻基础上的,都是尊重新闻规律,复归与夯实新闻本位,满足受众新闻信息需求,履行新闻传媒社会责任。关于新闻是什么,在党领导的百年新闻事业中逐渐明确,并在党的十一届三中全会之后开始从宣传本位向新闻本位转向,新闻的定义自此在理论和实践中得到统一。在确立新闻价值在我国传媒社会责任体系的根本地位

---

[1] 舒德森,李思雪.新闻专业主义的伟大重塑:从客观性1.0到客观性2.0[J].新闻界,2021(2):5-13.
[2] 陆晔,潘忠党.成名的想象:中国社会转型过程中新闻从业者的专业主义话语建构[J].新闻学研究,2002,71(1):17-59.

后,党和政府清晰意识到新闻的政治价值、文化价值、经济价值和社会价值等多重内涵,它们共同构成了中国传媒社会责任的价值标准体系。

第二,对宣传思想的坚守。尽管改革开放以后,我国新闻实践和新闻理念逐渐由宣传本位转向新闻本位,但宣传依然在新闻思想与媒体实践中占据重要地位。"党的新闻事业与党休戚与共,是党的生命的一部分。可以说,舆论工作就是思想政治工作,是党和国家的前途和命运所系的工作。"[1]党的十九届五中全会就明确指出"加强党史、新中国史、改革开放史、社会主义发展史教育",党史工作是党的事业的重要组成部分,具有不可替代的重要地位和作用。[2] 习近平总书记也指出新闻舆论工作各个方面、各个环节都要坚持正确舆论导向。考察中国历任领导人的传媒宣传思想,其灵魂仍然是为政治负责,具有鲜明的政治属性和意识形态要求。其主要内容包括党性原则、人民性原则、尊重新闻规律、坚持正面宣传为主,密切联系群众。习近平总书记明确指出,坚持党性原则,其核心就是坚持马克思主义新闻观在新闻宣传工作中的指导作用,要求新闻宣传工作把社会效益放在首位,重视意识形态工作,传播主流价值观,切实履行传媒社会责任;坚持正确舆论导向,努力提高舆论引导水平,充分发挥舆论引导作用,要在政治上传播党的路线方针政策,在经济上推进文化事业和文化产业繁荣发展,培育和发展更多市场经济主体;在文化上传播优秀文化,提高人民群众文化素养,发挥新闻的信息传递和教育大众功能;坚持新闻规律,遵循真实、快速、全面、准确的原则,尊重新闻传播规律和媒体融合趋势,增强新闻工作者的"脚力、眼力、脑力、笔力";坚持舆论监督与正面宣传为主相统一,壮大主流思想舆论,弘扬主旋律,传播正能量,做好舆论监督工作。[3]

第三,公共价值的坚守。西方从 20 世纪上半叶就将媒体视为社会公器、船头的瞭望塔、社会守夜人,是独立于司法、行政和司法的第四权力,并提出媒体应该肩负一定的社会责任。马克思主义新闻观始终把全心全意为人民服务作为新闻舆论工作的宗旨,要求满足人民群众的新闻需要,为人民群众提供真实而充分的认知、理解、把握环境的新信息,为人民群众提供准确且有效开展

---

[1] 澎湃新闻.党史百年天天读·9月26日[EB/OL].(2021-09-26).https://m.thepaper.cn/baijiahao_14670477.
[2] 朱志伟.新时代深化党史宣传教育工作的几个问题[J].机关党建研究,2021(1):36-39.
[3] 黄诚,包国强.习近平的媒体社会责任观及其意义[J].中国广播电视学刊,2017(7):108-112.

活动的基础信息。可以说新闻舆论工作最终是为了人民,为人民的共同利益服务的。因此,人民中心观念要求传媒从业者坚持把实现好、维护好、发展好最广大人民的根本利益作为新闻宣传工作、舆论工作的出发点和落脚点,这也应该成为整体新闻事业价值观的核心。①

第四,市场价值的遵循。在改革开放的40多年中,我国的媒体理念和媒体实践面临着社会主义市场经济的挑战,在国家政治、经济与文化改革的全面推动下,中国的媒体经济得到快速发展,并在传媒产业化过程中形成中国特色社会主义市场经济体制下的媒体市场价值体系②。随着传媒体制改革,传媒企业必须从事经营活动来维持组织自身生存和发展,必须把自己的信息产品或服务作为商品在市场上销售出去。要想实现这个目的,传媒必须满足消费者所广泛接受的信息或产品服务。与一般文化企业类似,部分传媒组织凭借自身优势自负盈亏,逐渐发展成为传媒产业的重要链条,并为国家文化产业做出巨大财政贡献。

三、管理方式

自19世纪中期以来,西方传媒政策经历了经济自由主义范式和国家干预主义范式的交锋,并对政府与市场关系进行激烈辩论。前者强调传媒资源分配遵循市场机制,国家和政府应保持消极、被动态度;后者认为市场并非"万能灵药",市场失灵和周期性经济崩溃需要政府和国家积极的干预。不难发现,国家和政府的政治控制是媒介控制的主要方面,这种控制是通过推行规范政府与市场关系的传媒政策来保障媒介活动为国家制度、形式形态以及各种国家目标的实现服务。③国家和市场是左右传媒政策和传媒组织的两端。国家利益和市场利益之间的相互关系往往是催生传媒政策的重要原因,而正是国家和市场相互博弈的过程中深刻影响着中西传媒组织的管理方式和运行能力。

---

① 杨保军.当前我国马克思主义新闻观的核心观念及其基本关系[J].新闻大学,2017(4):18-25,40,146.
② 包国强,王作剩,黄诚.新闻、宣传、公共利益与市场——中国特色媒体社会责任的价值体系构成与内在逻辑[J].新闻爱好者,2020(11):9-15.
③ 郭庆光.传播学教程[M].2版.北京:中国人民大学出版社,2011:136.

（一）西方传媒政策的摇摆与私有化

我们可以明显看到西方传媒政策的摇摆：从无管制到管制，再从放松管制最后又再管制，西方社会试图寻求经济自由主义与国家干预主义的平衡点，探寻政府与市场这两大行动主体角色和边界的不同认知理解，但从整个结果来看，传媒仍然是独立于政府而存在的市场组织，尽管承认部分干预的作用，但也承认市场的基础作用。从19世纪中期一直到20世纪二战前后，西方传媒政策甚少涉及传媒内容的管制。[1] 面对蓬勃发展的新传媒技术以及商业化媒体，各国都将私人所有制的管制作为政策的重心，促进市场竞争，反对垄断；而在经历一战、二战反思后，各国对于传媒力量有了更深刻的了解，从以杜威和宣传分析学会为首的人文主义者对宣传的批评、伯奈斯（Edward L. Bernays）和艾维·李（Ivy Ledbetter Lee）关于专业主义宣传观的论述以及拉斯韦尔作为社会科学现象的研究，使得传媒之于政治与"大众民主"有了更多合作的可能，政府对传媒业的介入有了更多正当性基础。

直到20世纪七八十年代，西方国家从经济衰退的泥潭逐步走出，传媒市场在规范和范围上得到空前扩大，新自由主义呼声下自由化、市场化以及私有化的传媒政策得到政府和国家的认可。进入21世纪后，互联网、数字化等新技术发展对旧有传媒体系提出新要求，在传媒政策的推动下，国家对传媒组织的控制力得到加强。虽然出现过企业国有化的声音，但可以看出传媒的私有化在整个西方社会还是主流的趋势。[2]

这里主要对美英两国的传媒管理体系进行分析研究。在资本主义私有制经济的基础上，美国传媒所有制形式主要有三种：政府所有制、公共所有制和个人所有制。政府所有制仅限于美国政府及其相关部门从事对外宣传及其他宣传活动的机构；公共所有制主要在公共广播电视业方面，其经费主要来自各界捐赠；而私人所有制是美国传媒机构所有制的主体，它涵盖了美国几乎所有的报纸、广播电视中的大多数。美国的传媒业是独立于政府的经济实体，新闻传媒机构需要遵守市场运行规律。而英国实行公营、私营双轨运行管理体制，

---

[1] 董天策，陈映.西方传媒政策的范式迁移与重建：一个思想史的考察[J].西南民族大学学报（人文社会科学版），2013,34(11)：129-134,2.
[2] 董天策，陈映.西方传媒政策的范式迁移与重建：一个思想史的考察[J].西南民族大学学报（人文社会科学版），2013,34(11)：129-134,2.

英国广播公司既是公营广播电视管理机构,又是运营实体,英国独立电视委员会和无线广播局则是私营广播电视系统的监督机构,私营广播电视企业主要依靠广告收入维持运行。可以说,西方传媒组织更多采取市场化运行模式,通过广告二次售卖以及知识付费等形式达成经济目标,实际上西方媒体也在不同程度上受制于政府,只是这种控制媒体的手段大多更加隐蔽。①

(二) 中国传媒体制改革与市场化

我国传媒的运行与新中国的发展有着紧密关系,以党的十一届三中全会为节点,分别代表着我国传媒业前后发展的不同态势,即从计划走向市场、从单一走向多元。我国传媒管理体制随着传媒体制改革的全面深化呈现阶段特征:"条块分隔以块为主"的双重领导体制;"一元体制、二元运作"的运作机制;政事分开、政企分开的体制改革目标,传媒的身份定位也随之发生变化。② 目前中国传媒组织正在走向逐渐建立现代企业制度的重要阶段,但随着传媒组织与资本的深度结合,传媒组织的宣传责任、传媒专业主义操守以及商业目的等左右着传媒的社会责任。为了处理多重目标难以平衡的冲突,传媒的社会责任问题面临角色上的混乱,政府和党对现有的传媒组织进行更加细致的分化,即"对各级党报和广播电视综合台、新闻频道等以刊载时政新闻为主的媒体,继续实行机关式管理,以宣传为主功能,强化硬新闻和思想性,同时采取必要的行政手段来减轻它们的市场压力,以集中精力做好宣传;对于晚报、都市报等大众化报刊和财经、证券等专业媒体继续实行'事业单位、企业化运作'模式,但不采用政府机关模式管理,而采用事业单位的管理模式,允许开展经营活动;对于休闲类的纯娱乐媒体,可允许采用较彻底的企业化运作模式,完全面向市场,国家则像管理一般企业一样管理这类媒体,主要监管市场规范和资产的保值增值。"③

四、实际效果

自哈钦斯委员会发表了《一个自由而负责的新闻界》,西方社会责任理论

---

① 宋香云,王敏.西方发达国家传媒管理体制及对我国的启示[J].全国商情(理论研究),2013(16):7-8.
② 薛国林,李志敏.平衡在国家与社会之间——论中国传媒的身份危机[J].现代传播(中国传媒大学学报),2010(9):11-15.
③ 林晖.中国主流媒体与主流价值观之构建[J].新闻与传播研究,2008(2):41-47,94.

取代报刊自由主义的主导地位。令人欣慰的是,"传媒社会责任"在概念上得到了世界范围内各国的认可,但是由于各国在自由与权利等基本概念的理解差异以及政治经济文化的制度区别,传媒社会责任在中西方的落实和现实受到从内到外多种因素的制约,其实际产生的效果很不相同。

(一) 西方传媒社会责任与效果有限

在近现代西方经济发展史上,自由市场政策形塑了西方传媒业的基础结构和形态,新闻自由作为最高标准也获得普遍认可,[①]虽然资本主义垄断阶段带来传播媒介的集中加剧,但社会责任论不是对自由主义理论的否定,而是在传媒市场出现难以解决的问题后的求助,是一次对自由主义理论的改良。社会责任论是在承认新闻自由的前提下对自由进行限制的修正,是为了防止由传媒事业高度垄断而引起资本主义内部矛盾激化所采取的补救,它在根本上并没有动摇与资本主义政治和经济制度纠缠在一起的自由主义理论,更像是为平息民众不满而进行的对应,西方社会责任仍旧无法摆脱自由、平等与民主的西方文化传统。保罗·拉扎斯菲尔德(Paul Lazarsfeld)与罗伯特·K. 默顿(Robert K. Merton)在1948年发表的《大众传播、流行品味与组织化行为》中特别强调了大众传播的三种功能:社会地位赋予功能、社会规范强制功能和"麻醉作用",并支持大众传播将现代人淹没在表层信息和通俗娱乐的滔滔洪水中,人们每天在接触媒介上花费大量的时间和精力,降低了积极参与社会实践的热情[②]。路易·皮埃尔·阿尔都塞(Louis Pierre Althusser)关于意识形态国家机器的论述深刻地指出了资产阶级的媒体是如何服务于资产阶级对现存制度的维护。意识形态国家机器的本质恰恰在于成功地掩盖起自己的统治意图,让被统治者真的相信统治不是奴役而是合法的民主和自由!这种民主和自由又是通过法理来实现的。[③] 以私有制为基础的大众传播制度就是重要的意识形态国家机器之一,大众媒体通过日常的新闻报道、宣传和广告活动,把支配阶级的特殊利益描述为社会的"普遍利益",其目的是操作形成"同意"或"社会合意",但这归根结底只不过是一种"虚假的合意",因为它掩盖了阶级

---

① 董天策,陈映.西方传媒政策的范式迁移与重建:一个思想史的考察[J].西南民族大学学报(人文社会科学版),2013,34(11):129-134,2.
② 郭庆光.传播学教程[M].2版.北京:中国人民大学出版社,2011:103.
③ 张一兵.意识形态:永存的想象之境——阿尔都塞的意识形态理论评析[J].学术研究,2002(12):54-61.

支配的实质。① 随着西方发达资本主义国家的新闻和大众传媒垄断化日益加强,跨国新闻传媒集团出现表面迎合,实际越轨的行为时有发生。在平衡股东利益、顾客利益和当地政府利益过程中,仅仅依靠良知发挥作用是远远不够的,尤其是当三者利益出现矛盾时应该如何选择呢?如扩张中的传媒在进行全球布局时,是继续奉行以西方白人中产阶级为主导的"社会责任观",还是调整自己的"社会责任"概念呢?② 因此,这时需要的绝对不只是传媒自律,还需要包括政府在内的其他行为主体的监督和制约。另外随着传统媒体的网络化和新媒体的不断涌现,诞生于大众传媒时代的"社会责任理论"很难适应现有的实际问题,传媒社会责任的缺失呈现更加隐晦的方式,权力博弈下的传媒公共责任更容易被遮蔽。

(二)中国特色传媒社会责任与治理现代化

我党对传媒社会责任一直非常重视,传媒社会责任体系的建构一直是党的新闻工作建设的一项重要内容。政府优化传媒承担社会责任的外部环境,社会各界包括传媒业自身积极开展媒体监督,媒体自身强化责任意识,并在三者协作下建立政府监管、社会监督、传媒自律的传媒社会责任。目前我国形成的传媒社会责任在理论上是可行的、合理的,但落实到实践层面仍然存在一些问题,仍有少数媒体不能全面履行传媒的社会责任,③对党和国家的政策要求阳奉阴违、忽视轻视。另外传统的政治权力、经济权力、文化权力仍然存在介入传媒的可能。首先是政治权力对传媒可能的伤害,我国传媒改革的主要推动力仍然是政府,政府通过对媒介的审批、经营活动、产业结构、基本方针内容管理等方面的规定,可能影响传媒组织的社会责任的履行情况。其次是经济权力以投资和广告的形式入侵传媒生态,从投资来看,我国传媒业的政策总体是"逐渐开放",允许民营资本和国外资本进入投资领域,但在核心的传媒投资主体与传媒控股主体方面国有政策一直未曾松动,但随着媒体资源"稀缺性"前提的破碎,媒体和广告商关系的反转,使得部分传统媒体和新媒体出现唯广告主"马首是瞻"的趋势。最后是传媒消费主义对中国传媒社会责任的消解,

---

① 郭庆光.传播学教程[M].2 版.北京:中国人民大学出版社,2011:260.
② 黄建新,杨振宇.试论西方传媒"社会责任论"的现实困境[J].新闻记者,2008(4):81-84.
③ 包国强,王作剩,黄诚.新闻、宣传、公共利益与市场——中国特色媒体社会责任的价值体系构成与内在逻辑[J].新闻爱好者,2020(11):9-15.

过度娱乐化、制造虚假需求、提供浅层次文化信息稀释了传媒社会责任更多的公共色彩和深度思考，感官上的虚假使得受众产生无限的消费欲望，严重影响了中国传媒的社会责任履行。幸运的是，随着国家治理体系和治理能力现代化的提升，很多学者也从社会失责与履责、监测管理与机制和治理路径与策略进行传媒治理的认识论和方法论上的反思。随着新时代中国特色传媒社会责任的价值体系在实践中不断发展，市场、社会、政府等多行为主体的共同建设，中国传媒责任的推进工作将得到更多新的进步。

思考题

1. 中西传媒从业者应该如何在新闻理念和新闻实践中履行社会责任？
2. 随着跨国交流的全球化浪潮，如何调和中西传媒理念产生的矛盾？中西传媒社会责任如何达成最大公约数？
3. 西方传媒社会责任能否超越经济自由主义和国家干预主义的局限，建立政府—市场—社会—传媒四维一体的传媒社会责任体系？
4. 随着中国传媒市场化的推进，说说你身边可能存在的媒体失责行为，并思考应该采取何种方式进行解决？
5. 有人说政府操纵信息，你是否会说媒体也在操纵信息？谈谈你认为哪些因素可能对传媒信息造成影响，可结合新闻报道的实际案例加以说明。

相关学习延伸资料

1. 强月新.我国传媒市场运行机制研究[D].武汉：武汉大学,2004.
2. 杨晓强."媒"田守望者：当代中国大众传媒社会责任研究[M].北京：新华出版社,2015.
3. 韦冬.比较与争锋：集体主义与个人主义的理论、问题与实践[M].北京：中国人民大学出版社,2015.
4. 张文祥,李新颖.企业社会责任传播：理论与实践[M].北京：社会科学文献出版社,2014.
5. 王淑华.互联网的公共性[M].北京：社会科学文献出版社,2014.
6. 黄建新.传媒：自由与责任——西方"报刊的社会责任理论"解读[M].上海：上海交通大学出版社,2010.
7. 吴高福.西方新闻思潮简论[M].长沙：湖南大学出版社,2008.

参考文献

[1] 包国强,王作剩,黄诚.新闻、宣传、公共利益与市场——中国特色媒体社会责任的价值体系构成与内在逻辑[J].新闻爱好者,2020(11):9-15.

[2] 林晖.中国主流媒体与主流价值观之构建[J].新闻与传播研究,2008(2):41-47,94.

[3] 薛国林,李志敏.平衡在国家与社会之间——论中国传媒的身份危机[J].现代传播(中国传媒大学学报),2010(9):11-15.

[4] 宋香云,王敏.西方发达国家传媒管理体制及对我国的启示[J].全国商情(理论研究),2013(16):7-8.

[5] 董天策,陈映.西方传媒政策的范式迁移与重建:一个思想史的考察[J].西南民族大学学报(人文社会科学版),2013,34(11):129-134,2.

[6] 杨保军.当前我国马克思主义新闻观的核心观念及其基本关系[J].新闻大学,2017(4):18-25,40,146.

[7] 黄诚,包国强.习近平的媒体社会责任观及其意义[J].中国广播电视学刊,2017(7):108-112.

[8] 舒德森,李思雪.新闻专业主义的伟大重塑:从客观性1.0到客观性2.0[J].新闻界,2021(2):5-13.

[9] 王润泽,张凌霄.新闻价值的西方生产路径与话语权的确立[J].现代传播(中国传媒大学学报),2019,41(11):42-46.

[10] 严俊.论改进新闻报道的理论内涵[J].青年记者,2013(14):26-27.

[11] 李沁."第三媒介时代"新闻价值的定位与建构[J].当代传播,2015(4):41-44,48.

[12] 侯增文,葛铁梅.中西方媒体价值观新闻传播差异[J].吉林师范大学学报(人文社会科学版),2019,47(1):77-87.

[13] 童兵.从范畴认知深化马克思主义新闻观研究——对习近平关于新闻舆论、网络传播和哲学社会科学工作讲话提出的十对范畴的思考[J].新闻大学,2016(5):17-24,146.

[14] 杨保军,王敏.论中国马克思主义新闻价值观的典型特征[J].山西大学学报(哲学社会科学版),2018,41(6):63-71.

[15] 孟湘芳.全媒体时代:媒体责任意识的"自律"与"他律"[J].常州工学院学报(社科版),2010(6):60-61,119.

[16] 郑保卫.网络媒体及其社会责任探讨[J].信息网络安全,2008(4):15-16.

[17] 孙旭培.中国大陆传播研究的回顾与前瞻[J].新闻与传播研究,1994(1):2-9.

[18] 吴玲玲.中西方记者社会责任观的异同[J].今传媒,2005(9):22-23.

[19] 周敏.中西方新闻记者社会责任观比较[J].湖北第二师范学院学报,2013(6):129-132.

[20] 蔡骐.媒介化社会的来临与媒介素养教育的三个维度[J].现代传播(中国传媒大学学报),2008(6):106-108.
[21] 林如鹏,支庭荣.习近平新闻思想:当代马克思主义新闻观的重大创新[J].暨南学报(哲学社会科学版),2017,39(7):1-10,130.
[22] 燕道成.中外传媒责任伦理研究综述[J].当代传播,2010(2):34-37.
[23] 侯迎忠,赵志明.西方新闻专业主义初探[J].当代传播,2003(4):55-57.
[24] 胡翼青.西方传播学术史手册[M].北京:北京大学出版社,2017.
[25] 郭庆光.传播学教程[M].北京:中国人民大学出版社,2016.
[26] 江泽民.舆论导向正确是党和人民之福[M]//江泽民文选:第1卷[M].北京:人民出版社,2006.
[27] 刘海龙.大众传播理论:范式与流派[M].北京:中国人民大学出版社,2008.
[28] 卡尔·曼海姆.意识形态与乌托邦[M].黎鸣,李书崇,译.北京:商务印书馆,2000.
[29] 费斯克,等.关键概念:传播与文化研究辞典:第2版[M].李彬,译.北京:新华出版社,2006.
[30] 陈力丹.精神交往论:马克思恩格斯的传播观:修订版[M].北京:中国人民大学出版社,2016.
[31] 杨晓强."媒"田守望者:当代中国大众传媒社会责任研究[M].北京:新华出版社,2015.
[32] 澎湃新闻.新闻舆论工作必须坚持正确政治方向[EB/OL].(2021-02-19).https://m.thepaper.cn/baijiahao_11382307.

第三章
传媒社会责任主体及其利益相关方

西方的"传媒社会责任理论"源于两个重要文本,即20世纪40年代哈钦斯委员会的《一个自由而负责的新闻界》以及21世纪50年代施拉姆等人的《传媒的四种理论》。[①] 其作为对自由主义理论的一种修正,强调大众传播媒介应对社会和公众承担一定责任和义务。[②] 从一定程度上说,社会责任理论为防止媒体内容质量的浅薄化、煽情化提出了制度性要求,也以政府干预的方式在一定程度上保障了公民的权利。但在垄断加剧、利益至上的资本主义体制下,面对经济利益和社会责任之间的矛盾,仅仅是把希望寄托于"媒介自律"的社会责任论效果微乎其微。

在改革开放后中国社会转型的特殊语境下,我国的传媒体制改革呈现出鲜明的"中国特色",经历了由党报体制向"事业单位、企业化管理",再向"转企改制"阶段的过渡,最终走向"集团化"和"资本化"的过程。[③] 在媒体从国有体制转向市场化的过程中,新闻媒体社会责任缺失所导致的公共利益边缘化、媒体行为失范等不良后果,也使政府等相关部门开始重视传媒社会责任问题。在西方传媒社会责任论的理论借鉴下,中国自身宏观媒介体制背景下的传媒社会责任建设应运而生。大众媒体具有很强的公共性,其是社会公众了解世界的窗口,是承担公众行使监督、批评等合法权利的公共资源,其具备的广泛且强大的影响力更是与社会秩序息息相关。因此,传媒社会责任的承担既是传媒积累社会资本,促进可持续发展的关键步骤,也是建设社会主义和谐社会的应有之义。

当前,我们已进入媒介化社会,媒介对社会的渗透已是方方面面,影响力

[①] 马凌.新时代的媒体社会责任:变化与评价[J].青年记者,2018(21):9-11.
[②] 霍丽文.《南风窗》的媒体责任理念及其实现途径[D].北京:中国传媒大学,2008.
[③] 马凌.新时代的媒体社会责任:变化与评价[J].青年记者,2018(21):9-11.

也不可同日而语。因此,传媒社会责任的内涵也大大延展,社会结构中的政治、经济、文化等多个子系统都将成为媒体负责的对象。中国的媒体主要具备三重属性,政治属性要求媒体以"党和人民的喉舌"存在,创造承担国家主流意识形态的文化产品,在潜移默化中影响受众的思想观念和行为准则;产业属性要求媒体将文化创意产品投放市场转化成经济效益,助力国家宏观经济中媒体经济的蓬勃发展;社会属性要求媒体不以利润作为核心追求,而要着眼于良好社会氛围的形成以及民众的公共信息需求。媒介化时代背景下的传媒社会责任的承担就需要坚守以上三种属性,在凝聚社会共识、促进民众素养、提升经济发展等方面有所贡献,实现社会的和谐稳定。

传媒利益相关方是指能影响传媒组织的行为、决策、政策、活动或目标的人或团体。[①] 对媒体产业来说,明确传播主体的责任内容和边界,并主动将利益相关者的诉求和满意度纳入组织业务与管理活动中进行考量是传媒社会责任承担的核心。由于媒体具备强烈的公共性,具有相对宽泛的利益相关方,传媒社会责任要求媒体超越将市场作为唯一目标的理念,[②]以履行社会责任的方式实现媒体本身、消费者需求、社区以及环境的可持续发展。本章将从传媒社会责任承担的主体出发,明确媒体需承担的社会责任边界,并围绕受众、传媒组织员工、社区、环境以及政府这五个维度,剖析传媒产业与以上利益相关方的关系,以期实现不同主体利益平衡点上的共同发展。

第一节 传播主体的责任

时代的变迁助推着主导性新闻传播角色的演变,如果以近代西方新闻业的诞生为基本参照,人类历史脉络中的新闻活动大致可以划分为三个时代:民众个体为主导性主体的时代,职业新闻传播主体为主导性主体的时代以及职业新闻传播主体和非职业新闻传播主体共同主导的时代。[③] 在印刷新闻诞生之前,人类的新闻信息分享基本以口耳相传、面对面的基础形式呈现。虽然

[①] 陈泽云,江姜成.基于受众细分的精准传播策略分析[J].企业管理,2017(S2):456-459.
[②] 江美霞.新闻生产社会学视角下的新闻爆料现象研究:以"今日头条App"为例[D].南昌:南昌大学,2018.
[③] 杨保军.变迁与意味——新闻规律视野中的传播主体分析[J].新闻界,2018(11):17-23.

文字书写已进入人类生活,但囿于普通百姓有限的文化水平,"文字新闻"基本被上层社会垄断,并没有形成广泛的传播规模。这一时代的新闻传播基本困于狭小的收受空间,对公共社会的影响力微乎其微,因此,作为传播主体的民众个体就近乎没有社会责任概念,传播者小范围内的社会关系维护成为民众新闻传播的主要行为准则。

以职业传播者的诞生、自主、相对独立以及传播机构的形成为标志,人类的新闻活动逐步走向职业化,也就是说,接受过专业培训的职业新闻传播主体成为再现、塑造、建构一定社会整体新闻途径的主导性力量。[①] 成为库尔特·卢因(Kurt Lewin)笔下以自身立场筛选过滤信息的第一"把关人",将对公众的社会认知产生极大的影响。人类的新闻传播也突破了先前的小范围信息传输,步入以"点—面"单向线性为主要传播特征的大众化传播时代。现代新闻业也成长为一个相对独立的行业领域,成为具备公共性、影响社会政治、经济、文化发展的强势力量。这一时代背景下的传播主体在主动性提升的同时,毫无疑问也需要具备社会责任理念,既要遵循应运而生的行业准则,又要自律地将信息采集发布的标准立足于民众需求等社会效益。

互联网技术的进步将人类传播带入了一个不同于以往的新时代。在开放的互联网平台内,单向的线性传播模式向双向的非线性模式转换,曾经远在传播权利之外的"沉默的大多数"成为新意见阶级。"万众互联"时代背景下传统的个体至群体的传播模式已然失灵,具备一定媒介素养的公民能在一众数字平台上发挥主动性,将所见所闻随手随时发布在社交媒体上,与他者展开互动。而人工智能在传媒领域的渗透更是塑造了崭新的"人机共生"图景,在2016新浪未来媒体峰会上,人工智能先驱皮埃罗·斯加鲁菲(Piero Scaruffi)就指出了人工智能和机器写作是未来媒体的十大发展趋势之一[②]。普通大众和机器人为主要代表的非职业传播主体成为新媒体时代的部分力量,在与职业新闻人的互动中共同实现新闻生产。步入新媒体时代,不仅职业传播主体的社会责任内涵发生了延展,非职业传播主体也必须共担社会责任,共享价值准则,从而促进媒体社会职能的进步。

当前,随着新媒体技术的蓬勃发展,我们早已进入职业新闻传播主体和

---

① 杨保军.变迁与意味——新闻规律视野中的传播主体分析[J].新闻界,2018(11):17-23.
② 李钊.人工智能先驱预测未来媒体十大趋势[EB/OL].(2016-10-27).http://scitech.people.com.cn/n1/2016/1027/c1057-28811431.html.

非职业新闻传播主体共同主导的时代。① 在这一阶段,传媒社会责任的承担具有三重主体。首先,媒体作为以内容为核心的文化产业部分,在产品策划、生产、销售的全过程承担社会责任。因此,作为接触外部信息的第一顺位人,参与新闻采集、写作、编辑全生产链的职业或非职业传播者是传媒社会责任的第一主体;其次,诸多各司其职的个体构成的组织——媒介机构则承担着个人无法承担的包括媒介定位、质量标准衡量等组织性责任,除此之外,作为内容最终呈现以及分发的载体——平台也需要在信息传播过程中坚守社会责任,才能真正实现信息产品的终端到达,获取营收。各主体虽然职责不一,但确是信息生产链上不可缺失的一环,互相之间具有极强的勾连性。新闻传媒的社会责任不仅仅反映在传播机构上,同时也反映在每一个新闻工作者身上。② 无论是传播者、传播机构还是平台,作为一条新闻产业链上环环相扣的三重主体,都共担风险,共享营收。因此,为在实现媒体"社会瞭望者"角色的基础上获取社会资本,转化为经济资本,传媒主体承担着相似的传媒社会责任。

那么,传媒的社会责任究竟是什么呢?这个问题的答案可谓莫衷一是、众说纷纭。目前可供参考的社会责任标准并不在少数,CSR(企业社会责任)要求企业在生产过程中加强对人的价值的关注,强调对环境、消费者以及社会的贡献;《中国新闻工作者职业道德准则》为中国的新闻事业明确提出了七条规范,在坚持正确的舆论导向、全心全意为人民服务,坚持新闻真实性等方面为新闻工作者指引了方向;③2014 年,中国记协从自律和自觉两个层面出发,为传媒社会责任报告制度制定了 8 个评价指标,分别为:"正确引导""提供服务""人文关怀""繁荣发展文化""遵守职业规范""合法经营""安全刊播"和"保障新闻从业人员权益",④为我国传媒社会责任权衡提供了一个较为简明有效的评价体系。⑤ 随着媒体技术的不断发展,新媒体语境下的传媒社会责任也成为学界业界关注的热点。华中科技大学钟瑛教授团队围绕媒体的社会功能,为

---

① 杨保军.变迁与意味——新闻规律视野中的传播主体分析[J].新闻界,2018(11):17-23.
② 李明德,张园.传媒社会责任意识的深层建构[J].西安交通大学学报(社会科学版),2017,37(1):101-106.
③ 郑保卫,赵新宁.新时代 新准则 新要求 新境界——对新修订《中国新闻工作者职业道德准则》的解读[J].中国记者,2020(1):29-33.
④ 马凌.新时代的媒体社会责任:变化与评价[J].青年记者,2018(21):9-11.
⑤ 王修滋,蔡笑元.媒体社会责任评价标准及指标体系构建[J].青年记者,2017(30):28-34.

传媒社会责任评价体系设置了"信息生产""社会监督""文化教育"和"协调关系"4个一级指标,①以及"信息质量""流程控制""国家治理""社会风险""塑造共识""文化传承""提供娱乐"等11个二级指标,并发布《中国新媒体社会责任研究报告》为各类新媒体提供借鉴;②2017年,复旦大学的童宾、周葆华团队也围绕新媒体社会责任评价体系提出了自己的见解,其突破了以往仅将传媒内容作为考察对象的评价模式,创新性地纳入了受众主观评价,为传媒社会责任的履行注入了新的血液。

步入新媒体时代,尽管社会责任的外延受技术发展、用户需求有所拓展,但从理论上认识,传统媒体和新媒体的社会责任基本是同一的,即新闻信息媒体行使新闻自由权利的同时,应该牢记新闻信息媒体的宗旨,自觉为社会和公众利益服务,并控制自己的言行在法律法规和新闻职业道德允许的范围内。③媒体应该坚守自觉和自律的两大原则,在传播内容、传播渠道、传播手段等多方面承担社会责任。作为具有社会影响力和公共性的载体,媒体应该做到:坚持新闻真实性、客观性、全面的原则,将真实视为新闻的生命;坚持正面宣传为主,将主流价值观导向融入媒体传播与舆论引导的全过程;保持人民情怀,积极回应人民大众的利益关切,与人民群众打成一片;树立创新意识,在技术发展浪潮中不断推陈出新,利用新兴技术采写有温度、有质量的佳作以满足用户不断提升的内容需求;不断丰富贯通传播渠道,为公民提供更多表达声音的方式,促进舆论监督的高效透明,杜绝一切有偿新闻、新闻敲诈等违背新闻职业道德规范行为的发生,在完善行业法律法规空白,促进行业自觉、自律的基础上共建天朗气清的新闻未来。

当前,无论是新媒体还是传统媒体都应该坚守上述规则,以自觉和自律为主要途径履行社会责任。但新闻生产链是一个复杂的过程,传播者、传播机构和传播平台担负不同职责范围,该如何实现新媒体时代的传媒社会责任,需要具体问题具体分析。

---

① 马凌.新时代的媒体社会责任:变化与评价[J].青年记者,2018(21):9-11.
② 张思怡,钟瑛.新闻网站社会责任的践履现状及提升路径——基于八家国家级新闻网站的实证分析[J].湖北社会科学,2018(10):185-192.
③ 秦雪冰,童兵.网络媒体的社会责任评估与困境:"移动互联网时代的内容传播与社会责任高峰论坛"会议综述[J].新闻与写作,2017(10):44-47.

一、传播者

传播者可谓是新闻传播过程中灵活度最高,主观能动性最强的要素。施拉姆在《传播学概论》中提出,传播者在传播过程中充当编码者的角色,即收集、编辑信息的人。[①] 他们凭借自身的新闻敏感挖掘万千信息中有价值的部分,并通过编码为大众创造一个了解社会的符号世界。库尔特·卢因把信息的传播者定义为"把关人",他们作为新闻生产链的第一环节,以自身立场对信息展开筛选与过滤,对新闻内容起引导和控制作用,他们的自我能力也在很大程度上决定了新闻信息的质量。

(一)坚守新闻专业主义,规避新闻失范

施拉姆在《大众传播事业的社会责任》中曾提出,要通过行业专业化提高大众传播媒体的社会责任,[②]而职业或非职业新闻传播者对新闻专业主义的内外化即是行业专业性提升的重要路径。新闻专业主义起源于19世纪中后期的西方,是西方新闻界的一场自救运动,其要求新闻媒介和新闻工作者具备专业的知识积累、专业知识和技能的训练以及专业内部的自律,是服务行业所具备的专业化意识、职业规范以及评价标准的总和。自其产生以来,一直强调的就是具备专业训练的专业新闻工作者所构成的专业团体,通过专业的操作手段制作新闻的理念,希望以此保证新闻内容的产出符合专业化的新闻要求,为社会营造正能量氛围。当下,传播权利向民众的下移大大冲击了上述新闻专业主义要求。新媒体的可接触性让所有人都有机会成为主动的新闻传播者,专业平台以及非专业平台的扩散在一定程度上也解构了传统的新闻专业主义,虚假新闻、反转新闻等新闻失范现象频发。为创造一个和谐有序的传播环境,发挥新闻媒体的社会引导职能,传播者对新闻专业主义者的传统理念的坚守是题中应有之义。职业传播者应发挥标杆引领作用,明确客观事实、坚持正向报道、创新故事讲述、主动引导舆论;而非专业的新闻传播者也应该将新闻

---

① 赵宇,王雪纯,吴宝俊.大众传媒中科学传播者的整合构建和社会责任审视——以大型科普节目《加油! 向未来》为例[J].科技导报,2019,37(2):100-103.
② 赵宇,王雪纯,吴宝俊.大众传媒中科学传播者的整合构建和社会责任审视——以大型科普节目《加油! 向未来》为例[J].科技导报,2019,37(2):100-103.

专业主义作为行业准则,避免非职业性引发的新闻失范,向高素质的"公民记者"不断靠拢。

(二)自觉强化责任意识,引导社会舆论

传播者应该加强自身的社会责任感意识,清晰识别媒体在社会发展中的重要性,将自身的价值追求与社会道德规范联系起来,将高质量的内容要求融入道德潜意识。塔奇曼(Gaye Tuchman)在《做新闻》的开篇提出"新闻是观察世界的一个窗口",虽然其本意是解释"新闻是被建构"的这一事实,但新闻工作对于大众认知的重要性也不言而喻。当下,互联网为公众创造了新的舆论表达渠道,而智能技术给受众带来的互动感更是让舆论的形成和传播充满变数,舆论场波澜起伏,各类社会思潮呈现暗流涌动态势。作为社会舆论引导的重要载体,媒体要积极做好"政府的喉舌",积极倡导社会主义核心价值观,[①]在全社会范围内凝聚价值共识,弥合民间舆论场与官方舆论场的撕裂。作为媒体内容的生产者,新闻工作者应该以身作则,将社会秩序、大众利益视为根本出发点,在法律允许的范围内反映群众的心声,密切与人民的联系,并以新闻真实本身的力量引导社会,宣传正确的价值观、人生观。传播者应勇敢地讴歌正义与阳光,披露社会的丑恶与肮脏,不畏惧强权,将世界更为美好的明天作为终极目标,在自觉承担社会责任的同时弘扬积极向上的社会主义精神风貌。

(三)谋求综合性发展,实现人文关怀与工具理性的平衡

智能媒体时代将工具理性奉为圭臬,智能技术的进化对媒体满足用户需求、提振媒体的传播力的确大有裨益,[②]但其缺失的人文关怀需要作为独立个体的传播者来承担。在技术理性炽盛的媒体背景之下,人机协作、优势互补将是未来的可持续发展之路。首先,传播者应该永远保有炽热的人文情怀,具备开阔的传播视野。例如,深耕人工智能作用有限的深度报道领域,围绕事件的前因后果多角度呈现新闻全貌,为用户提供系统化的思维空间;在贴近百姓、贴近生活的原则指引下写作富有温度、人情味的报道,为大众创造鼓舞人心的力量。其次,传播者要在发挥人自身强项的基础上,利用机器在某些方面的优

---

① 郁涛.新媒体时代媒体承担哪些社会责任[J].人民论坛,2018(21):80-81.
② 包国强,黄诚,厉震安."网络失智":智能传播时代网络舆论监督的"智效"反思[J].湖北社会科学,2020(8):161-168.

势来增强人的能力。例如,现代传播者应不断加强自身的计算机思维以及技术应用能力,熟练掌握大数据挖掘与分析,以适应数据时代的新闻生产;学习AR、VR等虚拟可视化新闻呈现,丰富信息作品的创意展现;还可以缔造全新的把关角色,在与把关机器人合作的过程中筛选出有价值的新闻信息,在人机协同中实现价值理性和工具理性的融合,防止资本和技术逻辑对新闻业的步步侵蚀,成为国家层面上一支本领高、技术硬、创新力强、发展全面的思想宣传队伍。

二、传播机构

2019年,学者方可成发文《搜索引擎百度已死》,指责百度存在"徇私"问题,其搜索结果大多包含百度自身产品,百家号上更是存在一系列低俗低质的内容。① 百度作为商业媒体平台,扶持自身的内容体系,获得营收无可厚非,但其服务的核心——搜索,具备极强的公共服务属性,势必需要肩负经济效益之外的社会责任。这在当时引起轩然大波,企业的社会责任也重新进入大众视野。

在我国很长一段时间,传媒机构都不被认为是商业组织,国家制定的行业规范往往将社会公德、职业道德作为限制传媒机构的主要内容,强调传媒机构保护公民以及社会的基本利益。随着西方国家将公司定义为"以盈利为目的"的社会组织,而我国的传媒体制改革也逐步走向市场化,作为特殊商业主体的传媒公司逐步确立下来。作为实实在在的市场主体,传媒机构该如何在维护国家利益和社会公共利益的前提下,强化自身追求商业利益的正当性与合法性呢?②

(一)遵循商业道德,获取经济效益

11世纪,位于地中海沿岸的商人们为了保护自身的商业利益,自发形成商业利益共同体。他们制订行为准则,建立裁决机构以规范自身与他者的行为,实现行业内的利益最大化。而各国统治者在制定法律法规时,会将商人们制

---

① 方可成.搜索引擎百度已死[EB/OL].(2019-01-22).https://www.huxiu.com/article/282406.html.
② 乔新生.新闻业建构商业道德体系的重要性[J].青年记者,2012(24):9-12.

订的部分行为准则认可为国家法律,区别于其他社会阶层社会准则的商法体系就此形成。① 当前世界各国的商法差异万千,但都具备明显的商业道德意味,是在一定道德约束下的商业逐利模式。作为带有文化性质的商业组织,传媒机构天然具备两种属性:经济属性和社会属性。当前,在我国市场发挥主导作用的经济体制下,媒体乱象层出不穷。为占据用户市场的一席之地,诸多媒体会有意地发布低俗、虚假的信息来博眼球,追求经济效益至上。我国正处于社会转型期,公众对媒体的态度相当暧昧,一方面体现出较强的依赖性,希望新闻能满足公众的知情权,减少不确定性,另一方面又存在对媒体的极大不信任,而一味追求经济利益的报道会展现情绪化、娱乐化的话语倾向,激活反向的用户态度,最终导致受众的流失。那么,传媒机构作为特殊的商业载体,该如何在竞争加剧的产业环境中合理竞争呢? 行之有效的商业道德体系实际上就能为传媒机构的可持续发展提供启发,其能实现行业自律,促进媒体对自身社会责任的认知,满足公民需求,并在不侵犯其他商业组织的前提下实现自身的商业价值。虽然当前我国并没有形成成熟的商业道德体系,但传媒机构可以遵循包括《中华人民共和国反不正当竞争法》等在内的一些法律文件涉及商业道德的部分,例如,传媒机构在市场交易中,应当遵循自愿、平等、公平、诚实信用的原则。② 为了构建商业道德体系,加强传媒机构的盈利合法性,媒体需要与投资方建立良好互动关系,在经营中协调各方需求,避免双发价值取向的相悖;要处理好自身与受众的关系,平衡用户需求和公共性,弘扬社会主旋律,传递正能量价值观,以高质量信息实现经济资本的积累;传媒机构还要与政府保持互相监督与合作的关系,在正当的合作中提高自身的公信力,以新闻产品以及权威性获取经济效益的合理化。

(二) 将社会效益放在首位,实现社会效益和经济效益的平衡

在我国的政治背景下,社会效益和经济效益并非截然"二元"对立。首先,承担社会责任可以提高媒介的公信力,从而汇聚信誉、口碑等社会资本,最终向经济资本转换。其次,经济资本可以反作用于媒介,促进媒介组织又好又快运行发展。社会效益和经济效益的平衡统一才是促进传媒机构可持续发展的

---

① 乔新生.新闻业建构商业道德体系的重要性[J].青年记者,2012(24):9-12.
② 雷朝霞.比较广告的法律问题研究[D].西安:西北大学,2004.

重要途径。此外,媒介的逐利性让其侧重具有高消费力的经营市场,而导致部分人群需求被边缘化,而媒体自身的"社会公器"职责,又要求其构建完整的媒介图景,尽可能实现最大范围的社会需求。在此维度上,将社会效益放在首位,实现社会效益和经济效益的平衡是传媒机构实现职能的题中应有之义。[①]为实现这一目标,媒体行业必须合力,不断创新、完善管理体制,激发从业人员的社会责任感。首先,传媒机构应该建立合理规范的惩罚和奖励措施,激活传媒从业者的工作热情及行业的责任自觉。例如,传媒机构可以适当改变绩效规则,将点击量、转发量等市场指标置于后者,将是否遵守行业规范、是否将高质量作品作为自己的职业准则、是否谨记社会主义核心价值并在作品中呈现等非市场层面的指标也纳入考核要求,从而在多方面约束传媒工作者。其次,传媒机构需加强教育培训,在工作的各个环节融入社会责任承担教育,使得传媒工作者将高度的社会责任感和职业道德感在潜意识中内化于心。与此同时,机构各层次需展开自上而下的行为贯彻,尤其是头部媒体,需要发挥带头作用,引领全行业的发展。例如,早在2018年,Facebook的创始人扎克伯格就对外宣称会聘请3 000名员工,辅助自动软件处理网络平台的不良内容,以提高社交平台的内容质量。[②] 虽然其规制效果不尽人如意,但已经吹响了社会化媒体进行自我监管的号角。如果机构的宣传教育步步到位,辅之以干脆利落的整改行为,传媒社会责任终将潜移默化为从业者的基本道德素养。

三、传播平台

相比传播者和传播机构的幕后位置,传播平台则承担"台前"的角色。其是信息产品呈现的终端,是与受众互动更亲密的载体,也是服务社会与大众最直接的传媒社会责任主体。随着技术发展和用户需求的变迁,主流传统媒体的话语权逐渐旁落,社会化的平台媒体凭借其较低的准入门槛、与VR等高新技术丛的高度兼容以及及时快速的信息传递成为人们了解外部世界的第一信息入口,成为问鼎新时代的第一传播平台。但自由的信息环境也催生一众弊

[①] 张芝雄,李香麟.刍议新时代背景下出版产业与金融融合发展的现状及对策[J].中国集体经济,2018(30):121-122.
[②] 新浪科技.Facebook将聘请3 000名员工审查不良直播内容[EB/OL].(2017-05-04).http://www.techweb.com.cn/internet/2017-05-04/2519728.shtml.

端,新兴传播主体冲击传统新闻专业主义,传统的新闻价值趋于解构,信息质量参差不齐;平台技术也正不断冲击着新闻伦理,工具理性超越了价值理性,新闻报道内核的人文关怀逐渐丧失。社交媒体时代缔造了一群"网络原住民",他们的生活方式以及思维习惯无不受到这些传播平台的影响,因此,为防止以上弊端对公民、社会产生不良影响,强调传播平台承担社会责任是极为必要的。

(一)严格把关,重建事实权威

面对传播权利扩散造成的信息参差,算法推荐带来的信息窄化以及无限制平台容量带来的信息爆炸,如何在鱼龙混杂的海量信息中筛选出真正有价值的新闻,实现用户需求与社会公共性的平衡,才是媒介平台承担社会责任的关键。因此,打造完整的把关机制,重建事实权威至关重要。互联网加剧了信息传播的速度和范围,社交平台中的信息几乎呈病毒式几何扩散,媒介平台应该强化自身"把关人"的角色,发挥"理智和选择"的力量。[①] 首先,强化传播者的准入门槛,在系统测试以及资质审核后放行,从而在信息的流通源头控制新闻质量;其次,依托技术和人的合力作用,建立完善的新闻求证机制,从而将暴力、黄色等不健康信息拦截在平台呈现的背后。媒介平台要强调高品质的新闻价值标准,秉持责任和理性的向度,将以往对事实维度的追求,转变为"事实""人文关怀"的并重,[②]将其作为把关传播者与传播内容的主要准则。最后,针对社会性平台的高度互动性,传播平台应该建立系统全时化的审核机制,针对信息传递的每一节点进行核查,取缔不良发言,创造一个天朗气清的互动网络环境。

(二)强化技术兼容的能力,丰富信息呈现形态

在新媒体环境下,受众的新闻消费模式不断变化,受众的注意力也正向移动媒体或社交媒体平台转移,在经济收益的倒逼下,众多媒体开始重视信息发布,并以改善受众与新闻媒体之间的互动为主要特征。[③] 互联网时代的新闻发

[①] 笃学新传考研.专题梳理 06 ‖ 一文读懂"把关人"理论[EB/OL].(2020 - 07 - 24).https://www.sohu.com/na/409502795_120167767.
[②] 杨荣智."后真相时代"网络暴力的成因及解决对策[J].视听,2019(12):184 - 185.
[③] 卢长春.新闻聊天机器人:新闻生产的机遇与挑战[J].现代传播(中国传媒大学学报),2020,42(10):7 - 11.

布经历了四个发展阶段,形成了四种发布形态:媒体型、关系型、算法型和界面型。① 界面型作为第四种形态,以强烈的互动感为主要优势,以"沉浸体验""场景互动""界面可触"等实践为主要代表,是近几年媒体信息呈现的流行趋势。而作为信息呈现的终端——传播平台,就必须加强自身与AR、VR等高新技术的兼容能力,从而展现出用户喜闻乐见的产品形态。因此,传播平台需要最快感知技术的变迁,加强技术部门的投入,使得新闻呈现具备可实施的路径。除此之外,传播平台还应该不断进化旧技术,例如,发挥大数据的预测作用,打通各媒体间的用户数据,形成平台效应,扩展用户来源;或者依靠进一步的算法技术精进更准确地把握用户的个性特征,以更全面、动态、正向的方式,充分满足用户的现有需求,并致力于推动形成更高层次、更多维的信息需要。②

第二节 传媒与受众及消费者

在媒介产品生产、推广、销售的产业链中,受众作为传播内容以及延伸产品的直接体验者,是传媒最重要的利益相关方,也是媒体承担社会责任的主要对象。

自古以来,关于"受众"的研究数不胜数。其最早出现于14世纪,指布道集会时的听众,进入大众传播研究后,其广泛地包括书籍报刊的阅读者、广播的听众、电视电影的观众以及互联网上活跃的万千网民。③ 在传播学界,研究重心也逐渐从早期的"魔弹论"等强调传播者力量的效果研究走向重视受众的研究,涌现出"受众商品论""使用与满足"等不同流派的受众研究。

随着社会的变迁,"受众"地位呈现出整体上升的趋势。在传媒种类稀少、资源有限的年代,受众以"受教育者"的姿态呈现。作为舆论代表者的主流媒体权威发声,受众被动地接受媒体传递的信息,这是新闻党制背景下加速社会进步的必要方式。1978年,以中国共产党第十一届三中全会的召开为标志,改

---

① 卢长春.新闻聊天机器人:新闻生产的机遇与挑战[J].现代传播(中国传媒大学学报),2020,42(10):7-11.
② 陈昌凤,仇筠茜."信息茧房"在西方:似是而非的概念与算法的"破茧"求解[J].新闻大学,2020(1):1-14,124.
③ 百度百科.受众词条[EB/OL].(2022-03-15). https://baike.baidu.com/item/%E5%8F%97%E4%BC%97/3408840?fr=aladdin.

革开放背景下的传媒格局发生调整,中国进入半市场化机制。① 这一时期,晚报的兴起开始强调"读者需求",受众成为媒体赢得竞争力,获取市场份额的一大力量。媒体在结构和内容的选择上第一次向着"受众本位"方向转移,受众也摆脱了受教育的被动身份,成为具有一定媒介主动权的"阅听人"。当中国的新闻体制真正迈入市场化,"受众本位"就成为媒介生存的基础规则,具备一定消费能力的受众被作为目标市场充分开发,作为"消费者"的受众成为媒体的主要服务对象。

到了当下的新媒体时代,技术赋权了公众与既往传播者类似的传播权利,甘斯笔下的"无名之辈"在传播渠道不断扩张,微博、抖音等建立在草根之上的社交属性媒体风靡之时成为在"舞台前台"表演的个体。作为"权利主体的受众"进入大众视野。郭庆光将受众在大众传播过程中享有的基本权利概括为传播权、知晓权以及媒介接近权。② 也就是说,在传播过程中,受众首先拥有言论自由;其次,能获取与自身生活相关的各类信息,并对国家公共权力实施的活动行使知情权;最终,媒介应向受众开放,保证公民的媒介使用。这一时期的受众基本还是以"消费者"的形态出现,但呈现以下两个特征:一方面,其主动性大大提升,逐渐走向"产消者"。"万众互联"时代,人们与互联网之间已经形成了一种强关系纽带,人们对互联网的态度从最初的新奇走向挑剔,人们变得懂得选择,不再盲从,不再被动接受。③ 在传统传播模式失灵的当下,技术一面实现了传播权利的扩散下移,一面助推网络传播由"卖方市场"走向"买方市场",智众时代真正到来。④ 另一方面,其消费的对象外延扩展,不拘泥于传播内容,也包括各类实体产品。2019 年,"电商直播"横空出世,一众网红主播凭借强大的人格魅力以及消费场景成为现象级话题人物。而新冠疫情对线下交流的阻碍更是加速了数字化的进程,网络直播红极一时。直播带货的新兴形式搭建了媒介化消费场景,无数网民都沉浸在虚拟的网络购物空间当中,导致"受众"向具有实体消费倾向的"消费者"转变更加顺畅。

综上所述,随着社会的变迁,人们对"受众"的理解大致经历了从"被动接

---

① 吕尚彬,岳琳.传媒受众:从受教育者到产消者[J].编辑之友,2019(9):69-75.
② 郭庆光.传播学教程[M].2 版.北京:中国人民大学出版社,2011:159-160.
③ 包国强,黄诚,厉震安.智众时代:"智众传播"的特征及其未来发展趋势——融媒体背景下基于受众与媒体关系根本性变革的思考[J].新闻爱好者,2021(1):15-19.
④ 包国强,黄诚,厉震安.智众时代:"智众传播"的特征及其未来发展趋势——融媒体背景下基于受众与媒体关系根本性变革的思考[J].新闻爱好者,2021(1):15-19.

受的大众"到"作为市场的大众"再到"权利主体的大众"的变化过程。技术加持下的公众早就可以与传者形成双向互动,甚至可以共同进行信息生产,"受众"这个带有"被动接受"含义的概念早已不适用于当前环境,富于主动意味的"消费者"以及"用户"应运而生。

一、受众需求

了解利益相关各方的诉求,是传媒社会责任履行的关键。[①] 作为媒介产品的"消费者",传媒产业经济效益的创造者,满足受众需求是传媒社会责任承担的核心要素。上文所述,"消费者"是时代变迁后"受众"的合理表现,是技术发展过程中人们关于"受众"概念理解所发生的变化,两者间存在主被动的差距。因此,本文将受众需求划分为基本需求与高阶需求,分别对应大众传播时代以及互联网时代主动性存在差异的信息接收方。

"使用与满足"研究起源于20世纪40年代,该理论将受众看作有特定"需求"的个人,而将他们的媒介接触活动看作基于"需求"的使用,[②] 也就是说,用户通过使用媒介来满足自身的需求。其站在受众角度,通过分析受众的媒介接触动机考察大众传播对人们心理和行为产生的影响,指出了受众的某种能动性。20世纪60年代,麦奎尔等人通过调查,归纳了各种节目提供"满足"的各种特点,总结了使用与满足理论的心情转换、人际关系、自我确认以及环境监测四种基本类型,[③] 为大众传播环境中的受众基本需求提供了理论索引。

(一) 环境监测

环境监测是受众最基本的需求,人们通过使用媒介来获取新近的信息,以应对生活和社会中的诸多不确定因素。新闻作品虽然包含记者或编辑的个人倾向,但还是客观世界的如实反映,受众在无数新近发生的事实里获取与自身相关的信息,能够在一定程度上把握环境发生的变化,消除部分不确定性,以

---

① 李金克,王风华.根植社会责任 推动企业管理创新——基于X公司实践案例[J].财务与会计,2020(10):28-30.
② 郭庆光.传播学教程[M].2版.北京:中国人民大学出版社,2011:165.
③ 刘畅,王星.使用与满足理论视域下的《向往的生活》[J].西部广播电视,2018(17):106-107.

更好地适应发展中的社会。除此之外,现实世界困扰大多数人的问题、焦点也会被综艺、电视剧等其他表现形态引用,并以夸张式的艺术手法呈现,受众同样能在这类表达中明晰自己的角色定位,了解社会现状。

(二) 心绪转换

受众需要在媒体作品中得到心绪转换,这一效用强调电视节目应该提供消遣娱乐,帮助人们逃避工作生活上的压力负担,从而获得情绪释放。[①] 当今人们的工作学习压力与以往相比已不可同日而语,而伴随而来的释压方式也更为丰富多彩。互联网背景下人人皆可触及的媒体平台便成为人们获得情绪解放感的良好途径。受众不仅能在平台发布信息,在引起其与网友共情的同时抹灭自身的情绪孤独,更多的是作为旁观者,吸收电视节目带来的乐趣,将自身的不良情绪转换为对事物积极的认知态度。例如,综艺节目就以一种幽默诙谐的方式来治愈现代人的忙碌和焦虑。

(三) 人际交往

受众需要依托媒体所传达的内容信息以实现社会交往和交友的需要。这种人际关系主要包括两个层面,一是"拟态"的人际关系,[②]即受众通过极强的画面感与媒体所呈现的人物形象直接对话,是相对于现实社会关系而言的,媒体在这类关系的生成中承担中介的角色。例如,在收看湖南卫视的常青节目《快乐大本营》(已改版为《你好星期六》)时,五人主持团的打趣逗乐会在无形中拉近与观众的距离,而每一集嘉宾的近距离游戏采访会让受众的亲切感油然而生。二是"现实"的人际关系,以满足人类群居生活而产生的与他人之间的互动和沟通。人是社会性动物,无法脱离群体单独生活,虽然互联网将线上交流推向高潮,但人类沟通交流的本质未发生变化。瞬息万变、每日更新的媒体可成为人们融洽相互关系并建立社交圈的话题信息来源。例如,微博作为中国很火的社交媒体,超话等一个个虚拟社区实际上就是由一群群拥有共同话题的人们合作形成的,受众在圈群中谈论相似话题,产生内部的情感共鸣。

---

① 谷悦.传播学视域下青春校园网络剧流行的原因解析[J].新媒体研究,2018(1):71-72.
② 顾广欣.韩国电视剧成功进入我国的传播学分析[D].兰州:兰州大学,2006.

（四）自我确认

受众对来自媒体平台的信息还具有自我确认效用。受众可比对媒介信息，从而进行自我参照，在探索现实的过程中实现正确的价值观取向。媒介信息会有自身的内容框架，塑造的人物也同样有血有肉，会代表不同的价值观，因此，受众可通过媒介获取自我考评的参考机制，在自省中完善自我。例如，在爱奇艺自制的综艺《奇葩说》中，持有不同思维向度的辩手围绕一个辩题各抒己见，在不断丰富受众的世界观的同时，推动受众完成系统化的全面自我认知。

二、消费者需求

受众的媒介素养是随着社会信息系统的进步而不断完善的。互联网的出现，使受众以个体的身份广泛而深入地参与信息传播的活动，公众的自我意识得到了觉醒，对传播内容有了自己的判断，[1]传播需求也不仅满足于以上四种基本需求，而向更高阶的需求迈进。主要包括以下两种：高质量的个性化需求以及丰富的多样化需求。

（一）高质量的个性化需求

日益扩张的媒体渠道以及充裕的网络空间培养出了一群主动且挑剔的用户，他们不再被动地接受媒介传递的任何信息，而是有选择性地、有偏向性地寻找自己愿意接受的信息。在智众时代来临之时，高质量的内容正是媒体汇集用户注意力的关键。对媒体产业来说，接续供应的优质内容是市场竞争环境下媒体品牌的核心竞争力，也是媒体行业持续繁荣的基本生存法则。除此之外，当前受众存在分众化的趋势。从人口统计学的层面来说，受众属于不同的年龄、阶层，也拥有不同的学历；在社会群体归属层面，受众又分属于不同的家庭、单位，每个人都具有各自的心理特征，都是独一无二的。完全不同的经历背景决定了分众不是同质人群的集合体，而是具备社会多样性的特殊个体，对媒体的信息要求也千差万别，存在个性化的需求。

---

[1] 包国强，黄诚，厉震安.智众时代："智众传播"的特征及其未来发展趋势——融媒体背景下基于受众与媒体关系根本性变革的思考[J].新闻爱好者，2021(1)：15-19.

第一，为了实现用户对媒体信息的这一需求，媒体应该明确"内容为王"意识。在互联网技术的冲击下，媒介的环境和格局已经发生了深刻的变化，"渠道为王"的论断开始失灵，"内容为王"成为媒体发展的生存之本。① 传播主体必须打造高质量、专业化的信息内容来塑造媒体品牌的核心竞争力。一方面，要求传播主体合理依托现代信息技术手段建立个性化的顾客服务体系，对用户进行细分，②在精准满足用户需求的同时，大大节省企业的营销成本。当前，算法推荐等精准推荐技术可谓"今日头条"等商业媒体的标配，传统主流媒体也在逐步进行尝试，例如，《人民日报》新媒体中心就首创加入主流媒体价值权重的党媒算法，以提高受众对新闻平台的"用户黏性"。除此之外，为实现受众细分下的精准传播，媒体应该依据平台特点，进行内容的差异化传播，以最大限度地满足不同用户需求。例如，传统媒体的目标受众大多是需要尽快掌握准确"硬新闻"的公众，因此其传播内容应强调时效、准确等传统新闻价值；而微博作为集合用户观点和意见的社交广场，③内容就应以互动的形成呈现，并辅助微博话题等议程设置方式扩大影响力。另一方面，要求职业化以及非职业化的传播主体发挥专业主义的精神，④在信息生产与传播过程中遵守相应的伦理道德与法律法规，在确保信息内容的真实性和准确性的同时，进一步扩展信息的广度、挖掘信息的深度，深耕智能技术还无法深入的领域，⑤为受众提供兼具人文关怀与新闻价值的信息产品。

第二，媒体需要加强与用户的互动，在互动中明晰受众的取向，在监督中实现自身信息质量的提升。施拉姆指出，在传媒社会责任的履行中，媒体应该承担一个中心责任，克尽应负的使命，而阅听大众以传播动力为主要推动者自任。⑥ 尤其在新媒体赋权，传播门槛的下移让曾经游移在传播权利之外的"沉默的大多数"都成为公共传播场域的主体之时，一方面，受众要谨记自己的权

---

① 包国强,黄诚,厉震安.智众时代："智众传播"的特征及其未来发展趋势——融媒体背景下基于受众与媒体关系根本性变革的思考[J].新闻爱好者,2021(1):15-19.
② 朱仕义.海尔电器农村市场营销创新研究[D].兰州:兰州大学,2013.
③ 郭欣然.Vlog在疫情报道中的应用路径——以央视新闻"武汉观察"系列Vlog为例[J].青年记者,2020(20):48-49.
④ 包国强,黄诚,厉震安."网络失智"：智能传播时代网络舆论监督的"智效"反思[J].湖北社会科学,2020(8):161-168.
⑤ 包国强,黄诚,厉震安.智众时代："智众传播"的特征及其未来发展趋势——融媒体背景下基于受众与媒体关系根本性变革的思考[J].新闻爱好者,2021(1):15-19.
⑥ 赵宇,王雪纯,吴宝俊.大众传媒中科学传播者的整合构建和社会责任审视——以大型科普节目《加油！向未来》为例[J].科技导报,2019,37(2):100-103.

利意识,对于在互联网上呈现的信息,牢固怀疑认知心理,多方面核实信源,拥有质疑、反思的思维向度,以高度的媒介鉴赏素养敦促媒介平台边缘化低质量的信息传播。另一方面,用户应以自身的"消费者"角色倒逼媒体扩展互动渠道、透明化传播途径,以实现传播平台营收与公民信息需求满足的双赢。

(二) 丰富的多样化需求

技术的发展、媒介素养的提升让消费者日益青睐更丰富多元的媒介产品。人们的需求与供给基本是匹配的,冰冷城市带给人们的冷漠感催生具备互动属性的新闻呈现,而身体在传播中重要性下降带来的空虚感也倒逼以"具身传播"为代表的"具身性"研究应运而生。无论是受众自我权利意识的不断膨胀,还是媒体融合转型过程中的"沉浸体验""场景互动""界面可触"等新闻实践,都让新时代的受众渴望体验更丰富多彩的媒介形式,以满足都市图景中人们的交流欲望、身体在场等本能需求。

当下,读图时代已经来临。在受众注意力逐渐碎片化的情况下,媒体过去着重深度的报道大多被图像取代,图像传达出的清晰的信息在一定程度上确实比繁杂的文字更易被阅读,且图文并茂的写作方式也是满足用户需求,赚取媒介自身注意力的方式。但我们需要警惕,图画形式可能会培育受众的惰性思维,眈于耳目之欲,而疏于深度思考。因此,媒介需要善用图像,以一目了然的图像、深度的文字见解以及简洁明快的视频,合理传达清晰明朗的新闻信息。

当下,强化互动是传媒的未来。受众的媒介接触虽已成为常态,但受众对某一媒体的长期稳定使用才是媒体发挥自身职责,获取经济营收的前提。除了信息内容本身,内容呈现的形态也是吸引受众注意力的一大方式。近几年流行的新闻对话机器人就证明了互动对新闻呈现的影响力与适配性。其摆脱了过去单向式的新闻灌输,凭借完全类人的聊天程序设置,在给予人亲切感的同时,引起人的情感认同和聊天欲望。基于原生聊天界面开发的机器人,能建造一个完全日常的虚拟聊天环境,帮助用户直接进入"聊天"的情境,深入新闻互动。[①] 例如,机器人微软小冰上知天文、下知地理,用户可以针对新闻事件中

[①] 王晓培,令倩."聊新闻":新闻对话机器人对新闻分发方式的再定义[J].现代传播(中国传媒大学学报),2017,39(12):166-168.

的各种要素进行提问,其能快速地给出回答,将用户与新闻链接成"你问我答"的趣味互动,广受用户好评。

当下,身体在场是大势所趋。科技的发展不断剥离着人类身体与传播过程。电报电话取代了面对面交流后,人们与精神对话的热情被大大激发,而当人类步入大众传播时代后,交流中的幽灵性达到了前所未有的程度,身体缺席的焦虑也与日俱增。[①] 当前,智能手机催生的人体与机械的接触、VR等沉浸式技术发展之下的人机相融,都使技术与人体的关系越来越紧密,甚至成为人体不可或缺的组成部分。媒体产业要树立"具身"思维,谋求更具温度感、人情味、科学化的技术具身,从而实现身体在场式的信息传播。

第三节 传媒与员工

传媒员工,从广义上来说,是指与传媒组织建立了一定人事与劳动关系的人员,其他无固定职业,但为传媒写作的自由撰稿人也应位列其中。[②] 其主要包括从事采集、写作、编辑、分发、广告等新闻生产过程的传媒工作者,以及合理配置传媒企业现有资源,使其发挥最大生产效率的传媒企业领导者。[③] 作为传媒产品的生产者以及与企业利益休戚与共的内部人员,传媒员工是与传媒关系最为亲密的利益相关方。

一、传媒与员工的关系

公司不仅是股东的公司,而且是员工的公司,员工应该把自己的追求融入公司的长远发展之中,只有通过公司的发展,才能体现出员工个人的价值。[④] 员工是属于传媒的员工,他们需要遵守所属传媒组织的规章制度,以忠诚的服务获取自身的劳动报酬,从这一维度上来说,传媒与员工是组织与组织人的关系。此外,传媒为抱有新闻理想的员工提供了工作机会,为他们实现自我价值

---

① 刘海龙.传播中的身体问题与传播研究的未来[J].国际新闻界,2018,40(2):37-46.
② 金志芳.媒体从业人员工作特征对工作满意度的影响[D].广州:华南师范大学,2007.
③ 包国强,李良荣.传媒企业核心竞争力的提升策略[J].中南财经政法大学学报,2007(3):72-75.
④ 孙怀富,董发鹏,刘蔚.考虑企业生命周期的软件企业文化形成过程研究[J].商场现代化,2006(21):223-224.

提供了支持,也带来了成名的想象和实现社会价值的潜力,而员工的辛勤劳作能给传媒带来社会名望以及经济收益,并提升传媒的公信力,成为极具影响力的社会组成部分,那么,传媒与员工的关系就不仅是简单的"雇佣与被雇佣",两者之间是共担利益与风险、同舟共济的平等合作关系。

(一) 组织与组织人

1. 新闻传播组织与组织传播

所谓组织,是指人们为了实现某种共同目标而成立的成员之间彼此协调与合作的社会团体,其具有以下特点:社会分工专业化;岗位责任制和职务分工;组织系统的等级制或阶层制。任何具有一定规模的营利或非营利企业都具备组织形式,体现出平行化、垂直化的特征,传媒也不例外。首先,岗位细分化是行业发展进化的标志,新闻传播机构在走向成熟之时,会将各个领域的新闻人才分属于不同部门,实现其专业特长的最大化,以促进媒体高效且高质运行。例如,在澎湃新闻的App中,一个个栏目就根据不同的维度领域,例如经济、科技、社会、政治等,聚合成为不同频道,组成规模庞大且分类清晰的订阅池,[1]受众可以根据自己的需要精准获得由不同类型记者采写的高质量报道。其次,在高度细分化的不同岗位背后,也存在一个成体系化的垂直组织层级,其是指从最高的直接主管到最低的基层具体工作人员之间所形成的层次,[2]是维持一个有秩序的组织所不可或缺的管理制度。在传媒内部,编辑管理记者,记者扶持通讯员可以说是自上而下传递媒介精神,产出高质量新闻作品的良好途径,也是构成成熟健康的组织传播的必经之路。

组织传播,就是指组织中的成员、机构与外界环境展开的信息传播活动,主要表现在以下几个层面:第一,组织集体制定的目标、方针、政策等自上而下地传播;第二,下级员工向上级部分反映工作情况,并提出相关建议;第三,各个部门的同级员工进行沟通与交流。为实现新闻传播组织的稳定运行,良好的组织传播必不可少。新媒体时代,瞬息万变的传媒环境给传统的组织传播带来了变化,技术的变迁改变着传媒形态,也影响着组织内管理者与员工以及员工之间的相互关系。

---

[1] 席松筠,李俊萱.移动新闻客户端是大数据时代的产物[J].新闻研究导刊,2015,6(12):85-87.
[2] 吕振兴.国有控股上市公司董事会非正式层级与绩效关系研究[D].济南:济南大学,2017.

2. 变革中的组织传播

传统的组织形式由"金字塔式"变为了"平行网络式"[①]。在传统媒体时代，媒介组织的管理者拥有对信息的单项控制权，且为保证自身的信息权威，常常限制信息的流动。因此，自上而下的信息垂直化导致下级部门员工对传播活动的反作用能力相对不足。但在新媒体时代，各种媒介技术带来了"平机化"，社交媒体提高了普通员工的话语权。在人与人之间可互相连接、易于沟通的情况下，组织信息的传递就减少了必要的层级，不仅大大降低信息到达的失真率，还更加强调上级领导与下级员工之间的理性共识。相比过去由上级领导话语霸权构筑的"金字塔"式传播关系，这种组织形式更分享权力，媒介组织内部的各阶层员工关系更加亲密，组织与组织人的沟通障碍也日渐消解，更有效率、更紧密的新时代媒介组织指日可待。

组织成员之间的交流方式更为高效便利。互联网的一大优势便是把即时通信技术发挥得淋漓尽致，依托这项交流技术，组织成员的交往逐渐在同步时效下走向点对点化，亲密便捷化。组织成员的交往方式嬗变主要包括以下两个方面。首先，其影响了组织内部自上而下的方针贯彻，微信群这类即时通信工具中的聊天群组不仅能方便各个阶层的员工获取实时的工作信息，员工也能在强大的集体归属感中明确自己的位置并激活工作热情，促进组织与组织人的身份同一。其次，同级员工之间的交往方式也发生了变化，线上的实时交流代替了线下的偶然性聚会，不仅能及时地在工作中互帮互助，提高工作效率，还能发展工作场域之外的友谊关系，让人与人之间的关系更加亲密，也更为隐私化。

组织的虚拟化办公在互联网条件下成为现实。新冠疫情隔绝线下交流之时，线上的虚拟办公、教学风靡一时，很多组织都采用这种形式弥补损失，让人们尽量虚拟化地贴近正常生活。虚拟化办公是指，互联网成为一种数字中介，支持员工脱离实体的工作环境开展在家的远程工作，公司的各项协议也通过互联网的实时传递性与员工达成一致，实现公司的有序运转。对员工来说，这项服务节省了员工的部分出行成本，并且富裕了员工的可利用时间，让组织人的集体归属感以线上形式展开，并与疫情之下的家国情怀形成共振。对企业组织来说，其同样节约了生产成本，且在给予自由的同时潜在地激发员工的工

[①] 赖睿棠.新媒体时代为人力资源经理带来的挑战与机遇[J].中国管理信息化,2021,24(2):159-160.

作热情,但目前,线上办公的员工管理层面还存在未解难题,面临技术的势不可挡,组织机构势必会在不断探索中得到答案。

3. 员工的组织责任

员工作为组织的员工,需要对企业的可持续发展负责。首先,作为特殊企业的传媒机构,员工应该遵守国内各企业所达成的员工守则共识,秉承各行业企业对员工的基本要求:遵守国家和地方的政策、法律,遵守劳动纪律以及各项规章制度;增强主人翁意识,自觉维护公司荣誉;员工之间团结友爱、相互尊重保持通力合作,和睦相处;尽忠职守,服从上级领导安排,如有相异见解,应委婉告知;爱护本公司财物,不得假公济私,非因职务需要不得动用公物或支用公款。除此之外,针对传媒机构的文化属性、公共属性以及社会效益和经济效益并存等独特要素,传媒员工还具有以下责任义务:即不断提升自我的文化知识和专业素养。媒体是具有极大公共性的事物,其议程设置具有的影响力会直接影响大众舆论。因此,传媒员工需要培养自身的新闻敏感、创新意识以及深度思考的能力,在万千信息中筛选有价值的新闻信息;坚守新闻专业主义精神,以满足行业法律法规界定范围内的产品质量要求,并向更高维度的内容质量进步;秉承"贴近生活、贴近群众、贴近实际"的"三贴近"原则,[1]在深入基层人民群众中生产出高质量的新闻作品,增强自身与传媒企业的社会声誉,发挥其促进社会进步的新闻职能;紧跟技术和用户需求,依托技术获取用户的偏好,尽可能满足分众化的受众要求,促进自身的可持续发展,成为新时代无法被替代的传播者。

(二)相互依存的平等合作关系

传媒与员工关系紧密,利益、损失共享,处于相辅相成的良性循环中。首先,传媒员工是传媒企业社会效益和经济效益的主要贡献者。具有一定新闻敏感、新闻专业主义的传播者将真实可信的内容或创意十足的节目呈现在受众面前,赚取受众的注意力,进而卖给广告商,或者直接被受众消费,进而创造经济效益。而传媒对主旋律的弘扬,对高质量作品的推广,也会在潜移默化中获取受众和社会的认可,成为无形的社会资产。其次,传媒经济收益的增加能为员工的报酬提供上升空间,而社会效益和经济效益的提升也会倒逼愈来愈

---

[1] 张萍.网络小说改编热潮中我国电视剧的迷失[J].学术评论,2017(3):66-71.

高的行业规范,员工的技能、职业要求也会同步提高,"人的完善"这个传媒组织的终极目标达成指日可待[①]。传媒与员工处于"高质量的员工成就高质量的媒体,高质量的传媒造就高质量的员工"这样的平等进步关系中。

传媒与员工具有同质的追求方向和目标,是平等的合作关系。首先,传媒与员工之所以发展为雇佣关系,就说明企业的理念契合了员工的需求,两者本就因为相同的文化而成为一体。其次,在传媒发展与员工工作的过程中,两者也拥有一致的社会目标,即为受众服务、促进社会进步。在技术不断赋能传媒作品,带来丰富多彩的媒介形态的当下,如何创造优质产品内容、如何创新信息表现形式、如何更细致地触及社会脉搏、如何满足用户的多元需求已经成为媒体和企业员工亟待解决与探索的问题。普利策曾将新闻工作者比作社会这条大船上的"瞭望者"[②],意指新闻媒体要对社会前进中的障碍有所警觉,并提醒公众关注危机要素,为社会大船的平安前行保驾护航。为实现这一职责,不仅需要传媒员工培养负责任的态度、理性的逻辑和冷静的思维,[③]还需要传媒组织具备长远的眼光,并辅以相应的规章制度促进传播行为的合理运行,两者需要在合作中指引社会大船向美好的未来前进。

二、工作场所中的员工

(一) 知识型特征呈现

彼得·F. 德鲁克(Peter F. Drucker)曾预言 21 世纪企业之间生产率的竞争即是知识的竞争,的确,随着知识经济的不断发展,我国已进入经济发展"新常态"阶段,[④]无形资产对企业核心竞争力的形成具有决定性的作用,而知识型工作者即是企业无形资产的主要创造者。德鲁克率先提出知识工作者概念,其将知识型员工界定为掌握和运用符号或概念,利用知识或信息工作的人,[⑤]

---

① 石姝莉,周菲.传媒业知识型员工工作幸福感对创新绩效的影响机制研究[J].现代传播(中国传媒大学学报),2018,40(2):62-68.
② 包国强,黄诚,厉震安.智众时代:"智众传播"的特征及其未来发展趋势——融媒体背景下基于受众与媒体关系根本性变革的思考[J].新闻爱好者,2021(1):15-19.
③ 井春野.从南方雪灾事件看媒体在突发事件报道中的责任缺失[J].新闻知识,2008(5):27-29.
④ 任园园."新常态"下知识型员工的高效管理途径——以广播影视行业为例[J].经营与管理,2018(11):69-71.
⑤ 杨漫.中小企业新生代知识信息型员工的非物质激励[J].电子测试,2013(12):20-21.

一般指企事业单位中的中层以上管理者以及专业技术人员。① 随着文化产业等依托知识的产业迅速发展,工作岗位的不断细分化,当前知识型员工的概念已突破管理者,外延朝着掌握一定的专业知识、运用知识进行工作的工作人员转换。

文化产业完全不同于以实体资源为核心的制造业,其是以创意为核心的内容生产者,其凭借知识生产创造信息产品,影响公众对社会的认知。而拥有创造能力,并以知识为载体进行传媒产品价值生产与增值的新闻工作者即具有明显的知识型员工特征,并对传媒企业的可持续发展起着关键作用。首先,传媒知识型员工一般具有较高的专业素养。其通常接受过系统的学院学习或者长期的专业训练,是脑力劳动的执行者,能够将"四力",即笔力、脚力、眼力和脑力这四个新闻传播者的原则要求结合为有机的整体,在深入基层,扩展视野的基础上呈现文风精炼且具有思想深度的优质作品。其次,传媒知识型员工一般具有跨学科意识。新闻题材大体上可分为政治新闻、经济新闻、体育新闻、民生新闻等,涉及社会各领域的新闻报道要求传媒员工在掌握新闻这个基础学科的同时,融会贯通其他学科背景知识,成为新闻全才。再次,传媒知识型员工还具有较高的主观能动性。其生产知识的过程并不同于简单的流水线作业,而是在灵活宽松的氛围中不断激发自身潜力的。此外,知识型员工由于不断地了解吸收新的知识和新的技能,其也具备较高的流动性,对某一职业的忠诚度会大于对某一企业。

(二) 新媒体语境下的传媒人转型

当下,传媒生态的剧烈变革,让传媒人的身份转型成为一个显性议题。据猎聘网与有闻记者之家联合发布的《媒体人转型数据报告》显示,近一半的传媒人不是已经转型,就是正在转型的路上。② 面对新媒体的来势汹汹,传统传媒人体现出以下两个趋势的转型:一方面,传媒人呈现泛职业化,由"单一"角色走向"复合"角色。正如张志安所言,当下传媒人的身份和角色正在逐渐泛化,既是内容采集者,也是产品创意者;既是专业媒体的从业者,也是自媒体的实践者。③ 传统传媒机构的生产链具有严密的分工,记者、编辑往往各司其职,

---

① 宋良荣,苏少华.论知识型员工的精神薪酬激励[J].现代管理科学,2010(2):17-19.
② 刘旸.无边界职业生涯:技术驱动下传媒人职业转换的多重路径[J].编辑之友,2020(9):89-93.
③ 陈立敏."跨越山河大海"?:媒体人职业转换中的角色冲突与调试[J].新闻记者,2019(7):50-57.

合作生产新闻作品。而在网络数字传播时代，为实现新闻的较高竞争力，诸多的传媒岗位都要求传媒人同时承担多重角色，采编一体化的记者成为主流，文字功底、视频剪辑、图文编辑实力兼具的综合传播者也成为传媒企业青睐的首选对象。另一方面，传媒人开始从"新闻理想者"向"兼顾市场方"转变。中国历史上长期受儒家文化财轻义重的熏陶以及"文人论政"的传统，都让传媒人更多地继承了知识分子的文人气质，天然具有改变现实和社会的理想主义色彩。但随着媒体作为市场主体的确立，满足用户需求、抢占市场份额以实现平台的可持续发展不得不成为传媒人考量的要素。

（三）人才资源整合策略

面对新媒体带来的传统传媒人职业转换危机，以及人工智能对部分人的权力的让渡带来的新闻工作者岗位面临退场危机，作为掌握主观能动性的新闻人，首先要接受这不以人的意志为转移的客观趋势，承认新技术给传统新闻业带来的变革，从而理性定位自身角色以适应新兴新闻业态。在我国的人才培育较为单一的背景下，传媒人需要充分发挥自主学习能力，提倡一专多能的角色特征，不断提升创新意识。除此之外，在传媒员工资源的合理整合以实现利益最大化的过程中，传媒管理层的角色更为重要。

第一，塑造"传媒职业经理人"精神。不是所有的传媒企业领导者都可以被称为传媒职业经理人，只有能对经济环境做出创造性或创新的活动，对传媒企业发展有实质贡献的传媒企业领导者才是传媒职业经理人。[1] 在传媒企业人力资源的合理配置过程中，传媒管理者塑造自身的"传媒职业经理人"精神必不可少。其实质就是创新和承担风险，凭借自己的创造力和统率力，判断市场变化趋势，实现生产要素组织化，促进传媒企业的稳定向前发展。[2] 因此，传媒管理者需要创造宽容的文化氛围，建立鼓励创新的机制，形成有益于塑造传媒职业经理人精神的价值体系或者诱导信号，即社会公认的对不同部门、不同领域、不同个人的评价标准所组成的有机体系。[3] 其能在潜移默化中规范员工的行为，促使人们各司其职、各尽其责，[4]并能以体系化制度和领导者个人魅力

---

[1] 包国强.市场经济条件下传媒企业核心竞争力的提升[J].编辑之友，2008(2)：46-48.
[2] 钟意，石莉萍.整合人力资源，提升电视传媒企业核心竞争力[J].湖南大众传媒职业技术学院学报，2009,9(4)：54-56.
[3] 张强.中麟广告公司核心竞争力发展与对策研究[D].长春：吉林大学，2007.
[4] 包国强，李良荣.传媒企业核心竞争力的提升策略[J].中南财经政法大学学报，2007(3)：72-75.

促进健康的传媒机构奋发向上的价值观的形成。

第二,加强对传媒员工的培养教育。《传媒行业人力资源状况调查统计表》显示,传媒业有独立的人力资源部的占 70.6%,这就意味着许多媒体已然将人力资源置于企业长足发展的重要位置[1],但各传媒企业在对员工的职业目标培育、形塑企业员工一体化层面仍是空白。"重使用、轻培养"是当前传媒行业的大势所趋,传媒企业大多重视人员之间的相互竞争以筛选过滤优质人才,却忽视了对员工的培养,这无疑会制约传媒人才的能力施展空间,也给传媒企业的目标实现设置了障碍。当前传媒企业已突破过去部门间各自为政的管理模式,而被更多地视为一个整体系统,各部门、各员工均是系统的组成部分,是共同完成企业目标的一分子。除此之外,互联网助推传媒企业内部门分工走向模糊,企业的运作已突破过去传统形态,各部门同时启动、协同作战才是大势所趋。针对以上传媒业新趋势,管理层要加强对传媒企业员工的培养教育,激发人的潜能,合理善用人才,将工作人员放置到最合适的位子上,最大限度地发挥其天赋和才能;[2]管理层要尽快培育传媒人的团队合作意识以应对当前传媒工作的新势态,高效地促进团队生产;管理层也要定时开展技能培训,在培养员工创新能力的同时,促进员工的全方面发展。

三、传媒对员工的责任

传媒与员工处于相互依存的循环关系中,即员工的勤劳工作会助推传媒企业的快速发展,而传媒企业的良性运行也会激发员工的工作热情,两者间的亲密关系要求双方彼此对对方负责。在员工为传媒企业发展提升自我的同时,传媒企业应该肩负起对员工的责任,以此培育两者间的黏性,促进共同进步,互利共赢的良好传媒生态。

(一)长远的战略规划

长远的战略规划是传媒企业为员工负责的首要途径。尤其在媒介环境日新月异,员工亟需宏观层面的正确导向之时,传媒企业需要不停锻造自身对环

---

[1] 文崇坚,苏勇.传媒员工职业生涯探析[J].人力资源管理,2011(3):128-129.
[2] 包国强,李良荣.传媒企业核心竞争力的提升策略[J].中南财经政法大学学报,2007(3):72-75.

境的敏锐感知,并提升对环境变化的适应能力。首先,传媒企业要始终保持对行业的自我感知,紧跟行业发展的最新态势,在加强对信息的分析和处理之后,精准定位自身角色。这有利于传媒企业有效应对外部环境变化,并找到自身优势以谋求差异化发展道路,确定企业与员工的未来发展方向。其次,传媒企业要具备大局观,树立企业发展的长远战略意识。传媒企业不应拘泥于短时期内的媒体环境变迁,而要在变幻莫测中找寻发展规律,捕捉具有趋势性的有效信息并快速做出相应调整。除此之外,企业应该在政治取向、市场需求以及自身实际情况这三者的平衡点上制订未来发展轨迹,以实现长期稳定的企业发展。

(二) 完善的激励制度

人是传媒企业展开经营活动的最重要构成,激励制度即是作用于人,能极大提升员工工作自主性的制度。其主要包括四个层面的基本内容:按劳分配;按资分配;给员工创造宽松的工作环境,包括职位提升、荣誉称号、精神鼓励等;员工培训。前两项属于"硬件",是企业必须具备且按规定执行的部分,后两项属于"软件",具备一定灵活性,也是促进员工工作热情激活的主要因素。它们共同组成了激励制度的不可分割的有机体。[①] 首先,传媒企业要齐全制订分配制度规范,让员工以及组织有章可循。其应该包括:制订权责分明的员工守则,让员工对任一职位有较为明晰的认知;结合岗位与工作强度合理制定不同岗位的基础工资以及额外工资,并按照发放时间等规定严格执行;涉及分配的各项制度规定应该公开化透明化,通过组织内部的公开小组确保分配过程的科学性、合理性。

其次,传媒企业应创新组织管理模式并建立灵活的绩效分配方式。互联网的应用使得高效的扁平化组织模式渐成趋势,信息的高度流通解决了过去层级繁缛、效率低下的缺陷,也加强了组织与员工之间的交流,密切了互相关系。传媒企业需减少不必要的组织层级,并建立云办公等线上软件,依托技术手段了解各岗位员工的工作、生活,从而拉近组织与员工的距离,给员工营造良好的家庭氛围感。除此之外,适当的物质、精神奖励能极大地促进企业员工的工作积极性。中国人民大学劳动人事学院的统计调查显示,经济压力是促使员工主动离职的一大重要原因。在我国的媒体环境中,"资深"的媒体人易

---

① 李品媛.论企业核心竞争力[D].大连:东北财经大学,2002.

在过重的职业压力以及晋升空间狭窄的人事氛围中受挫,最终走向转行。因此,依托科学手段制订的包括升职、物质奖励等在内的激励制度不仅能促进员工自身的工作热情,促进企业员工的忠诚度,也能实现公司内部的良性竞争,促进效率和质量的双赢。尤其在当下,以工作室为代表的一众与以往组织框架不同的媒体形式不断涌现,这种更偏向市场的组织显然已无法匹配传统的分配方式。因此,传媒企业应给予这些团队更大的灵活性,以公正为基础创造更科学的绩效分配方式。例如,湖南卫视对工作室制推出的头部创作者分享高比例创收红利的政策就值得借鉴。[1]

(三) 以人为本的发展策略

传媒企业员工是传媒企业的主体。因此,传媒要坚持以人为本。传媒应落实"以人为本"的企业理念,在考虑组织权威、集体利益的同时,满足互联网时代下成长起来主动性较强的员工,在秉承"尊重、理解、平等"的企业原则基础上,重视员工的个人需求,在心理、生理、专业技能、职业规划等多方面对员工负责。

第一,积极的员工心理作为一种无形资产,能对员工工作乃至企业的总体发展起重要作用。路桑思(Luthans)等(2004)提出心理资本这个概念,其包括希望、信心、乐观和韧性,是一种与社会资本和人力资本同等重要的资源。心理资本是一种积极因素,代表员工应对挑战时的适应能力,并能通过培训提升。[2] 因此,传媒企业要不断地为员工开展心理咨询和教育,增强员工对自我的信任,对企业的归属,以促进员工与企业间的相互服务。

第二,传媒要保障员工的人身安全。传媒业相比其他行业具有一个明显的特殊性,即员工可能遭受人身威胁。媒体内工作的员工由于有成名的可能,也就同时面临出镜或是真实名字出现在台前的危险,而传媒的公共性也会积聚部分最终可能会发泄到传播者身上的愤怒。这导致记者遭受袭击,甚至遭遇生命危险的风险大大提升。因此,传媒企业应该要对员工进行行业教育,告知部分风险,以指导员工对症下药,将伤害减小到最小。除此之外,传媒企业

---

[1] 闫娜.全媒体时代广电传媒集团组织韧性的提升路径研究——基于组织韧性理论的视角[J].新闻爱好者,2021(3):88-90.
[2] 闫娜.全媒体时代广电传媒集团组织韧性的提升路径研究——基于组织韧性理论的视角[J].新闻爱好者,2021(3):88-90.

选题、审核环节就尽可能全方位地预知威胁,以源头规避风险的方式阻隔可能的危机。

第三,传媒行业是聚集众多思想的智慧性行业,有太多的创意想法在此激荡,具有极大的灵活性、不可控制性。因此,传媒企业应该在纳入员工以及员工的发展过程中,都提供一定的专业素养以及职业生涯引导。在招聘阶段,传媒企业应该明确自身的人才需要,严格选择与自我发展相配的员工,并为其他应聘者提供相应建议,促进全行业的高质量发展。在员工入职后,传媒企业要将员工技能培训置于入职第一环,在一段时间的职业指导后为传媒企业提供专业人才,实现员工自身的快速适应以及企业的正常运行。而在员工进入工作正轨之后,企业应适配一些行业导师给初出茅庐的员工,为员工提供一些工作和生活困惑,指导其进行良好的职业生涯安排。同时,不定时地对员工的业绩进行考核,并对应相应的惩戒措施,在工作的各个阶段为员工的职业发展负责。

第四节 传媒与社区

中文"社区"一词是中国社会学学者在 20 世纪 30 年代自英文翻译而来,当前,社会学界对"社区"概念尚无统一的定义,但在构成社区的基本要素上认识基本一致,普遍认为一个社区应包括一定数量的人口、一定范围的地域、一定规模的设施、一定特征的文化以及一定类型的组织。[①] 由于与地域相联系,社区的地域属性明显,指"聚居在一定地域范围内的人们所组成的社会生活共同体"。[②]

传媒与社区具有紧密的关系。以城市或其他地理界线为分割线的"社区"是传媒的一大服务对象。社区作为若干社会群体或社会组织在某一领域内的大集合,可谓社会有机体的重要组成部分,传媒在"全社会范围内传递有价值的信息,以满足公民的日常生活以及其他合理需求"的社会功能同样涵盖社区范围。从这一维度上说,社区与受众一样,都是传媒积极重要的利益相关方,即传媒能为社区发挥积极影响,促进社区发展。

---

① 朱玉.3 种不同社区的邻里关系演变[EB/OL].(2021-09-19).https://baijiahao.baidu.com/s?id=1711339155513606337&wfr=spider&for=pc.
② 张春伟.当代中国社区孝德教育研究[D].太原:太原科技大学,2016.

一、传媒对社区的影响

在大众传播的研究历史中,对媒体角色的研究多围绕大众传播的功能展开。传播学的奠基人之一拉斯韦尔在1948年发表的《传播在社会中的结构与功能》一文中,①将传播的基本社会功能概括为以下三个方面②:一是环境监视功能即人们利用传播及时监控、了解、把握并适应内外环境变化,保证自己生存和发展需要;③二是社会联系与协调功能即传播有助于社会各组成部分之间的联络、协调和统一,以有效适应环境变迁;三是社会遗产传承功能即传播是保证前人经验、智慧、知识等社会遗产代代相传的重要机制。④ 随后,在继承拉斯韦尔"三功能说"的基础之上,赖特(Charles Wright)结合大众传播的发展创新性地提出了传播的娱乐功能;拉扎斯菲尔德、默顿则更具批判性地提出了传媒通俗娱乐和表层信息给社会带来"麻醉作用"的现实影响。虽然不同学者对传媒功能的研究侧重点有所不一,但大众传媒的社会角色内涵大体相同,都具备信息传递、知识推广、舆论引导、娱乐提供等内容,而相对应的,大众传媒给社会带来的影响也都类似,包括信息知悉、知识收受、共识培育以及享受娱乐等。

社区作为社会的一大缩影,传媒对社区的影响也涵盖以上社会影响,即媒体为生活在社区内的受众传递世界范围内的新近事实,满足受众对与自身利益相关信息或是感兴趣信息的知悉要求;媒体为社区受众提供文化知识,在丰富居民知识储备的同时推广传统文化和社会规范;媒体还通过公共服务为受众提供生活帮助,丰富人们的日常娱乐生活。随着媒体不断地介入,国家治理现代化取得了良好成果,社区又具备明显的区域性以及基层特征,日益成为社会治理、国家治理的重要环节,传媒对社区的影响也日渐以媒体参与基层社会治理的形式呈现。

2016年10月9日,习近平总书记在主持中共中央政治局第三十六次集体学习时指出:我们要加快推进网络信息技术自主创新,也要加快用网络信息

---

① 王雅君.健康养生类电视节目对老年受众的积极引导研究[D].郑州:郑州大学,2014.
② 郭长虹.营造人文网络环境,促进校园文化发展[J].吉林体育学院学报,2011,27(3):136-137.
③ 吴秀娟.新闻报道的亲和力研究[D].长沙:湖南大学,2012.
④ 刘涛,钱钰.影视传播与"活化"文化遗产——以社火题材电影为例[J].传媒,2015(18):75-77.

技术推进社会治理。其揭示了我们要尽快采用新媒体实现社会治理方式转变的迫切性。① 事实上,自党中央提出国家治理现代化的目标以来,媒体早就以实践证明了其在基层社会治理环节中的不可替代性。例如,诸多媒体都开放了政务新媒体渠道,拉近了政府部门与群众之间的距离;县级融媒体更是以基层县级城市社区为中心,综合了媒体的新闻媒体、政务服务、生活服务等多功能,②打通了政府与民众之间的"最后一公里"。

(一) 组织社会对话

2017年,党的十九大召开。习近平总书记在党的十九大报告中明确提出:"打造共建共治共享的社会治理格局"③。这是社会治理现代化的核心要义,而这一目标必然涉及政府、基层居民等在内的多元主体。当下,部分互联网公司凭借技术优势和高到达渗透率,培养了一众忠诚度高、富有黏性的用户,④在一定程度上分流了传统媒体的用户和收入,传统媒体的发展举步维艰。但由于具有社群思维、在地优势,再加上国家对县级融媒体项目的大力支持,曾经处于"四级办"神经末梢的地方媒体大放光彩。因此,在谋求基层社会价值共识的过程中,地方媒体占主导地位,发挥着自身组织社会对话的功能。

第一,地方媒体具备在地优势,其对地方焦点的介入能极大地沉淀用户,盘活粉丝经济的优势,激活当地用户对社区建言献策的参与度。麦库姆斯和肖提出大众传媒具有议程设置的功能,其虽然不能决定人们对某件事情的具体意见及看法,但可以通过提供信息和安排相关的议题来左右人们关注某些事实和意见。⑤ 社区是最契合人的群居本能的存在,居住在同一片地域的公民不仅具有相似的生活半径,心理上也存在接近性引发的亲切感。地方传媒设置的议题能提升居民对社区的归属感,也能促进居民对公共议题的讨论参与度,能在民众内部形成强大的民主商议氛围,谋求广泛的社区共识。

第二,日益活跃在社会治理领域的政务新媒体平台也在社会有效对话中发挥巨大效用。其作为各级行政机关职能在媒体的延伸,是政府机构与公众

---

① 丁和根.媒体介入基层社会治理的现状、角色与维度[J].新闻与写作,2021(5):5-13.
② 泥前进.玛纳斯县融媒体中心建设的探索与实践[J].中国有线电视,2020(8):892-893.
③ 陈慧娟.打造共建共治共享的社会治理格局——党的十八大以来加强和创新社会治理述评[N].光明日报,2018-12-05(03).
④ 薄馨侠.社群经济视角下微信自媒体盈利模式分析[J].纳税,2019,13(27):228+231.
⑤ 丁柏铨.新形势下舆论引导的两个问题辨析[J].南京社会科学,2009(4):43-49.

间的桥梁,一面促使政府了解民生,一面为受众获得参政议政机会、获取政府公开信息提供了渠道。地方政务媒体往往以接地气的表达方式,摆脱以往传递政府时的说教灌输,在倾听大众声音的同时传递政府话语,真正实现媒体"政府和人民的喉舌"功能。政府和公民通过新媒体平台的双向交流能极大地促进交流效率,形成有效的社会对话。

第三,社会对话的主体不限于公民与政府,作为中介的媒体亦是重要主体。虽然县级媒体无论是内容产能还是资源都无法与中央、省级媒体匹敌,[①]但不同层级间的媒体可以相互协同,形成垂直向度上的技术、渠道、人才等资源上的共享,在互通有无中学习优秀经验,反哺社会对话的有效进行。

(二) 缓和社会冲突

我国目前还处于社会转型期,人民群众在安全、教育、医疗、养老等层面还存在不少问题,社会矛盾和冲突暗流涌动,而媒体可以在一定程度上缓和社会冲突。

第一,媒体对社区群众的深入能聚焦大众对某一社会问题的关注,从而发挥媒体影响力助推相关策略的实施。社区是人群在一定区域内的集合体,也是党对于媒体提出贴近实际、贴近生活、贴近群众"三贴近原则"[②]要求的良好实现地。如果媒体能够放低姿态,主动深入居民,与社区居民打成一片,并在此过程中了解民众相关的信息需求,积极反映群众的利益关切,不仅能获得民众信任,实现经济效益,还能助推相关问题的快速解决,实现社会效益。

第二,媒体具有舆论引导功能,能应对各种类型的舆情危机,促进价值共识的形成。在社区这个范围较狭窄的特殊场域,媒体的舆论引导功能更为突出。舆论是公众对于特定的社会公共事务公开表达的基本一致的意见或态度,[③]其在相对封闭的空间能更快速地形成。[④] 而社区可谓是天然的舆论场,生活在同一片区域的居民容易互相影响各自的看法,较为亲密的关系结构也更容易引发沉默的螺旋现象,导致舆论的快速生发。尤其在新媒体环境之下,匿名性、分散性等各种网络特质,使得舆论有了更大的表达空间,舆论引导难

---

① 崔政怡.媒介生态学视域下县级融媒体中心主要模式的观察研究[D].北京:中国社会科学院大学,2020.
② 潘红红.办好农业节目重在贴近性[J].青年记者,2012(11):36.
③ 李晓静.新媒体时代突发事件舆论引导与媒体责任[D].长春:吉林大学,2011.
④ 胡洋.公共危机传播中的媒体研究[D].武汉:中南民族大学,2012.

题频发。① 针对中国转型期内波澜起伏的舆论环境,政府和媒体需要通过对有关信息的组织、选择、解释、加工和制作来影响公众舆论的耗散状态,进而促使其朝着自己所希望的方向发展。② 社区凭借相对可控的范围成为舆论引导的良好场所,在这一相对集中的公民场所,令人信服的媒体信息经由社区意见领域的传播,就能形成大范围的相似讨论,从而形成相对一致的共识。因此,媒体应该在敦促社会矛盾的合理解决后,善用舆论引导这一大众媒体功能,正确引导舆论,缓和精神层面的社会冲突。

二、传媒社会责任与社区发展

2013 年,中共十八届三中全会在《中共中央关于全面深化改革若干重大问题的决定》中指出:"全面深化改革的总目标是完善和发展中国特色社会主义制度,推进国家治理体系和治理能力现代化。"这是党中央第一次在正式文件中提出"社会治理"。在我国广袤的地理范围内,基层社会治理是社会治理的重中之重,③也是国家治理的有机组成部分。我们只有从基层社会出发,根治社会问题,才能分阶段地达成国家治理现代化的宏伟目标。

社区作为基层社会的代表性区域,社区的发展推动社会的进步,进而实现国家层面的现代化目标。社区发展可谓国家治理进程的关键一环,而在这一过程中,媒体发挥着不可替代的作用,以社会效益优先的传媒产业能极大地推动社区发展。

(一) 助力社区治安

基层社区的治安是国家稳定发展的基石,互联网 2.0 时代的超强连通性,以及媒体的影响力为媒体与以公安为主的社会治安找寻到了连接点。

第一,媒体能够协助公安治安。当前,"科技强警"的标志性工程——"天网监控系统"已经基本成熟,其利用 GIS 地图、图像采集、传输、控制、显示等设备和控制软件满足城市治安防控和城市管理需要,真正实现"天网恢恢,疏而

---

① 希希哥.考前必备 05 | 舆论引导与舆论监督,掌握好这 3 道题就够了! [EB/OL].(2020 - 12 - 05). https://weibo.com/ttarticle/p/show?id=2309404578818248802461.
② 吴童.刍议高校特色官方微博体系的构建[J].湖北函授大学学报,2013,26(11):30 - 31,33.
③ 韩茹雪.基层社会治理面临的现实挑战与时代选择[J].经济研究导刊,2020(27):148 - 149.

不漏",是维护城市治安的强大后盾和重要法宝。①但由于公安部门缺乏广泛的社会影响力,其在警示受众、公布事件进展以及助力抓捕等方面还需要依托媒体的介入。我国部分县级融媒体平台已经可以连通公安机关的天网平台,以便及时掌握所在地的全方位治安信息并与公安部门开展互动,②一方面跟进治安事件的新闻报道,满足社区民众的好奇心、新闻欲并起到警示作用;另一方面发布公安部门提供的犯罪画像等嫌疑人信息,助力案件攻破。

第二,媒体促进对话协商,化解部分纠纷。社区具备的小区域民众聚集特征必然会带来一些矛盾纠纷,其往往涉及日常生活中的人身、经济利益。如果处理得当很可能小事化了,反之,则很可能激化矛盾,甚至上升至诉讼阶段,阻碍社区的良性发展。媒体的参与能很大程度上化解纠纷,其能通过基层信访了解群众纠纷的原因、利益关切,并能凭借自身具有的人脉资源以及权威性,邀请当事人双方、领域内的专家学者共同坐下来,以理性谈论——这一较为温和的方式,呈现多方观点,化解矛盾。除此之外,媒体影响力还能倒逼行政部门出面提出可行的决策策略,实现"社区+媒体"的社会治理模式。

(二) 优化公共决策

媒体作为社区民众与地方政府的中介组织,社会责任的承担大多以政务服务呈现。近年,在中央对县级融媒体中心建设的大力支持下,我国各大县级融媒体中心的普遍架构已基本完成。其作为媒体参与地方政府智慧政务的平台,为公民、政府等参与政务沟通的多元主体打造了自由讨论的平台,能最大限度地体现公民意志,为政府决策的科学制定提供指引。三百多年前的西方涌现出一种新的媒介形式——社区报,可谓是西方报业的独特景观之一。虽然其创办的初衷是为解决自身的经营困境,但在发展的过程中,也对社区的文化形成、社区公共事务起到了积极的建构作用。③当前,部分省级媒体发展了面向基层的新社区媒体,其可被视为社区报的一种变体,在将服务触角蔓延至基层社区的同时,为社区公共决策的更好实施创造了空间。华西社区传媒就

---

① 百度百科.天网监控系统词条[EB/OL].(2020-10-19).https://baike.baidu.com/item/天网监控系统/9506976?fr=aladdin.
② 丁和根.媒体介入基层社会治理的现状、角色与维度[J].新闻与写作,2021(5):5-13.
③ 张刚.传统媒体参与社区治理的模式与困境:以齐鲁晚报张刚大篷车为例[D].济南:山东大学,2020.

以"温暖、互动、实用"为办报宗旨,通过呈现精致的社区新闻、精彩的社区活动以及精准的社区沟通渠道深耕了成都主城区的社区以及二三圈层社区,[①]不仅为社区居民提供便民利民的信息,打通了媒体与公民之间"最后一公里",还为民生诉求提供沟通场域,成为全新的社区主流媒体,在促进社区决策进步的同时还对城市形象有所裨益。

(三) 促进基层民主

基层民主制度是人民参与管理国家事务和社会事务的一种形式,[②]也是社会主义民主制度的一个重要方面。[③] 在以社会缩影呈现的小范围社区内,媒体能为全体居民的民主参与提供渠道。首先,媒体能助力群众监督。在媒体开放的对话平台中,群众能够针对社区事务公开、社区决策实施等提出相关质疑,形成舆论效力,敦促公共机构积极回应民众关切,保证政务的公开与透明。其次,媒体能推动群众参与社区治理。发展传播学中有一个重要范式,即参与传播。该理论核心主要是鼓励公众参与优化社会权力结构,强调利益相关主体可以依托媒介渠道,实现对话沟通,从而推动发展方案的施行。[④] 当前,媒介化社会时代为群众的建言献策、民主参与提供了诸多便利的渠道。所有拥有媒介接触可能的民众都成为潜在的发言者,媒体融合的逐步深入也不停地为民众创造官方参与渠道,居民完全可以依托数字媒介参与到社区治理中,形成媒体、居民以及行政力量间的全新互动格局。这一治理模式不仅可以恰当反映公共民意,让杜威所提出的"参与式民主"渐成可能,也能让政府决策更具民主性,是进步社会的一大表征。在公民自主意识觉醒、数字媒体飞速发展的当下,城市治理形式的崭新尝试证明了社区主体协同展开治理才是未来大势所趋。

第五节 传媒与环境

我们通常所言的环境多指"人类生存的空间",即人类生存其中的可以直

[①] 冉梅.华西社区传媒:打造新型主流社区媒体[J].传媒,2020(21):30-32.
[②] 崔晓麟,周丰生,谭文邦.道路自信:中国特色社会主义道路探索与思考[M].北京:新华出版社,2019:121.
[③] 霍明,刘艳华.改革开放以来中国农村基层民主建设探究[J].延边党校学报,2010,25(3):57-59.
[④] 张菁.参与传播视野下的城市社区媒介化治理模式创新[J].视听,2020(10):201-202.

接或间接影响人类生活和发展的各种自然因素与社会因素的总和。[①] 传媒是处于人类环境中的组织,也是为人类传达环境信息的窗子。依托传媒的"环境"监测作用,人类随之而来的行动会极大地影响环境,而环境又以各种方式反作用于人类的一言一行,因此,环境也是传媒的一大利益相关方。

一、环境问题

环境与人类的生存和发展密不可分。在人类对自然、社会环境施加影响的过程中,人类与环境的互动不可避免地会带来环境问题。[②] 环境问题一般指由于自然界或人类活动作用于人们周围的环境引起环境质量下降或生态失调,[③]以及这种变化反过来对人类的生产和生活产生不利影响的现象,[④]主要包括两类:自然环境问题和社会环境问题。

自然环境问题包括两类:一是由自然灾害导致的原生环境问题,如火山、地震、旱涝等"天灾"以及自然环境所引起的相关疾病。其往往客观存在,很难以人的主观意志为转移,常以突如其来的姿态就给环境带来极大的破坏。在人类社会历史上,自然环境问题引发的人类灾难数不胜数,地震导致数以万计的居民流离失所,家破人亡;洪水淹没农田、庄稼,在影响正常生产的同时危及人民生命安全;传染病的大面积扩散不仅阻隔公民生产生活,还会影响社会秩序。虽然无论在哪个时代,超出人类控制范围的自然环境问题都会与人类共存,但随着科学预警机制的进步发展,人类能在风险前后发挥主观能动性,最大限度地降低自然灾害给人类社会带来的不良后果。二是人类活动导致的次生环境问题,包括砍伐造成的植被破坏、过度开垦导致的土地沙漠化、人类生产生活造成的空气、水资源污染等。[⑤] 社会环境问题的产生与社会进步密不可分,从一定意义上讲,现代社会的发展是以牺牲人类的生活环境为代价的。[⑥]为推进工业化、城镇化、现代化进程,大规模工业生产产生的各种污染物涌入

---

① 姜秀敏.行政管理学[M].大连:东北财经大学出版社,2018:24.
② 李雪芹.池田大作环境伦理思想研究[D].南昌:江西师范大学,2008.
③ 刘星辰.非政府组织如何有效处理跨国环境难题[J].区域治理,2019(44):99-101.
④ 李志明."天人合一"生态文化理念对构建美丽中国的启示:以传统基层社会中的环保实践为例[J].林业经济,2018,40(7):15-20.
⑤ 于博.日本环境政策分析[D].长春:吉林大学,2010.
⑥ 沈正赋.风险社会视域下的环境传播:环境问题、媒介功能与信息治理[J].内蒙古社会科学,2021,42(2):196-204,213.

环境,一旦超越环境容量的容许范围,便会破坏环境;不顾环境自身的承载能力对自然资源进行的大力开发,不仅会导致生态环境质量的恶化,甚至出现自然资源枯竭的现象,无法实现人类社会的可持续发展;核资源等科学领域的发展进步更是可能造成水污染等自然破坏,还会影响人类生命安全。

社会环境是社会发展与改造的全部内容,人类文明的演进必然伴随社会问题的生发。其主要包括以下四类:一是政治维度。我国的政治体制与中国特色社会主义政治制度总体上是相适应的,但民主政治具体制度方面还存在不完善、不健全的地方,在保障人民民主权利、发挥人民创造精神方面还存在不足。[①] 二是经济维度。改革开放以来,我国经济增长迅速,生产能力居于世界前列,但在产品质量、技术水平等方面仍然和发达国家存在较大的差距,在经济结构、收入分配、生活环境等方面还存在一些问题,尚不能完全满足人民群众日益增长的美好生活需要。三是文化维度。文化建设是中国特色社会主义建设事业的有机组成部分,但当前,培育和践行社会主义核心价值观还未完全深入全国民众,文艺创作也存在抄袭模仿、千篇一律、机械化生产、快餐式消费等质量问题,[②]传统文化保护、中国文化的"出海"都困难重重。四是社会维度。中国还处于社会转型期,增进民生福祉仍然是国家发展的一大目标,但当前,劳动就业、社会福利、义务教育、医疗保障、最低生活保障、社会救助等社会矛盾依旧存在,没有很好的解决办法。

环境问题是一个历史问题,其随着时间的推移不断变迁。在人类对自然认识相对有限的传统社会,自然环境问题是最具破坏性的问题,表达着一种宿命般的意味。随着人类向工业化迈进以及科学技术的广泛应用,人为因素作用的自然环境问题以及基本政策制定、劳资矛盾等社会问题占据主导地位。而当环保成为国际共识,开发与保护并重、经济建设与环境维系兼得的发展模式渐成主流,人类也进入现代化社会以来,环境问题又以为满足人类更高需求为主的社会矛盾和以网络暴力、信息爆炸等信息环境问题呈现。值得注意的是,各时代的环境问题并不会随时间推移完全消失,而是贯穿于人类发展的始终,即自然环境问题、社会环境问题以及信息环境问题会与现代人类完全共生。

---

① 桂汉良.社会主义民主政治建设的新蓝图:十八届三中全会关于民主政治建设的学习与解读[J].理论月刊,2013(12):21-23.
② 陈文林.中国特色社会主义公正观研究[D].西安:陕西师范大学,2019.

当前,世界上的任何国家和地区都无法躲避环境问题,它直接威胁着生态、社会环境,威胁着人类子孙后代。① 其伴随社会发展出现,具体可包括以下几个维度:

自然灾害导致的自然环境破坏以及对人类的威胁;

人类生产、生活、建设产生的环境污染、生态破坏、资源受损;

与人口剧增伴随的环境压力;

社会发展与人类需求不匹配产生的政治、经济、文化问题以及社会转型期导致的社会矛盾;

互联网技术催生的网络犯罪、虚假信息泛滥等充斥虚拟世界、现实世界的信息环境问题。

二、外部性:传媒对环境的影响

传媒是依托自然环境、社会环境生存的媒介组织,而虚拟世界的信息环境就更是与传媒息息相关。传媒的信息传递、舆论引导等职能能实现公民对环境问题的关注,进而采取行动优化环境。

传媒对自然环境的影响主要以敦促环境问题的解决展开。首先,媒体对环境现象、环保知识的科学普及能强化普通大众环境意识的提升,使得民众不再置身事外,而是以环境一分子的态度积极参与环境保护事业。其次,媒体的视角能极大地影响公众的认知,对环境问题的客观报道更能直击人心,激发民众的环保行动。面对当下全球变暖、水土流失等人为结果产生的连锁不良反应,媒体若能以客观的镜头,真实的文字展现出对生态环境的关注,那么就能在引导公民注意力聚焦的同时唤醒他们对自然的敬畏态度,从而展开实践保护我们赖以生存的地球家园。除此之外,由于我们通常所说的环境问题多指人为因素产生的结果,②环境问题纠纷就必然存在不同的利益主体。作为具有一定权威、广泛影响力的信息中介,其能创造自由讨论的平台,促进利益多方公开讨论,集思广益,尽可能在多元诉求关切后解决问题纠纷。

---

① 纪嫒嫒.西部大开发与可持续发展[J].科协论坛(下半月),2008(2):65-66.
② 陈英.环境问题与宪法价值取向生态化研究[D].贵阳:贵州大学,2008.

传媒既是现实空间的信息载体,承担着广泛的社会影响力,又在虚拟空间扮演着至关重要的角色,引导着公众舆论的走向。因此,传媒在社会环境中的地位不可替代。其主要通过对信息的传递和调控、舆论监督以及渠道开放实现社会环境的优化。首先,传媒作为信源,不间断地上传下达政治信息、经济信息、文化信息,①不仅能以极大的影响力促进政治政策的贯彻执行,甚至产生舆论压力倒逼对策建议的转向,还能满足受众经验层面之外的其他信息需求,使受众了解发生在周遭以及世界范围内的大事小情,在丰富自我认知的同时便利生产生活。尤其在传播权利扩散的当下,虽然信息质量参差不齐是新媒体时代的结果,但专业传媒还是能通过"把关",对信息进行专业化的筛选处理,从而输出高质量的信息,以传媒的理性塑造用户的价值观、人生观并促进受众人格的完善。其次,舆论监督是公民的基本权利,公众能利用各种舆论表达方式对国家事务和社会现象进行检查、评定和督促,②是促进社会问题解决的一大途径。传媒为公民的舆论监督提供了渠道,新媒体时代,舆论监督的形式更是丰富多彩。通过媒介监督社会不仅能实现人民民主的进步,还能使得社会问题暴露于公众面前,敦促国家相关部门的快速解决。

三、传媒的环境责任

传媒与自然环境、社会环境以及媒介环境均息息相关。良好的媒介行为能助推自然、社会环境的正向发展,造福世代万民;而理想的媒介环境又能极大地实现媒介的理性前行,从而实现自然、社会环境的天朗气清。在这一良性循环中,传媒需要承担起相应的环境责任,促进社会的进步稳定。

(一)传媒的自然环境责任

自然环境也是传媒组织赖以生存的物质条件,传媒要发挥自身职能承担起爱护自然环境,净化自然环境的责任。首先,媒体要保障民众的环境知情权,以客观笔触真实呈现人类周围的环境风险,以降低民众对环境不确定性产生的焦虑感;媒体也需要站在敬畏自然的高度上,深刻剖析当下的生态

---

① 谭远宏,赵家文.基于规模经济的电子政务信息资源共享研究[J].内蒙古科技与经济,2006(6):156-159.
② 张新鹤.我国图书馆信息资源共享机制的体系构建研究[D].武汉:武汉大学,2010.

问题,对人类生存危机展开真实描述,并邀请专家给出可行的保护建议,以唤醒人们对环境的关注和爱护。其次,在客观报道的基础上,媒体更应该做到正向的舆论引导,即不囿于环境现状,而是拥有长远的发展视野。由于自然环境问题多以负面形式呈现,媒体需要在引导受众关注以及激发民众行动之间找到一个平衡点,在不回避环境问题的同时从中吸取教训,为未来的防患于未然做好准备,也要避免给受众渲染焦虑的环境困境氛围,而要给受众"我们能改变未来"这一鼓舞人心的力量。最后,媒体的舆论监督职责在自然环境的保护层面也必不可少,媒体需要意识到公民监督权利对自身的让渡,从而代表公民利益对政府以及其他部门展开监督,实现公民的环境利益最大化。

(二) 传媒的社会环境责任

传媒作为文化产业的有机组成部分,与社会环境的联系更为紧密,因此,传媒也要承担起优化社会环境,创造民生福祉的责任。在政治经济维度,媒介一方面需要及时地传递政治、经济信息,助推国家政策的贯彻实施,为国家的政治稳定、经济平稳运行创造良好环境,一方面也需要扩展传播渠道,自下而上的表达不仅能促进社会主义民主,也为从民众出发的政策考量增添了科学性。在社会层面,传媒需要发挥自身的社会影响力,聚集强大的注意力关注,从而助推民生问题的解决。文化创意是传媒产业的核心,传媒促进社会文化的进步义不容辞。[1]

首先,传媒要秉持新闻专业主义以及高质量的文化产品要求,做好"把关人"角色,发挥理性科学的力量,从良莠不齐的文化环境中筛选出有价值、有创意的产品,促使受众的媒介素养的提升。其次,传媒要立足于中国优秀的传统文化,促进中华文化的创新转化,创造优质的文化产品焕发传统文化在新时代的勃勃生机。最后,面对存在发展困境的国际传播,传媒需要整合各方资源力量,全力打造国家一流媒体,从而实现主流价值观的柔性输出;传媒可以准确把握不同国家的受众需求,实现个性化定制,主动参与议题设置,引领世界话语体系,为我国的跨文化传播添砖加瓦。

---

[1] 党建兵,江昼,于涛.经济转型升级背景下的苏南乡镇文化创意产业发展研究:以昆山市张浦镇文化创意产业发展研究为例[J].生态经济(学术版),2013(2):271-274.

第六节 传媒与政府

新闻传媒作为社会的一大中介,处在社会各种力量相互博弈的大背景中,受各方牵制但也发挥着自身的强大力量。政府与传媒是一种"共生"关系,两者之间相互依存。首先,政府作为代表国家意志的机关,需要对媒体这一社会组成部分展开宏观监管,实现社会多元产业的健康运行,此外,运用媒体职能实现政府信息的透明公开,促进公共危机的合理高效解决,以助力稳定的社会秩序以及民主的国家氛围也是政治建设的题中之义。其次,媒体作为政府与人民之间的中介机构,有责任向公众传达政府信息,在便民利民的同时促进政府政策执行的效率;也有义务向政府反映社情民意并代替公民实行舆论监督,在关注民生的基础上协助政府更全面地解决民生问题,创造民生福祉。在此过程中,传媒社会责任的承担会给政府带来无形资产,促使民主政府形象的构建,增强公民的信任度。

一、放任与干预

(一) 西方国家的新闻自由

从总体上来讲,西方国家历来有尊重新闻自由的传统,[1]其内核要求政府对新闻业进行放任,坚持传媒自身的独立性。新闻自由思潮从 17 世纪就开始萌芽,逐渐从出版自由走向新闻自由。约翰·弥尔顿的《论出版自由》第一次较为系统地阐释了出版自由思想,该书提出的"观点的公开市场"以及"真理的自我修正过程"奠定了西方新闻自由理论的基础。[2] 在此基础之上,约翰·弥尔顿的《论自由》则完善了出版自由观,其肯定思想和讨论自由,并要求政府不仅要通过消极地不干预来保障公民自由,还要依靠立法来增进公民的自由。在西方近代新闻自由主义思潮中,权利可谓是新闻自由的代名词,[3]以法律形

---

[1] 屈秀飞.中西方新闻自由的比较性研究[J].现代商贸工业,2010,22(5): 246-247.
[2] 廖毅文.虚幻的自由 真实的谎言——读约翰·弥尔顿的《论出版自由》有感[J].科学新闻,2003(24): 37-38.
[3] 许小飞.新闻采访权的法律保护[D].长沙: 湖南大学,2010.

式来处理涉及新闻自由的问题成为趋势。① 美国联邦《宪法第一修正案》规定国会不能制定剥夺人民言论或出版的自由,②法国也在《人权宣言》中宣布"无拘束地交流思想和意见是人类最宝贵的权利之一,每个公民都有言论、著述和出版的自由,③只要他对滥用法律规定情况下的这种自由负责"。④ 西方人把自由视为天赋人权,言论自由是人的一项自由权利,一项与生俱来、干预不可剥夺的权利。这种自由观给美国新闻传播实践带来重大影响,美国民主之父杰斐逊的宣言"民意是我们政府的基础。所以我们先于一切的目标是维护这一权利,如果由我来决定,我们是要一个没有报纸的政府还是没有政府的报纸,我将毫不犹豫地选择后者。"⑤也被美国新闻界作为范本不断宣传。

西方新闻界经由漫长的斗争,争取新闻自由,但在实际的新闻实践中,西方政府却没有完全放弃对新闻媒体和新闻自由的控制。有些国家甚至以法律的形式确立,一旦新闻媒体的自由状态伤及国家安全和政府利益,⑥政府也会毫不犹豫地执行新闻控制的职能。德国报业协会主席席迪克在《西方媒体禁用三类词》中提出,带有歧视倾向、明显情感色彩以及"脏话"性质的词是不被德国报业界允许使用的。此外,西方的新闻自由是由少数财团垄断控制的,从根本上代表财团的利益,新闻自由早已被剥夺殆尽。尤其在大众化报刊风靡,商业因素对新闻业的侵蚀逐渐显现出来之时,《一个自由而负责的新闻界》提出社会责任论作为新闻自由主义的修补,⑦认为政府力量以及新闻界对责任承担的自律才是规范新闻自由的最好标尺,则更是狭窄了新闻自由的范围。⑧

由此观之,西方媒体尽管在所有制上不受政府直接控制,但也不享有完全的自由,政府、财团的干预让西方国家标榜的新闻自由实际失去效用,名存实亡的西方世界"新闻自由"存在"虚伪性"的特征。⑨

---

① 屈秀飞.中西方新闻自由的比较性研究[J].现代商贸工业,2010,22(5):246-247.
② 百度百科.宪法第一修正案[EB/OL].(2021-12-07).https://baike.baidu.com/item/%E5%AE%AA%E6%B3%95%E7%AC%AC%E4%B8%80%E4%BF%AE%E6%AD%A3%E6%A1%88/11031119?fr=aladdin.
③ 金石.论新闻自由的管制[D].北京:中国政法大学,2004.
④ 董小玉.新闻自由是把双刃剑——中西新闻自由观比较[J].新闻界,2006(1):116-118.
⑤ 董小玉.新闻自由是把双刃剑——中西新闻自由观比较[J].新闻界,2006(1):116-118.
⑥ 屈秀飞.中西方新闻自由的比较性研究[J].现代商贸工业,2010,22(5):246-247.
⑦ 刘晓倩.社会新闻报道中的价值观研究[D].哈尔滨:黑龙江大学,2014.
⑧ 陈建云.马克思主义新闻观与西方新闻理念的根本区别[J].社会主义研究,2011(3):6-11.
⑨ 赵化勇.牢固树立马克思主义新闻观,积极扎实地做好电视宣传工作[J].新闻战线,2001(7):63-67.

(二)中国的新闻自由

与西方国家存在"虚伪"特征的新闻自由不同,中国的新闻自由一开始就承认政府对媒体的适当干预。首先,我们提倡的新闻自由要以法律法规为准绳。政府制定新闻法规要做到保护新闻自由,并制定具体、完善、明确的新闻立法以限制不合理的新闻行为,更好地实现新闻人才集思广益、尽情展示才能的新闻自由。其次,社会主义国家要求新闻对人民大众服务。新闻工作者要坚持党性原则、人民性原则,在深入基层、贴近民众的过程中,传达政府政策要求,宣传社会主义核心价值观,为社会共识的达成、社会秩序的稳定创造良好条件,为党和国家的大局服务。社会主义的新闻自由是带有政治使命的自由,是需要政府干预促使媒介机构承担社会责任的自由。

世界上没有哪个国家存在绝对的新闻自由,西方国家也不例外,相对的新闻自由都建立在维护国家发展或者相关方利益基础之上。在中国社会主义制度的背景下,新闻自由尤其不能触碰国家的利益以及人民的利益,实现国家稳定、社会和谐、人民幸福才是中国新闻自由的实现前提。

二、政府的监管职能

在中国多元的社会结构中,传媒与政府的关系相对复杂,其经由漫长的历史变迁,呈现不同状态。在封建专制集权政府时代,政府权力至高无上。为了巩固自身的统治,其往往钳制思想、控制舆论,防止任何不利于自身统治的异质语言出现。因此,作为承载思想言论的传媒类似组织,就严格受政府控制。在中国建立人民民主政权,共产党成为执政党之后,人民是国家的权力主体,党和政府的权力均由人民赋予。这一时段,传媒与党的使命一致,媒体成为党和人民的喉舌。传媒接受党的统一领导,主要负责解释党和政府的各项政策,以指导人民群众的贯彻执行。随着时代的变革,政府与传媒的关系在动态中不断重构。改革开放后依法治国、民主政府的轮廓逐渐出现,其一面主张国家完善相关法律法规,一面主张政府的决策需有人民参与并体现人民的意愿。民主意识觉醒的公众追求透明化的政府,希望其以信息公开为原则,满足民众的知情权。这一阶段,政府和传媒属于双向监督的关系之中,政府监督传媒职责的履行,而媒体代替公民承担媒介监督的职责甚至提供渠道展开群众直接监督,向更完善的民主社会迈进①。

政府对媒体的监管要以强制性手段和非强制性手段共同展开。首先,健全相关法制建设能为媒体履行社会责任提供法制保障。政府要加强新闻传播相关法律法规建设,增强执行力度,使传媒社会责任的缺失得到应有惩罚,避免监管不力。此外,政府行政管理部门要加强网上信息监管,与互联网企业建立密切协作协调的关系,强化协调管理、多方合力,走共治之路。尤其在新媒体环境下,要加快网络立法进程,完善依法监管措施,化解网络风险。② 要依法加强网络空间治理,加强网络内容建设,落实网络安全责任制,制定网络安全标准。③

依托法律法规对媒体展开的监督,是政府最有效的方法,也是实现网络空间天朗气清的最高效途径,但法律毕竟是原则层面的,并不能规范所有行为。因此,政府的监督职能还需要通过奖惩措施等非强制性手段完成。政府可以在媒体行业确立合理的奖励机制,为良好履行社会责任的企业、为行业做出突出贡献的媒体予以物质和精神上的双份激励,同时对漠视行业规范、社会责任的媒体适当惩罚,以劝导的方式引导媒体企业自觉主动履行社会责任,为健康和谐的新闻界携手努力。除此之外,政府要不定时地开展学习大会,对媒体进行教育宣传,使得社会利益为先这一原则内化于媒体之心,外化于媒体之行,真正做到为人民服务。

面对传媒对政府的舆论监督,政府也要从自身出发,便利媒体、群众监督权利的展开,为创建民主政府、清明政府作贡献。政府首先应该保证政务公开,这不仅是媒体监督政府的途径,也是政府依靠媒体及时、正确引导舆论,树立政府公信力,传递正能量的基础。目前,除了开展例行发布会外,政府也应加入媒体融合大潮。政务新媒体作为政府职能部门的延伸应运而生,不仅提供了政府了解民生的渠道,也为公民提供了参政议政的机会,是维护公民利益的良好体现。政府和传媒具有相同的目标,即为人民服务,为社会服务,只是出于两者不同的职责,需要互相管制,在彼此权力的制约下共同发展进步,以促进更大范围的公民利益实现。

---

① 胡肖华,谢忠华.论宪政维度下新闻传媒与政府的关系[J].云南行政学院学报,2010,12(2):44-47.
② 夏杰长,陈军,李勇坚.从理论创新到实践指南——习近平网络安全思想体系探析[J].学习与探索,2017(7):104-111,191.
③ 黄诚,包国强.习近平的媒体社会责任观及其意义[J].中国广播电视学刊,2017(7):108-112.

三、政府、传媒与管制

传媒的社会责任履行是一个系统工程,需要党、政府、媒体以及个人都承担起相应的责任。在多元责任主体中,政府作为代表国家意志进行社会管理的机关,尤其需要对传媒进行宏观层面的指导,敦促其社会责任的履行,在为公民服务的同时提升国家的文化软实力。而传媒作为社会责任履行的主观能动方,也应在政府的监管下发挥自身力量,自觉承担社会责任。

(一) 政府层面

政府需要从完善传媒社会责任履行的环境出发,在以下两个层面对传媒履行社会责任起宏观把握的作用。

首先,加强传媒领导队伍建设。新闻战线的各级领导干部要"守土有责"。因此,各级党委要负起政治责任和领导责任,不断提高领导宣传思想工作能力和水平,[1]并动员各条战线各个部门的积极参与。领导干部要增强同媒体打交道的能力,善于运用媒体宣讲政策主张、了解社情民意、发现社会矛盾问题、动员人民群众,从而推动实际工作的良好展开。[2] 面对来势汹汹的互联网语境,政府要学会通过网络走群众路线,运用互联网思维,掌握互联网技能从而了解群众所思所愿,积极回应网民关切。

其次,完善新闻单位人事机制。为真正实现优质人才资源的力量最大化,应该坚持人才改革,各级政府应进一步完善人才机制以吸引社会优秀人才主动投身新闻工作;人才激励应遵循灵活机动原则,让人才有工作成就感和获得感,继续为新闻工作作出贡献;人才吸纳要公平公正、海纳百川,让人才积极为我所用,发挥不同人才的智力潜能;强化人才培育机制,提升工作本领,增强人才的核心竞争力。

(二) 传媒层面

传媒社会责任的承担首先要认清政策导向和法律指向。作为受政治制度

---

[1] 贺守喜,裴景瑞.新形势下高校网络意识形态建设论析[J].辽宁经济管理干部学院、辽宁经济职业技术学院学报,2017(5):68-71.
[2] 胡智锋.习近平总书记"2·19"讲话学习三题[J].传媒,2016(7):20-24.

以及各项法律所约束的社会组成部分,传媒必须要在政策法律规定的范围内进行合理的生产。传媒组织应该对国家下发的政策进行科学系统地学习,在培养自身正确的政治素养基础上,呈现清晰明白的分析科普,供受众学习贯彻。传媒组织还应该研究并熟悉与自身发展相关的法律条文,既保证传媒组织严格依法运营,还能运用法律手段保护自身的合法权益。① 同时,传媒也需要了解基本的中国法律法规,为民众提供基本的普法服务,既服务自身利益,又满足大众利益。

其次,作为"党和人民的喉舌",一方面,传媒要扩展表达渠道,为公民提供更多有效可行的舆论监督途径,确保政府与民众间存在贯通交流的场域,促进政府及时吸纳建设性意见,解决民众实际困难。另一方面,面对民间普遍存在的模糊认识或是错误看法,传媒需要承担起传递、解释政府政策的职责,为民众答疑解惑,塑造价值共识,正向引导舆论。

思考题

1. 受众需求和消费者需求有什么关系?其最显著的差异是什么?
2. 传媒会影响环境,那么,社会环境会怎样影响传媒呢?
3. 传媒与政府具体是什么关系?
4. 你认为不同的传播主体(专业媒体机构、网络平台、自媒体、个人、新闻工作者等)应该如何根据自身的属性更好地承担社会责任?
5. 中国的新闻自由与西方的新闻自由在理念和实践层面有何异同?

相关学习延伸资料

1. 宋小卫.媒介消费的法律保障:兼论媒体对受众的底限责任[M].北京:中国广播电视出版社,2004.
2. 中国记协网.媒体社会责任报告(2016-2022)[EB/OL].http://www.zgjx.cn/ydy/zrbg.htm.
3. 钟瑛等.新媒体社会责任蓝皮书:中国新媒体社会责任研究报告[M].北京:社会科学文献出版社,2020.

---

① 刘峰.基于法人治理结构的国有资产管理公司探究[J].全国流通经济,2017(3):103-105.

参考文献

[1] 马凌.新时代的媒体社会责任:变化与评价[J].青年记者,2018(21):9-11.

[2] 陈泽云,江姜成.基于受众细分的精准传播策略分析[J].企业管理,2017(S2):456-459.

[3] 杨保军.变迁与意味——新闻规律视野中的传播主体分析[J].新闻界,2018(11):17-23.

[4] 李钊.人工智能先驱预测未来媒体十大趋势[N].科技日报,2016-10-27.

[5] 赵宇,王雪纯,吴宝俊.大众传媒中科学传播者的整合构建和社会责任审视——以大型科普节目《加油!向未来》为例[J].科技导报,2019,37(2):100-103.

[6] 乔新生.新闻业建构商业道德体系的重要性[J].青年记者,2012(24):9-12.

[7] 卢长春.新闻聊天机器人:新闻生产的机遇与挑战[J].现代传播(中国传媒大学学报),2020,42(10):7-11.

[8] 陈昌凤,仇筠茜."信息茧房"在西方:似是而非的概念与算法的"破茧"求解[J].新闻大学,2020(1):1-14,124.

[9] 吕尚彬,岳琳.传媒受众:从受教育者到产消者[J].编辑之友,2019(9):69-75.

[10] 包国强,黄诚,厉震安.智众时代:"智众传播"的特征及其未来发展趋势——融媒体背景下基于受众与媒体关系根本性变革的思考[J].新闻爱好者,2021(1):15-19.

[11] 李金克,王风华.根植社会责任 推动企业管理创新——基于X公司实践案例[J].财务与会计,2020(10):28-30.

[12] 郭欣然.Vlog在疫情报道中的应用路径——以央视新闻"武汉观察"系列Vlog为例[J].青年记者,2020(20):48-49.

[13] 王晓培,令倩."聊新闻":新闻对话机器人对新闻分发方式的再定义[J].现代传播(中国传媒大学学报),2017,39(12):166-168.

[14] 刘海龙.传播中的身体问题与传播研究的未来[J].国际新闻界,2018,40(2):37-46.

[15] 包国强,李良荣.传媒企业核心竞争力的提升策略[J].中南财经政法大学学报,2007(3):72-75.

[16] 赖睿棠.新媒体时代为人力资源经理带来的挑战与机遇[J].中国管理信息化,2021,24(2):159-160.

[17] 石姝莉,周菲.传媒业知识型员工工作幸福感对创新绩效的影响机制研究[J].现代传播(中国传媒大学学报),2018,40(2):62-68.

[18] 任园园."新常态"下知识型员工的高效管理途径——以广播影视行业为例[J].经营与管理,2018(11):69-71.

[19] 陈立敏."跨越山河大海"?:媒体人职业转换中的角色冲突与调试[J].新闻记者,

2019(7):50-57.

[20] 闫娜.全媒体时代广电传媒集团组织韧性的提升路径研究——基于组织韧性理论的视角[J].新闻爱好者,2021(3):88-90.

[21] 丁和根.媒体介入基层社会治理的现状、角色与维度[J].新闻与写作,2021(5):5-13.

[22] 张菁.参与传播视野下的城市社区媒介化治理模式创新[J].视听,2020(10):201-202.

[23] 沈正赋.风险社会视域下的环境传播:环境问题、媒介功能与信息治理[J].内蒙古社会科学,2021,42(2):196-204,213.

[24] 胡肖华,谢忠华.论宪政维度下新闻传媒与政府的关系[J].云南行政学院学报,2010,12(2):44-47.

[25] 黄诚,包国强.习近平的媒体社会责任观及其意义[J].中国广播电视学刊,2017(7):108-112.

[26] 崔立伟.解析新媒体环境下媒体泛职业化现象[J].新闻战线,2016(9):130-132.

[27] 徐峰.新媒体社会责任评价尚有提升空间——钟瑛教授访谈录[J].新闻论坛,2015(4):27-28.

第四章
传媒社会责任评价标准与实证研究

第一节 国内外传媒社会责任评价指标体系文献综述

社会责任这一概念在动态化的发展过程中得到了完善与丰富,与此同时,学界也持续开展了对于社会责任相关问题的探讨与研究。当下,对于传媒是否要承担社会责任这一问题社会各界也普遍给出了肯定的答复。[①] 学术界对企业社会责任的研究从最初的定性分析逐步演化成定量分析,企业社会责任评价标准指标体系也成了学界研究的热点。在其蓬勃发展的同时逐渐细化出了传媒社会责任的理论分支,"能力有多大,责任就有多大",关于传媒责任的探讨也就相伴相随。媒体应该将正确引导公众作为履行社会责任的重点,这与企业社会责任是有明显区别的。现阶段,关于传媒社会责任的界定范围仍然存在模糊和错位的现象。公众把媒体当成"媒青天",有事不找政府找媒体。[②] 因此,责任竞争是传媒竞争的重要组成部分,而传媒社会责任的实现途径应该是踏实做好媒体本分,正确引导公众。

传媒社会责任理论起源于美国,是在传媒业托拉斯集团初显峥嵘的新环境中,大众传媒理论在原有传媒自由主义理论基础上的新发展,[③]强调大众传播媒介对社会和公众应该承担责任和义务。哈钦斯委员会于1947年出版的报告《一个自由而负责的新闻界》常被视作它诞生的标志,威尔伯·施拉姆在

---

① 疏婷婷.社会责任、组织合法性与企业商业模式创新[D].杭州:杭州电子科技大学,2019.
② 于龙."媒"田里的守望者——由央视、中青报、人民网等媒体社会责任报告想到的[J].青年记者,2014(19):9-10.
③ 刘泽达.美国"黑幕揭发运动"视阈下的传媒社会责任研究[D].沈阳:辽宁大学,2016.

《传媒的四种理论》一书中对该理论的内容做了更为详尽的阐述。① 书中明确指出"谁来监督媒介"是社会责任理论要解决的核心问题。② 这也就是说,该理论一方面大力倡导大众媒介的责任观,另一方面也明确了媒介同样应该受到公众和政府的监督与制约,公众乃至政府在必要时可以干预媒介。③ 在传媒社会责任发展的过程当中,学术界和社会各界共同探索形成了传媒社会责任评价标准体系。

习近平总书记在党的新闻舆论工作座谈会上指出,新闻舆论工作掌控着传播资源,牢记和履行社会责任有着特殊意义。④ 对于媒体来说,相比各种利益的诱惑,研究者和社会的道义呼声显得十分苍白。关键在于如何治理,因此,构建科学的传媒社会责任治理体系和评价指标体系显得迫在眉睫。⑤ 专业准确的传媒社会责任评价指标体系的建立,有助于直接量化传媒企业履行社会责任的优劣,方便有关部门进行针对性的监管。传媒企业实现经济效益最大化的同时实现健康可持续发展,并为受众提供良好的媒介使用环境。

习近平总书记在党的十九大报告中指出:"要深化文化体制改革,完善文化管理体制,加快构建把社会效益放在首位、社会效益和经济效益相统一的体制机制。"⑥要实现社会效益,履行社会责任是前提。我国传媒企业自实施转制改企以来,其社会责任问题越来越受到关注,如何将社会责任纳入传媒企业管理实践当中,建立合理的传媒企业社会责任管理体系也成为现如今业界和学界共同思考的问题。⑦ "企业社会责任管理体系是指为服务和促进企业全面履行社会责任而建立的组织结构和程序,并通过资源提供,实现过程目标。"我国传媒企业在履行社会责任方面与其他一般经营性企业存在很大的差异,因而要构建其社会责任管理系统模式。⑧

---

① 高钢.媒介融合趋势下传媒社会责任的实现路径[J].新闻战线,2020(2):75-76.
② 周乐波.公共网站的社会责任及其对中小学生德育的影响[D].宁波:宁波大学,2018.
③ 周乐波.公共网站的社会责任及其对中小学生德育的影响[D].宁波:宁波大学,2018.
④ 全国政法宣传中心网站.关于新时代党的新闻舆论工作,总书记这样谆谆嘱托[EB/OL].(2021-12-23).http://xczx.flfaz.org.cn/show-218226.html.
⑤ 包国强.治理视角的传媒社会责任评价体系及评价模型分析[J].湖北社会科学,2012(8):192-195.
⑥ 习近平.习近平在中国共产党第十九次全国代表大会上作报告[N].人民日报,2017-10-28(01).
⑦ 黄诚,包国强,李晴.基于CSR系统的传媒企业社会责任治理系统管窥[J].湖北社会科学,2019(7):174-180.
⑧ 黄诚,包国强,李晴.基于CSR系统的传媒企业社会责任治理系统管窥[J].湖北社会科学,2019(7):174-180.

一、国内传媒社会责任评价指标体系文献回顾

在国内,虽然关于企业社会责任管理的探讨起步较晚,但也是硕果颇多。中国企业家调查系统发布的《2013·中国企业家队伍成长20年调查综合报告》认为,在责任担当方面,企业家对于社会责任的实践有了新的发展,并且对企业应履行的社会责任有进一步的认识与深化[1];2009年,中国社科院经济学部企业社会责任研究中心推出的《中国企业社会责任发展指数报告(2009)》,构建了一套完整的企业社会责任发展指数,从多方面客观反映了中国企业社会责任发展现状和阶段性特征[2];2014年,中国企业评价协会联合清华大学社会科学学院创新起草了《中国企业社会责任评价准则》,针对企业社会责任承担情况制定了中国首个对企业履行社会责任情况进行科学评价的权威指标体系。[3]

唐飞在卡罗尔的金字塔模型和企业社会责任涉及的社会义务、社会责任和社会响应三个层次的基础上,构建了一个概括性共同演化框架,进而提出"倘若将社会责任体系与企业战略适应动态地整合在一起,其演化过程应当包括三个阶段:从防御性适应过渡到反应性适应、从反应性适应演化到常规性适应、从常规性适应向预应性适应模式"。[4]

李伟阳和肖红军回顾了企业社会责任管理的研究轨迹,梳理了企业社会责任逻辑,并将其演化路径概括为:"基于纯粹道德驱动的企业社会责任管理——基于社会压力回应的企业社会责任管理——基于风险防范的企业社会责任管理——基于财务价值创造的企业社会责任管理——基于综合价值创造的全面社会责任管理。"[5]

还有一些国内学者从局部出发进行研究。比如分析不同行业和领域企业社会责任管理问题,诸如旅游企业社会责任管理研究,钢铁企业社会责任研

---

[1] 涂光晋,吴惠凡.传媒"社会责任理论"的现实困境[J].武汉理工大学学报(社会科学版),2010,23(6):805-811.
[2] 钟宏武.中国企业社会责任发展指数报告·2009[M].北京:经济管理出版社,2009.
[3] 王修滋,蔡笑元.媒体社会责任评价标准及指标体系构建[J].青年记者,2017(30):30-36.
[4] 唐飞,韵江.企业社会责任管理体系:认同与行为[J].财经问题研究,2008(5):28-33.
[5] 李伟阳,肖红军.企业社会责任的逻辑[J].中国工业经济,2011(10):87-97.

究,电力企业社会责任管理研究,民营企业社会责任管理研究等。① 这些企业社会责任研究对于传媒社会责任研究同样具有重要参考价值。

还有学者从社会责任内部管理的不同阶段出发进行研究,比如专门探讨不同企业社会责任评价体系,有刁宇凡和周立军编著的《社会责任标准导论》系统介绍了企业社会责任标准的理论与实务,还有专门研究社会责任报告制度的,如郑若娟撰写的《企业社会责任报告编制指导》等文章。②

随着对社会责任的深入研究,不同行业和领域应用了不同的评价指标和模型。

孟斌等人使用基于模糊-Topsis 的企业社会责任评价模型,建立了交通运输行业企业社会责任评价指标体系。通过专家经验确定指标重要程度的最保守值、最可能值和最乐观值,通过三角模糊熵对指标进行赋权,保证了得到的权重更能真实的反映专家的主观意见,通过 Topsis 引入贴近度构造单个企业对于正理想解和负理想解的距离函数,测算企业社会责任绩效得分。二是通过 Gram - Schmidt 正交法对指标 z-score 标准化数据向量进行正交变换,并根据方差越大、相应指标携带的信息含量越多的思路,逐步筛选出最大方差对应的指标向量作为基底,直至新入选基底的方差达到阈值。通过保留已筛选出基底对应的指标并剔除剩余指标,确保筛选后的指标对结果有显著影响。③

杜苇基于六维视角构建我国林业企业社会责任高质量发展评价的六维度指标体系,并基于我国 34 家林业企业 2018 年的相关数据,运用熵权 TOPSIS 法和因子分析法,综合评价林业企业社会责任履行水平。基于股东、社会、员工、债权人、环境和消费者六因素权重,将因子分析法与熵权 Topsis 法中的一级指标相对应,提取了员工、社会、债权人、股东和环保五个公共因子,并计算出五个公共因子的得分,采用综合分析方法得出结论。④

社会责任论虽然起源于西方,但是我国的传媒实践过程中也在不同程度上反映了传媒要对社会负责任的这种思想。中国近代,随着民族资本主义的

---

① 黄诚,包国强,李晴.基于 CSR 系统的传媒企业社会责任治理系统管窥[J].湖北社会科学,2019(7):174-180.
② 朱梦遥.国有传媒企业社会责任研究——基于"华博在线"传媒有限责任公司考察[D].南京:南京师范大学,2016.
③ 孟斌,沈思祎,匡海波,李菲,丰昊月.基于模糊-Topsis 的企业社会责任评价模型——以交通运输行业为例[J].管理评论,2019,31(5):191-202.
④ 杜苇.基于六维视角的我国林业企业社会责任评价定量研究[J].林业经济,2020,42(6):61-72.

逐渐发展,我国报刊、通讯社的数量剧增,随之而来的是学界、业界结合自身办报实际对传媒责任的深入探讨,我国传媒的从业人员也对传媒事业有了新的认识。我国学者徐宝璜指出,传媒应该遵守职业道德以及承担一定的社会责任。他被一些学者认为是最早提出社会责任观的学者。在近代中国媒介环境不断恶化进而导致媒介失去人民信任的时代背景以及后来五四运动带来的新思潮的影响下,传媒社会责任的有关探讨与论述具有其独特的价值。改革开放以来,伴随着学界对传媒事业和产业双重属性的思考与新认识,我国大众传媒市场化程度大大加深,传媒投资主体日渐多元化,仅"十一五"期间,我国就已经有1 252家非时政类报刊出版单位转制或登记为企业法人。关于传媒社会责任的研究与探讨也进入了一个全新的阶段。①

但是,针对中国传媒企业社会责任管理的研究却为数不多且起步较晚。2014年6月,首批11家试点媒体(5家中央媒体和6家地方媒体)社会责任报告面向社会发布。② 重点报告履行正确引导责任、提供服务责任、人文关怀责任、繁荣发展文化责任、遵守职业规范责任情况,以及履行合法经营责任、安全刊播责任、保障新闻从业人员权益责任等8方面情况。2015年5月,为扩大试点工作成效,第二批新增17家新闻媒体,即28家媒体(包括5家中央媒体、22家地方媒体和1家行业类媒体)发布社会责任报告。2016年5月,第三批试点媒体范围进一步扩大,新增10家媒体发布社会责任报告。2017年5月,第四批38家媒体社会责任报告对外发布。2018年5月,媒体社会责任报告单位增至40家。2019年5月,46家媒体社会责任报告对外公布。2020年7月,媒体社会责任报告发布增至51家,新增2家行业类媒体和3家地方媒体,并对报告框架作了调整,将"正确引导责任"细化为"政治责任""阵地建设责任",增加"前言""后记"等。媒体社会责任报告单位从最初的11家增至51家,制度化、覆盖化、规模化程度逐渐提高。初步统计,51家新闻媒体向社会累计发布报告252份,这其中,既有中央媒体、全国性行业类媒体,也有地方媒体;既有传统媒体,也有新媒体。在全新的历史时期,规范传媒满足受众知情权的相关道德责任具有重大意义。我国的传媒社会责任报告制度也将成为传媒行业自律与他

---

① 燕道成.中外传媒责任伦理研究综述[J].当代传播,2010(2):34-37.
② 李理,陈香颖.移动互联时代媒体社会责任传播创新机制及调适——基于主流媒体42份中国《媒体社会责任报告》的清晰集定性比较分析[J].西南政法大学学报,2019,21(3):73-86.

律相统一的重要实现途径。[①]

钟瑛等从 2014 年起每年发布的《中国新媒体社会责任研究报告》,其中涉及新媒体社会责任评价指标体系等问题的详细论述。[②] 黄晓新等从 2017 年起发布的《中国传媒社会责任研究报告(2015—2016)》《中国传媒社会责任研究报告(2017—2018)》《中国传媒社会责任研究报告(2018—2019)》,反映我国自 2015 年以来传媒社会责任理论和实践发展进程。[③]

包国强在《简论报刊社会责任评价模型》中构建了适于传媒企业社会责任的评价体系。[④] 刘陵元等人在《传媒行业社会责任评价体系研究》中采用 KLD 指数的内容分析法构建传媒企业社会责任评价指标体系。[⑤] 江作苏在《媒体建立社会责任报告制度势在必行》中,论述了我国传媒企业实施社会责任报告制度的必要性和紧迫性。[⑥] 黄诚、包国强等人基于 PDCA 循环法,并结合我国传媒企业的特征与实践,从系统论的视角审视企业社会责任管理问题,并综合国内外相关理论成果,提出了一个初步的传媒企业社会责任管理体系框架,即 CSR 系统模型。[⑦]

二、国外传媒社会责任评价指标体系文献回顾

传媒社会责任评价指标体系建立在社会责任指标体系的基础之上,根据企业社会责任的评价指标体系结合传媒产业的特点演化出传媒社会责任评价指标体系的概念。国外关于企业社会责任这一概念的讨论较早,在漫长的探索中各个学派形成了属于自己的观点,呈百家争鸣的态势。

斯莫尔(Small Albion)(1895)的观点"不仅公共部门,私人企业也应该做到被公众信任"于《美国社会学杂志》创刊号上发表,被学术界认为是"企业社

[①] 马俊.电视台社会责任评价模型与实证研究[D].济南:济南大学,2014.
[②] 钟瑛,李秋华.新媒体社会责任的行业践行与现状考察[J].新闻大学,2017(1):62-70,77,148.
[③] 黄晓新,刘建华,邸昂.中国试点媒体社会责任指数研究报告(2017—2018年)[J].中国传媒科技,2018(5):7-11.
[④] 包国强,张曼.简论报刊社会责任评价模型[J].新闻传播,2012(4):25-26.
[⑤] 刘陵元,李代悦,陈梦娇.传媒行业社会责任评价体系研究[J].合作经济与科技,2018(17):128-129.
[⑥] 江作苏.媒体建立社会责任报告制度势在必行[J].新闻战线,2014(1):70-72.
[⑦] 黄诚,包国强,李晴.基于 CSR 系统的传媒企业社会责任治理系统管窥[J].湖北社会科学,2019(7):174-180.

会责任"这一概念的萌芽。①

欧利文·谢尔顿(Oliver Sheldon)(1924)在其著作《管理的哲学》中提出了"企业社会责任"的概念。他认为：企业应该为其对其他实体、环境和社会所造成的影响负责任，且道德因素也是企业社会责任的一部分。②

霍华德·R.鲍恩(Howard R. Bowen)(1953)在其著作《商人的社会责任》一书中正式提出"企业社会责任"概念。他认为：商人有这样一种义务，即在其制定政策、进行政策决策及采取行动时，需要考虑社会期望的目标和价值观念。③

随着时间的发展，阿尔奇·卡罗尔(Archie Carrol)(1979)通过对相关企业社会责任的系统调查与研究，指出企业社会责任应包含经济责任、法律责任、道德责任和慈善责任，并构建了企业社会责任金字塔模型。④ 卡罗尔的研究开创了企业社会责任规范研究的先河，为今后的研究发展奠定了基本的框架。⑤

泽尼塞克(Zenisek)(1979)等研究认为，不同企业在履行社会责任的程度方面存在较大差异。他开展的一系列研究为对企业社会责任的量化研究提供了基础。并且，他总结了学术界主要提出了的三种衡量企业履行社会责任的业绩方法。

一是声誉指数法。学术界最早创建声誉指数以衡量企业社会责任履行状况的是莫斯科维茨(Moskowitz)(1972)。此后，很多研究(例如，Shane and Spicer,1983)对莫斯科维茨的声誉指数进行了改进。二是内容分析法。内容分析法主要是通过收集并分析企业年表中有关企业社会责任的内容、企业在合规方面的数据等，衡量企业在履行社会责任方面的表现。鲍曼(Bowman)和海尔(Haire)(1975)最早使用了内容分析法。三是问卷调查法。奥佩尔(Aupperle)，卡罗尔(Carroll)和哈特菲尔德(Hatfield)(1985)较早使用了这一方法。他们以卡罗尔的企业社会责任四方面内容为基础，编制出企业社会责任导向量表，并用该量表对公众进行问卷调查。此外，辛普森(Simpson)和科

---

① 帅萍,周祖城.欧美企业社会责任评价标准比较[J].统计与决策,2008(23)：170-172.
② Sheldon O. The Philosophy of Management：Early Sociology of Business and Management[M]. London：Routledge,2003.
③ Bowen H. Social Responsibilities of the Businessman[M]. Lowa City：University of lowa Press, 2013.
④ Carroll A. A three-dimensional conceptual model of corporate performance[J]. Academy of Management Review,1979,4(4)：497-505.
⑤ 李淑英.企业社会责任：概念界定、范围及特质[J].哲学动态,2007(4)：41-46.

赫(Koher)(2002)把企业社会再投资行为作为衡量企业社会责任的评价指标；陈(Chen)和德尔马斯(Delmas)(2010)则提出以网络数据包分析法(DEA)衡量企业在履行社会责任方面的表现。上述各种衡量企业履行社会责任表现的方法各有所长，各有所短。例如，"声誉指数法"的优点在于数据的易采集性，同一领域同一时期的数据具有基本一致的标准，但这一方法主观性强，评估结果缺乏不同行业间的横向可比性。内容分析法具有数据的易获得性与可检验性等优点，它的缺点是各企业披露社会责任的内容和程度不同，因而不适用于那些不能量化的社会责任。[1]

不同时代背景下对企业社会责任界定的标准是纷繁复杂的，不仅学者关于"企业社会责任"这一概念进行了深入的研究和讨论。相关机构组织就如何衡量企业社会责任，也提出了各不相同的评价指标。

1997年，美国一家非政府组织"社会责任国际"(Social Accountability International，简称SAI)从人权出发起草了社会道德责任标准Social Accountability 8000，简称SA8000。用九个指标：童工(Child Labour)；强迫性劳工(Forced Labour)；健康与安全(Health & Safety)；组织工会的自由与集体谈判的权利(Freedom of Association and Right to collective Bargaining)；歧视(Discrimination)；惩戒性措施(Disciplinazy Practices)；工作时间(Working Hours)；工资(Compensation)；管理体系(Management Systems)对生产企业进行考核。SA8000作为社会责任方面的认证体系，不仅明确了社会责任规范，而且也提出了相应的管理体系要求。将社会责任和企业管理联系起来，在一定程度上规范组织尤其是企业的道德行为。[2]

1999年联合国秘书长科菲·安南(Kofi Atta Annan)在经济全球化的背景下提出"全球契约"计划，强调企业社会责任。全球契约从《世界人权宣言》《国际劳工组织关于工作中的基本原则和权利宣言》《关于环境与发展的里约宣言》和《联合国反腐败公约》中从人权、劳工标准、环境和反腐败方面的10项原则达成全球共识。[3] "全球契约"的提出，规范了企业在经营过程中所应该遵

---

[1] 李国平，韦晓茜.企业社会责任内涵、度量与经济后果——基于国外企业社会责任理论的研究综述[J].会计研究，2014(8)：33-40+96.
[2] 百度百科.SA8000标准词条[EB/OL].(2022-03-25).https://baike.baidu.com/item/SA8000%E6%A0%87%E5%87%86/9658186.
[3] 百度百科.全球契约词条[EB/OL].(2022-03-24).https://baike.baidu.com/item/%E5%85%A8%E7%90%83%E5%A5%91%E7%BA%A6/2906815?fr=aladdin.

守的价值观和基本原则,为商界提供了一套高质量的发展绩效标准,也为相关企业顺应全球化趋势扩大国际知名度创造了必要前提。①

伴随着企业社会责任的重要性愈发凸显和各国企业、组织对于统一标准的迫切需求,世界上最大的国际标准化组织(International Organization for Standardization,简称ISO)从2001年开始着手进行社会责任国际标准的可行性研究和论证。2004年6月最终决定开发适用于包括政府在内的所有社会组织的"社会责任"国际标准化组织指南标准,由54个国家和24个国际组织参与制定,编号为ISO26000,是在ISO9000和ISO14000之后制定的最新标准体系,这是ISO的新领域,为此ISO成立了社会责任工作组(WGSR)负责标准的起草工作。2010年11月1日,国际标准化组织(ISO)在瑞士日内瓦国际会议中心举办了社会责任指南标准(ISO26000)的发布仪式,该标准正式出台。但不同于SA8000的是,SA8000是一个可认证标准,ISO26000不是一个可认证标准。②

全球报告倡议组织的G4标准提供了报告原则、标准披露和实施手册,为各种规模、各类行业、各个地点的机构编制可持续发展报告提供参照。与以往标准相比,G4标准增加了更多对实质性指标和管理方法的细致披露要求。G4标准从外部信息诉求和企业内部管理提升两方面对企业社会责任管理工作提出新的思考视角和要求。③

三、对国内外传媒社会责任评价指标体系文献的评析

20世纪90年代,企业社会责任思想随经济全球化潮流进入中国,并引发中国学者的高度关注。传媒社会责任的萌芽稍晚,综合国内外传媒企业社会责任研究可以看出,当前传媒社会责任评价标准领域研究存在着以下问题。④

第一,国内外传媒社会责任的相关研究数量多、内容杂,文献分析和阶段

---

① 郑岩.中国制造业企业社会责任的评价体系研究[D].哈尔滨:黑龙江大学,2009.
② 熊凤翔.基于利益相关者理论的出版企业社会责任评价研究——以中文传媒为例[D].南昌:华东交通大学,2017.
③ 许晓铃,何芳.G4带来企业社会责任工作新趋势[J].WTO经济导刊,2014(4):46.
④ 石京民,李健.基于CiteSpace的国内外企业社会责任研究比较分析[J].北京理工大学学报(社会科学版),2019,21(1):65-73.

性总结并不能系统概括传媒业界社会责任的履行情况和热点问题,也不能准确预测传媒社会责任研究的整体发展趋势。并且在社会责任评价标准制定等方面,国内外存在一定分歧和不同认识,这有可能导致传媒社会责任理论的相关实证研究缺乏可靠性和稳定性。①

第二,与国外相比,中国传媒社会责任研究创新性不足、研究主题趋同。也就是说,缺乏具有中国特色的传媒社会责任研究体系。② 西方学者对于社会责任的内涵研究多是从层次论的角度进行剖析。但是,中国与西方国家实情不同,不可生硬地将西方式的层次论套用于我国企业的社会责任实践当中。国内对企业社会责任管理的研究多是微观角度,并较多采用过程论对社会责任管理具体实施步骤进行阐释,少有将其视为整体进行审视。国内针对一般经营性企业的社会责任管理研究较多,而对传媒企业相关问题研究较少,而专门针对传媒企业社会责任管理的研究更是少之又少。同时,对媒体社会责任的研究多从政治、经济、伦理等角度探讨,而少有从企业管理视角进行分析的,也没有利用物理模型法对传媒企业社会责任管理进行描述的先例。③

第三,中国传媒社会责任研究的本土化水平不高,研究过程中缺乏多学科的有效联动。传媒社会责任的有关研究都应该与中国自身发展阶段和国际定位相匹配。在研究方向和研究主题层面也应该有所侧重,相关评价指标也应该结合我国实际进而精准化施行。此外,中国传媒社会责任研究应该综合社会学、管理学、经济学等更多学科的理论研究成果,在拓宽研究视野的同时,寻找理论联系,逐步深化传媒社会责任研究。④

综合国内外传媒社会责任研究的相关理论成果来看,我国企业责任的现状多采用定性分析,评价结果公信力不强,评价指标体系的适用性也不强,中国传媒社会责任评价指标体系设计原则及指标选择研究还有很大的成长空

---

① 石京民,李健.基于 CiteSpace 的国内外企业社会责任研究比较分析[J].北京理工大学学报(社会科学版),2019,21(1):65-73.
② 石京民,李健.基于 CiteSpace 的国内外企业社会责任研究比较分析[J].北京理工大学学报(社会科学版),2019,21(1):65-73.
③ 黄诚,包国强,李晴.基于 CSR 系统的传媒企业社会责任治理系统管窥[J].湖北社会科学,2019(7):174-180.
④ 石京民,李健.基于 CiteSpace 的国内外企业社会责任研究比较分析[J].北京理工大学学报(社会科学版),2019,21(1):65-73.

间。① 习近平总书记在党的十九大报告中指出:"要深化文化体制改革,完善文化管理体制,加快构建把社会效益放在首位、社会效益和经济效益相统一的体制机制。"②要实现社会效益,履行社会责任是前提。

第二节 传媒社会责任评价指标体系设计原则及指标选择

众所周知,媒体的社会责任是构建公信力的重要基石,决定着媒体舆论引导作用能否发挥及发挥的程度。③ 传媒社会责任缺失,已引起整个社会和政府的高度关注。对媒体来说,秉持社会责任感比以往任何时候都更重要,但理论研究明显滞后,基本没有对其社会责任治理和评价指标体系的研究。强调传媒社会责任的重要性并不能解决其社会责任缺失的问题,对于媒体来说,相比各种利益的诱惑,研究者和社会的道义呼声显得十分苍白。关键在于如何治理,因此,构建科学的传媒社会责任治理体系和评价指标体系显得迫在眉睫。④

一、传媒社会责任评价指标体系设计的原则

科学发展观是马克思主义关于发展的世界观和方法论的集中体现,是我国经济社会发展的重要指导方针。2021 年是"十四五"规划开局落子之年,在"十四五"规划中明确提出,要健全现代文化产业体系,完善文化产业规划和政策等一系列举措。传媒社会责任评价指标体系设计的最终目标是对传媒产业发展进行更加有效的指导,为加快推动传媒产业的高质量发展提供理论依据。传媒社会责任评价指标体系构建,必须以和谐社会建设的理念和科学发展观理论为指导,从中国实际出发,指标选取原则应遵循下面原则,⑤系统性原则指

---

① 丁博文. 国有企业社会责任评价模型研究[D]. 黄石:湖北师范大学,2019.
② 习近平. 习近平在中国共产党第十九次全国代表大会上作报告[N]. 人民日报,2017-10-28(01).
③ 傅亦军. 谈媒体社会责任的原则与对策[J]. 新闻实践,2010(12):25-27.
④ 包国强. 治理视角的传媒社会责任评价体系及评价模型分析[J]. 湖北社会科学,2012(8):192-195.
⑤ 罗以澄,包国强. 报刊企业社会责任评价模型及体系构建[J]. 新闻前哨,2012(8):55-58.

标体系的构建需具有层次性,从宏观到微观层层递进,各指标不但要从不同的层面反映出网络媒体与社会系统的主要特征,还要反映网络媒体与社会系统之间的内在联系。每一个子系统由一组指标构成,各指标之间相互独立,又彼此联系,共同构成一个有机的评价体系。即科学性原则指标体系的设计和各项指标的选择必须以科学性为原则,能够全面、客观、真实的反映出网络体育媒体所处的政治、经济、人文环境的特点,各评价指标在选取时应该具有代表性,各指标包含的维度内容不能有较大重叠,数据的获得应该简单有效,计算方法清晰易懂。简单性随着社会的不断发展和互联网技术的飞速进步,传媒应该承担的社会责任也会有所变化。这就要求在设计评价指标体系时将这种动态因素考虑进去,使得指标体系在应用时能够合理地反映出这些变化,体现出前瞻性和预判性。简单性(Simplicity)、可测性(Measurability)、获得性(Availability)、可靠性(Reliability)和时效性(Timing, and time-based)、突出性原则、可比性原则、定性与定量相结合。① 在指标的选择,上要特别注意保持总体范围内的一致性,指标体系的构建是为了科学有效地评价媒体履行社会责任的状况,所以指标需要采用统一的计算方法和量度,在选取指标时应遵守简单清晰的原则,要具有很强的可操作性和可比性。此外,要选择可以进行定量处理的指标,以便于进行数学计算和分析。②

AHP(Analytic Hierarchy Process)法是美国著名运筹学家萨蒂(Thomas. L Saty)教授于20世纪70年代提出的一种定量与定性相结合的决策分析方法。运用AHP法确定传媒企业社会责任评价指标体系中各指标的权重。③ 它的特点是把复杂问题中的各种因素通过划分为相互联系的有序层次,使之条理化,根据对一定客观现实的主观判断结构(主要是两两比较)把专家意见和分析者的客观判断结果直接而有效地结合起来,将一层次元素两两比较的重要性进行定量描述。④ 该方法的基本原理为:设某级指标有 m 个下级指标,将这 m 个指标两两进行重要性对比,并赋予 AHP 标度值,构成判断矩阵 $P=[p_{ij}]_{m \times m}(1 \leqslant i, j \leqslant m)$,其中 p_{ij} 表示指标 i 相对于指标 j 的 AHP 标度值。若 p_{ij} 从 1 递增至 9,则表示指标 i 相对于指标 j 的重要性递增;若 p_{ij} 从 1 递减至 1/9,

---

① 包国强.基于"转制改企"的报刊社会责任评价模型初探[J].科技传播,2012(11):1-3,5.
② 赵锐.我国网络体育媒体社会责任及评价指标体系研究[D].绵阳:西南科技大学,2018.
③ 包国强.治理视角的传媒社会责任评价体系及评价模型分析[J].湖北社会科学,2012(8):192-195.
④ 谢承华.AHP及其应用[J].兰州商学院学报,2001(2):79-82.

则表示指标 j 相对于指标 i 的重要性递增。①

熵权法利用数据中包含的有效信息量大小来衡量各指标对综合评价的影响。该方法的基本原理为：设有 n 个评价对象，m 项评价指标，指标值经归一化后形成的评价矩阵为 $X=[x_{ij}]_{n\times m}$，其中 x_{ij} 为第 i 个对象的第 j 项指标。

"问卷调查法"由梅尼昂（Maignan），法瑞尔（Ferrell）（2000）和梅尼亚内塔尔（Maignanetal）（1999）提出，我国学者郑海东（2007）也做过类似研究。这种评价方法先把模型各维度直接操作化。由于此方法数据是问卷使用者产生，所以采用的指标测量概念要非常匹配。而且主要依赖受访者的知觉，知觉测量可能会受到实施方式的操纵。本文在研究过程中，访谈约 100 名知名传媒企业负责人，确定传媒企业评价指标，并通过专家打分法确定各自权重。然后运用层次分析法分析数据，提出传媒企业社会责任评价体系，据此提出分析公式及模型。②

二、传媒社会责任评价指标体系的指标选择

根据以上原则，我国传媒企业社会责任的评价指标体系包含如下内容：（1）舆论导向：舆论引导的责任，即坚持在政治，经济、文化领域的正确引导。这是传媒企业责任的核心所在。（2）信息传播：向受众提供真实、快速、全面、准确信息的传播责任。这是传媒企业的立身之本。（3）舆论监督：承担新闻舆论监督的责任。在重点作好对权力机关的监督时加强对社会生活的监督力度，推动社会进步，努力成为化解社会矛盾和冲突的助推器。（4）法律法规：遵守相关法律法规，尊重并维护他人知识产权的责任。（5）社会伦理：净化媒体环境以保护未成年人健康成长，妥善保护个人隐私，坚守公共道德底线的责任。（6）健康文化：提供健康有益的休闲娱乐活动的责任、传递严肃文化知识和社会遗产的培养责任。（7）公共利益和公民权益：坚守正义和良知，维护公民合法权益的责任。（8）创富能力：保持一定的赢利水平，提供定的就业岗位，吸收尽可能多社会劳动力，并依法纳税的责任。没有一定的创富能力，传

---

① 杜栋，庞庆华，吴炎.现代综合评价方法与案例精选[M].北京：清华大学出版社，2021.
② 包国强.基于 AHP 分析的报刊社会责任评价模型构建及应用[J].武汉工业学院学报，2012，31(3)：88-92，97.

媒企业就是失去了基本的物质基础,其他责任的履行就成了泡影。(9)内部员工满意度:努力提高员工工资及福利待遇,为其职业前景与规划提供广阔空间的责任。①②

以上9大体系的一级指标及其19项二级指标是密不可分的,其权重各有不同,但它们互相作用,互相制约,所以传媒企业社会责任是包括政治责任、经济责任、法律责任和道德责任等内容在内的一个综合责任体系。③

三、传媒社会责任评价指标体系的建立和指标权重

层次分析法是运用美国著名运筹学家萨蒂给出的1—9标度法,它根据各测评指标的相对重要性来确定权重。层次分析法可以通过测评指标两两比较,使复杂的无序的定性问题能够进行量化处理。首先是对所研究问题的各种影响因素进行归类和层次划分,确定出属于不同层次和不同组织水平的各因素之间的相互关系,在总目标(最高层)之下划分出准则层、约束层以及决策层等,不同层次间的因素便构成多目标"决策树",然后对"决策树"中的总目标及子目标分别建立反映影响因素之间关系的判断矩阵。判断矩阵虽然较为客观地反映出一对因子对目标影响程度大小的差别,但是由于思维的主观性和片面性,使得分析结果难免在一定程度上不能达到前后完全一致,因此需要检验和调整判断矩阵,使得其具有满意一致性($CR<0.1$)。最后,由最高层到最低层,逐层计算各层次中诸因子关于总目标的相对重要性权值,加以排序,并对层次总排序也要进行一致性检验,以防最终结果中由于综合而引起的较严重的非一致性。④

接着,利用专家打分法得出的数值来构造判断矩阵。通过将各指标值所得分相除得出重要性,可以构造7个判断矩阵。

判断矩阵一:一级指标之间相对重要性标度判断矩阵。设舆论导向A1、信息传播A2、舆论监督A3、法律法规A4、社会伦理A5、健康文化A6、公共利益和公民权益A7、创富能力A8、内部员工满意度A9。(见表3)

---

① 罗以澄,包国强.报刊企业社会责任评价模型及体系构建[J].新闻前哨,2012(8):55-58.
② 包国强.基于AHP分析的报刊社会责任评价模型构建及应用[J].武汉工业学院学报,2012,31(3):88-92,97.
③ 包国强.治理视角的传媒社会责任评价体系及评价模型分析[J].湖北社会科学,2012(8):192-195.
④ 包国强.治理视角的传媒社会责任评价体系及评价模型分析[J].湖北社会科学,2012(8):192-195.

表 3

X	A1	A2	A3	A4	A5	A6	A7	A8	A9	Wi
A1	1	2	2	4	4	4	2	2	2	0.145 6
A2	1/2	1	1	3	3	3	1	2	2	0.130 2
A3	1/2	1	1	3	3	3	1	2	2	0.127 4
A4	1/4	1/3	1/3	1	1	1	1/3	1/2	1/2	0.085 4
A5	1/4	1/3	1/3	1	1	1	1/3	1/2	1/2	0.085 4
A6	1/4	1/3	1/3	1	1	1	1/3	1/2	1/2	0.085 4
A7	1/2	1	1	3	3	3	1	2	2	0.127 4
A8	1/2	1/2	1/2	2	2	2	1/2	1	1	0.106 6
A9	1/2	1/2	1/2	2	2	2	1/2	1	1	0.106 6

矩阵中的数据表示指标 Ai 和 Aj(i,j=1,2,…,n)对目标 X 的相对重要性程度之比。Wi 表示对因子对总目标的权重。

判断矩阵二：二级指标之间相对重要性标度判断矩阵。设政治 B1，经济 B2，文化 B3，真实 B4，快速 B5，全面 B6，准确 B7，对权力机关的监督力度 B8，对社会生活的监督力度 B9，遵守相关法律 B10，社会主义伦理道德观 B11，弘扬健康、积极向上的文化 B12，坚守正义与良知 B13，维护公民权益 B14，纳税 B15，盈利 B16，吸收 社会劳动力 B17，职业前景 B18，员工工资及福利 B19。（见表 4,5,6,7,8,9）

表 4

A1	B1	B2	B3	Wi
B1	1	2	3	0.401 8
B2	1/2	1	2	0.328 9
B3	1/3	1/2	1	0.269 3

表 5

A2	B4	B5	B6	B7	Wi
B4	1	2	2	2	0.274 9
B5	1	2	2	2	0.274 9
B6	1/2	1/2	1	1	0.225 1
B7	1/2	1/2	1	1	0.225 1

表 6

A3	B8	B9	Wi
B8	1	3	0.598 7
B9	1/3	1	0.401 3

表 7

A7	B13	B14	Wi
B13	1	1	0.500 0
B14	1	1	0.500 0

表 8

A7	B15	B16	B17	Wi
B15	1	1	2	0.354 8
B16	1	1	2	0.354 8
B17	1/2	1/2	1	0.290 5

表9

A9	B18	B19	Wi
B18	1	1	0.5000
B19	1	1	0.5000

利用层次分析法软件计算出各指标值的权重,并进行一致性检验。得出本评价体系各层指标构成的判断矩阵都有(CR<0.1),因此认为判断矩阵具有满意的一致性,计算得出的值 W 可以作为评价指标。建立报刊企业承担社会责任水平的评价模型。[①]

其中,i=1,2,…,22;R 为报刊企业履行社会责任水平高低的综合评价值,R 值的变化区间为 0～5,R 值表示报刊承担社会责任水平情况,0～1、1～2、2～3、3～4、4～5 分别表示旅行社会责任水平差、较差、一般、较好、好。R 值越大,说明传媒承担社会责任的水平越高;Wi 为各个指标的相应权重;Fi 为各个指标的得分值。[②]

四、传媒社会责任指标体系的实证研究

本文以我国中部传媒企业为例,基于以上理论,运用问卷调查法,从传媒企业社会责任的 9 个一级指标,19 个二级指标来测试其履行社会责任水平高低的综合评价值。整个调查过程共发放 100 份调查问卷,回收 100 份,经整理有效调查问卷 93 份,有效率 93%。在调查中,主要以"同等重要""比较重要""重要""相当重要""绝对重要"来对影响因素的影响力进行判断,这五项判断分别对应 1～9 标度中的 1、3、5、7、9。[③] 问卷中将同一层次的指标两两比较,并按照层次分析法对所得数据进行分析,最终得出各个影响因素的权重值。在调查实施过程中通过口述向被调查者解释各指标的含义,便于被调查者理解,以便做出更为精确的选择。利用层次分析法(和积法)对调查问卷统计所得数据进行分析,构造判断矩阵,求出权重。具体调查问卷统计数据及最后各层次权重如下表(表5)。[④]

---

① 包国强,张曼.简论报刊社会责任评价模型[J].新闻传播,2012(4):25-26.
② 包国强.基于实证的报刊企业社会责任评价体系研究的设想[J].中小企业管理与科技(上旬刊),2012(3):186.
③ 罗以澄,包国强.报刊企业社会责任评价模型及体系构建[J].新闻前哨,2012(8):55-58.
④ 包国强.基于"转制改企"的报刊社会责任评价模型初探[J].科技传播,2012(11):1-3,5.

根据建立报刊企业承担社会责任水平的评价模型 $R \geqslant W_i F_i$，W_i 为各个指标的相应权重；F_i 为各个指标的得分值。

$$R=0.088\ 0*5+0.045\ 2*4+\cdots+0.051\ 45*4+0.051\ 45*4=3.823\ 8$$

由于 R 为传媒企业履行社会责任水平高低的综合评价值，R 值的变化区间为 0～5，R 值表示报刊承担社会责任水平情况，0～1、1～2、2～3、3～4、4～5 分别表示履行社会责任水平差、较差、一般、较好、好。R 值愈大，说明该传媒企业承担社会责任的水平越高。从对我国中部传媒企业的社会责任评价结果看出 R 值为 3.823 8，表示企业履行社会责任水平较好。这非常有利于该报刊企业的发展，同时为其他报刊企业的发展做出了榜样。[1]

第三节　传媒社会责任评价指标体系的构建

习近平总书记在党的十九大报告中指出："要深化文化体制改革，完善文化管理体制，加快构建把社会效益放在首位、社会效益和经济效益相统一的体制。"[2]要实现社会效益，履行社会责任是前提。我国传媒企业自实施转制改企以来，其社会责任问题越来越受到关注，如何将社会责任纳入传媒企业管理实践当中，建立合理的传媒企业社会责任管理体系也成为现如今业界和学界共同思考的问题。"企业社会责任管理体系是指为服务和促进企业全面履行社会责任而建立的组织结构和程序，并通过资源提供，实现过程目标。"[3]我国传媒企业在履行社会责任方面与其他一般经营性企业存在很大的差异，因而要构建其社会责任管理系统模型。[4]

一、传媒社会责任评价指标体系构建的原则与依据

建立智能时代网络传播平台企业信用评价决策指标体系，采用层次分析

---

[1] 包国强.基于 AHP 分析的报刊社会责任评价模型构建及应用[J].武汉工业学院学报，2012，31(3)：88-92，97.
[2] 习近平.习近平在中国共产党第十九次全国代表大会上作报告[N].人民日报，2017-10-28(01).
[3] 光耀华.企业社会责任管理体系建立与实施[M].北京：中国标准出版社，2009.
[4] 黄诚，包国强，李晴.基于 CSR 系统的传媒企业社会责任治理系统管窥[J].湖北社会科学，2019(7)：174-180.

法（AHP）计算体现各专家意见的指标主观权重,通过熵权法得到评价专家意见优劣专家自身权重,加权融合后确定指标组合权重。制定了约束层指标评价标准,并选用模糊综合评价方法作为决策方法,为智能时代网络传播平台企业信用提供可广泛应用的量决策方法。[①]

层次分析法（AHP）层次分析法[②]是一种定性与定量相结合的多准则决策方法。该方法的基本原理为：设某级指标有 m 个下级指标,将这 m 个指标两两进行重要性对比,并赋予 AHP 标度值,构成判断矩阵 $P=[p_{ij}]_{m \times m}(1 \leqslant i j \leqslant m)$,其中 p_{ij} 表示指标 i 相对于指标 j 的 AHP 标度值。若 p_{ij} 递增则表示指标 i 相对于指标 j 的重要性递增；若 p_{ij} 递减,则表示指标 j 相对于指标 i 的重要性递增。通过对矩阵 P 的各项指标进行层次单排序,可依次求取下一级指标相对于上一级指标的权重 W_i。

熵权法[③]利用数据中包含的有效信息量大小来衡量各指标对综合评价的影响。该方法的基本原理为：设有 n 个评价对象,m 项评价指标,指标值经归一化后形成的评价矩阵为 $X=[x_{ij}]_{n \times m}$,其中 x_{ij} 为第 i 个对象的第 j 项指标。

1. 指标体系确立

本文对业内专家进行了访谈并发放调查问卷,从而确定评价智能时代网络传播平台企业信用指标。本文按智能时代网络传播平台企业发展重要程度分 9 个一级指标和对应二级指标细化框架。（见表 10）

表 10 传媒企业社会责任评价指标体系

传媒社会责任评价指标体系	
一级指标 Ai	二级指标 Bi
舆论导向	政治
	经济
	文化

---

① 张新宁,孟楠,段晓晨,刘娜.基于序关系- BP 的铁路施工企业信用评价研究[J].铁道工程学报,2019,36(9)：104-109.
② 刘光才,杨璐源.基于 AHP 和熵权法的共享汽车发展趋势评价[J].商业时代,2019(1)：190-192.
③ 刘润恺,于龙,陈德明.基于 AHP-熵权法的高铁接触网可信性评价研究[J].铁道科学与工程学报,2019,16(8)：1882-1889.

续 表

传媒社会责任评价指标体系	
一级指标 Ai	二级指标 Bi
信息传播	真实
	快速
	全面
	准确
舆论监督	对权力机关的监督力度
	对社会生活的监督力度
法律法规	遵守相关法律
社会伦理	社会主义伦理道德观
健康文化	弘扬健康积极向上的文化
创富能力	坚守正义与良知
	维护公民利益
公共权利、公民利益	纳税
	盈利
	吸收社会劳动力
内部员工满意度	职业情景
	员工工资及福利

2. 评价指标体系及权重解读

使用专家打分法,向传媒企业相关人士和传媒研究领域自身专业人士发放我国传媒产业高质量发展评价指标体系调查表,并通过统计分析得出评价指标体系指标权重。表中评价标准为:1、2、3、4、5 分别表示在评价指标体系中的重要性为非常不重要、不重要、一般重要、比较重要、非常 重要。满分制为 1,1、2、3、4、5 这几个选项按比例分配分值。①

---

① 包国强,黄诚.中国传媒产业高质量发展的评价指标体系及模型构建——基于 AHP-熵权法[J].现代传播(中国传媒大学学报),2021,43(4):1-8.

表 11 传媒企业社会责任评价指标权重

一级指标(权重)Ai	二级指标(权重)Bi	好5	较好4	一般3	较差2	差1
舆论导向 0.2	政治 0.5					
	经济 0.3					
	文化 0.2					
信息传播 0.15	真实 0.3					
	快速 0.3					
	全面 0.2					
	准确 0.2					
舆论监督 0.15	对权力机关的监督力度 0.7					
	对社会生活的监督力度 0.3					
法律法规 0.05	遵守相关法律 1					
社会伦理 0.05	社会主义伦理道德观 1					
健康文化 0.05	弘扬健康积极向上的文化 1					
公共权利、公民利益 0.15	坚守正义与良知 0.5					
	维护公民利益 0.5					
创富能力 0.1	纳税 0.4					
	盈利 0.4					
	吸收社会劳动力 0.4					
内部员工满意度 0.1	职业情景 0.5					
	员工工资及福利 0.5					

表 12　判断矩阵标度定义

标　度	定　　　义
1	表示两个因素相比,具有同样重要性
3	表示两个因素相比,前者比后者稍重要
5	表示两个因素相比,前者比后者明显重要
7	表示两个因素相比,前者比后者强烈重要
9	表示两个因素相比,前者比后者极端重要
2　4　6　8	表示上述相邻判断的中间值
倒数	两个要素相比,后者比前者的重要性标度

3.评价指标体系及权重解读

具体来说,本文提出从以下 9 个方面评价我国传媒企业社会责任:(1)舆论导向权重为:舆论引导的责任,即坚持在政治,经济、文化领域的正确引导。这是传媒企业责任的核心所在。(2)信息传播:向受众提供真实、快速、全面、准确信息的传播责任。这是传媒企业的立身之本。(3)舆论监督:承担新闻舆论监督的责任。在重点作好对权力机关的监督时加强对社会生活的监督力度,推动社会进步,努力成为化解社会矛盾和冲突的助推器。(4)法律法规:遵守相关法律法规,尊重并维护他人知识产权的责任。(5)社会伦理:净化媒体环境以保护未成年人健康成长,妥善保护个人隐私,坚守公共道德底线的责任。(6)健康文化:提供健康有益的休闲娱乐活动的责任、传递严肃文化知识和社会遗产的培养责任。(7)公共利益和公民权益:坚守正义和良知,维护公民合法权益的责任。(8)创富能力:保持一定的赢利水平,提供定的就业岗位,吸收尽可能多社会劳动力,并依法纳税的责任。没有一定的创富能力,传媒企业就是失去了基本的物质基础,其他责任的履行就成了泡影。(9)内部员工满意度:努力提高员工工资及福利待遇,为其职业前景与规划提供广阔空间的责任。[①]

---

① 罗以澄,包国强.报刊企业社会责任评价模型及体系构建[J].新闻前哨,2012(8):55-58.

以上 9 大体系的一级指标及其 19 项二级指标是密不可分的,其权重各有不同,但它们互相作用,互相制约,所以报刊企业社会责任是包括政治责任、经济责任、法律责任和道德责任等内容在内的一个综合责任体系。①

二、传媒社会责任评价概念模型及指标体系的重构

为了弥补现有研究在构建传媒企业社会责任管理体系模式方面的缺陷,研究基于企业管理学中常用的 PDCA 循环模型,将过程思维与系统思维相结合,提出 CSR 系统模型。进而,在构建 CSR 系统模型的基础上,试图探讨传媒企业实施社会责任管理的一般路径,以期为我国传媒企业的社会责任管理实践提供有价值的参考。②

PDCA 循环的含义是将质量管理分为四个阶段,即 Plan(计划)、Do(执行)、Check(检查)和 Act(处理)。在质量管理活动中,要求把各项工作按照作出计划、计划实施、检查实施效果,然后将成功的纳入标准,不成功的留待下一循环去解决。③ PDCA 循环法是企业管理学中一个通用的模型,同时也被引用到构建企业社会责任管理体系的理论与实践研究当中。PDCA 模型是许多管理体系模式的基础,"它以管理活动的过程为主要思路,将企业管理分为策划、实施、检验以及改进四个步骤,并周而复始的循环下去"④,这种过程模式突出了管理活动的序列性与动态性,对实践具有一定的指导意义。但是,过程模式强调的是内部机制,侧重 微观和局部的刻画。企业的社会责任管理活动虽然属于企业内部管理体系的一部分,但是其管理范围更多涉及企业行为对外部的影响,尤其对于传媒企业而言,其外部性更加明显,因而必须系统地综合考察企业社会责任管理内外部情况。因此,本文将过程模式与系统论相结合,初步构建起一个适合我国传媒企业社会责任管理的系统模型。CSR 系统模型强调的是沟通机制的重要性,并将其置于系统的中心位置。该模式认为传媒企业社会责任管理体系应该由两个大系统构成,即企业内部管理系统和企业外

---

① 包国强.基于 AHP 分析的报刊社会责任评价模型构建及应用[J].武汉工业学院学报,2012,31(3):88-92,97.
② 包国强,王作剩,黄诚.新闻、宣传、公共利益与市场——中国特色媒体社会责任的价值体系构成与内在逻辑[J].新闻爱好者,2020(11):11-17.
③ 刘海军.JX 公司中层管理人员绩效考核体系改进研究[D].咸阳:西北农林科技大学,2021.
④ 姚忠.旅游区环境管理体系研究[D].杭州:浙江大学,2006.

部管理系统,两个系统的内部又都按各自的沟通机制运行。而更重要的是,沟通机制将两个系统连接起来又共同构成了企业社会责任管理大系统。传媒企业社会责任管理内部系统(CSR 内部系统)相对较复杂,主要由两大主体系统构成:领导决策系统、职能执行系统。这两个系统的各自功能不同,决策系统的功能主要聚焦于社会责任管理的顶层设计和战略规划,其具体工作包括组织社会责任履行及其管理现状的分析、确定社会责任管理总目标、明确组织社会责任管理的长期与短期计划、制定社会责任评价体系与绩效标准、根据实施情况和评价结果确定改进方向等;职能执行系统聚焦管理体系的具体实施,是由组织内部各部门或科室构成,每个部门都是一个更小的系统,其主要工作包括确定各部门社会责任管理子目标、制定具体实施方案、执行日常管理工作、定期审议评价工作实施情况、编制社会责任报告等。另外,传媒企业社会责任管理外部系统(CSR 外部系统)也是不可或缺的一部分。外部系统主要由与传媒企业发生外部联系的各相关方构成,包括政府、公众、股东等与企业有财务关系的成员、传媒企业所处产业链上下游的企业、传媒企业所处集团内部上中下属企业、影响范围所辖的社区等。

从结构上看,该模式的运行主要由沟通机制所带动。CSR 内部沟通系统是连接 CSR 内部系统中决策系统与执行系统的桥梁。它的形式是两条方向相反的信息流,信息流 A 的方向是由决策系统流向执行系统,以自上而下的通告为主要特征,主要内容为宣讲、CSR 培训等;信息流 B 的方向与 A 流相反,是从执行系统流向决策系统,以自下而上式的反馈为主要特征,主要内容为各职能部门向决策机构汇报日常管理情况、通过座谈会等了解员工需求等;而 CSR 外部系统更像是一个复杂的传播系统,各相关方能够通过各种方式实现沟通,而媒体对于外部各方履行社会责任的效果也会受到它们之间相互交往和沟通后的结果的影响;将传媒企业社会责任管理的内外部两大系统连接在一起的又是沟通机制,这种沟通也是双向的,并且没有明显的上下级特征,形式较松散,内容和沟通方式也更多样。外部沟通机制将外部各相关方的诉求等信息输入到传媒企业内部管理系统中,内部各系统根据这些信息进行日常社会责任管理工作的部署与实施。

总体上看,传媒企业 CSR 系统模型试图站在一个宏观的角度建立传媒企业社会责任管理体系的框架,它将 PDCA 过程性与系统思维结合在一起,不仅体现了传媒企业社会责任管理活动中进行计划、实施、检查与改进工作的程式,更是利用沟通机制的中介作用将传媒企业内外部系统中的各部分联结在一起,正是因为存在传播过程中信息流的作用,才使得整个组织的社会责任管理体系始终能够处在一个动态持续和循环的规则下运行。因为该框架引入了沟通机制,因而在传媒企业日常的社会责任管理工作中,社会责任沟通机制、社会责任信息披露机制以及社会责任评价机制必然成为其最为重要的环节。①

三、传媒社会责任评价指标的赋值规则与赋权方法

(一)组建社会责任管理专门机构,将社会责任管理提升至企业战略层面

设置专门的传媒企业社会责任管理组织,能够保证社会责任管理工作的顺利实施。传统媒体和网络媒体的整体组织架构略有不同,传统传媒企业普遍是多层级的结构,而互联网等新传媒企业多偏于扁平化的组织架构,因此,传媒企业在组建内部社会责任管理机构时,需要考虑到企业自身的性质以及现行的整体组织机构形态。但一般而言,社会责任管理机构需要两部分,即领导决策层以及职能执行层。领导决策层的主要任务是依据传媒企业的整体战略规划来制定社会责任管理的战略目标,制定社会责任管理相关政策,授权、指导、协调、监督各级社会责任管理工作。职能执行层的主要任务是制定各级各部门具体的社会责任管理实施目标及翔实的实施方案,组织开展各自的社会责任管理日常工作,处理社会责任管理出现的危机事件,定期向领导决策组汇报工作情况等。

了解自身的社会责任管理现状是传媒企业能够制定切实可行的社会责任管理体系的前提条件之一。对企业内部现行体制与外部环境的适应性进行深入调研,对社会、政府、受众、内部员工等各相关方的利益与诉求进行充分考虑,同时对企业过往的有关社会责任方面的管理工作进行深刻总结,这些方面的工作都能为企业建立完善的社会责任管理体系做好铺垫。在充分调研了传媒企业自身社会责任管理现状的基础之上就可以明确组织社会责任所要达到的总目标。但是,总体目标的实现必须要依靠各部分子目标的实现,因此,企业应当将总目标

---

① 黄诚,包国强,李晴.基于 CSR 系统的传媒企业社会责任治理系统管窥[J].湖北社会科学,2019(7):174-180.

细化,并明确传媒企业对各方在履行社会责任方面预期达到的成果(见表13)。

表13 传媒企业社会责任管理目标分解表

各相关方	欲 实 现 目 标
政府	遵守国家法律法规、纳税、接受政府的管理以及对政府部门及其公职人员进行合理监督、保证国家政令上通下达、以合理方式建言献策等
社会(公众)	1. 作为独立的经济主体,应当通过公司的经营活动实现盈利,积极纳税,并吸纳社会劳动力以促进社会的经济发展; 2. 通过加强对社会生活的舆论监督,协调社会各阶层关系和利益; 3. 报刊组织应当通过传播健康和有价值的文化产品,营造良好的舆论环境,弘扬本民族的优秀文化,以支持社会的文化教育事业; 4. 传媒企业要通过组织和参与各种慈善及公益活动来关心社会、支持社会的福利事业,积极弘扬社会的真善美; 5. 报刊组织还应该担负起宣传环境保护的责任,并通过自身的绿色环保节约行为,以自己的行动感召社会各成员都来为环保贡献力量
产业链上下游企业	确保向产业链上下游企业推行社会责任管理
集团内部上中下属企业	主要是针对具有集团性质的大规模传媒企业而言的,传媒企业也需确保向上中下属企业推行社会责任管理
股东	应确保通过合法经营维护股东的投资权益,并确保股东能够从投资行为中获得良好的投资收益
员工	应遵守劳动法规,健全劳动保障机制,保证员工的安全,确保员工享受应有的薪酬、保险、福利和休假权利,并为员工的职业发展开辟宽广的道路

建立专门的社会责任管理组织就意味着传媒企业应将社会责任管理提升至企业管理的战略层面。传媒企业"能否从战略的高度来认识企业社会责任问题,将成为制约其持续发展的关键,也成为其能否成功'走出去',应对国际挑战的关键所在"。[①] 社会责任管理部门应将企业的社会责任管理作为一项长期的工作进行谋划,并将社会责任融入传媒企业的企业文化当中。

---

① 黄群慧,钟宏武.国有企业如何建立全面社会责任管理体系[J].宁波大学学报(人文科学版),2008(4):78-82.

(二) 建立传媒企业社会责任管理沟通机制

对于我国传媒企业而言,社会责任并不是一件新事物,但是将社会责任纳入严格的组织管理体系中,并形成制度严格执行,这对各家传媒企业来说却是一项新工作。因此,社会责任管理机构需要就社会责任管理的相关制度和程序对各级员工进行培训,让他们熟知企业社会责任管理的政策、准则、流程、评价标准、奖惩办法等事宜,并提高他们的社会责任观念和认识,督促他们履行社会责任,并严格按照社会责任管理流程进行日常管理工作,保障将社会责任管理工作落到实处。"加强对传媒企业社会责任的培训,让企业经营者、管理者理解企业社会责任对企业成长、经济发展和社会进步的重要意义",[1]这是能否贯彻实施社会责任管理的前提条件之一。

沟通的目的是收集信息,了解各相关方的期望与诉求,以保证决策和执行的正确性。对于传媒企业而言,除了企业的股东之外,与之相关的各方大体可以分为政府、公众、社会、产业链上下游企业与集团内部上下属企业、股东、内部员工等,每一方的期望与诉求是不同的,有时各方的诉求还会随着社会的变化而变化,因而需要经常性的与他们进行沟通,一方面报刊组织不仅需要及时将自己在履行社会责任方面的情况告知各方,还应充分听取各相关方意见,洞察所在社区的变化情况,并邀请他们积极参与到企业社会责任管理的决策当中来。为此,应当确保各方的知情权、参与权与监督权,并使沟通工作常态化。另外,沟通的方式也应根据各方特点而有所不同,比如与受众的沟通可以通过来信、来电、定期举行读者座谈会的方式,还应该运用各自的新媒体和社交媒体,积极与用户互动,解答他们的疑惑;与政府的沟通可以通过电话、邮件等形式高频率地与之接触,搭建交流平台使政府与公众有机会进行沟通;与自身员工的沟通可以以不定期访谈、设立意见箱、职代会等形式了解他们情况与诉求;传媒企业还应与所在社区的公益组织、文明建设管理机构、青年志愿者组织等保持经常性的联系(见表13)。

社会责任信息管理机制是沟通机制中最重要的部分,目的是为了传媒企业在实施社会责任管理过程中能够与外界保持对社会责任信息的畅通。

---

[1] 周志田,杨多贵,胡涢洋.中国企业社会责任管理体系建设浅析[J].中国科技信息,2009(10):309-310.

要保证企业社会责任信息管理工作的顺利进行,就必须建立传媒企业社会责任报告制度。企业社会责任报告是以正式的形式反映企业承担什么社会责任以及如何履行社会责任的载体,也是企业披露其信息的工具,是企业履行社会责任的综合反映。① 对于传媒企业而言,编制社会责任报告能够使各级员工在思想和制度方面受到来自内外部的约束,督促他们完成社会责任管理工作。同时,由于社会责任报告涉及传媒企业对各相关方的责任履行情况,因而也成为沟通各相关方的重要工具。更为重要的是,实施社会责任报告制度能够有效提升传媒企业在公众心目中的形象,"只有取得了公众的信任,才能赢得公众的注意,成为能够影响受众的媒体;而只有能够影响到更多的受众,新闻媒体才能产生巨大的传播价值"。② 2014年我国首批11家媒体发布了社会责任报告,2015年第二批公布社会责任报告的媒体数增至28家。从这些媒体所做的社会责任报告中可以看出,这些报告内容更加凸显了新闻媒体的特征,在阐述企业履行社会责任情况部分着重强调了新闻媒体在正确引导舆论责任、对公众提供服务责任、人文关怀责任、繁荣发展文化责任、采编人员从业责任、对员工的责任等方面的实践情况。我国传媒企业应当全面实施社会责任报告制度,在编写社会责任报告时,既要"全面、真实地反映企业履行社会责任的行为过程和绩效结果,有效地衡量自身运营对各利益相关方和自然环境影响的效果和效率",③又要充分体现新闻媒体所特有的公共属性,突出其活动对公共利益、公众权益以及国家和社会发展的效果。

(三)完善传媒企业社会责任评价机制

"社会责任评价体系是对企业履行社会责任的有效性和效率程度而设置的依据和标准,是企业社会责任绩效管理的重要组成部分。"④对于传媒企业而言,一个完整的社会责任评价体系应当包括经济绩效指标和社会绩效指标,另外,评价体系的设计应从受众、员工、政府、社会(社区)、环境等"主要利益相关方进行综合评价角度出发,并按照各相关方在法律、经济和道德等方面的责任

---

① 光耀华.企业社会责任管理体系建立与实施[M].北京:中国标准出版社,2009.
② 肖曜,梁锋.传媒社会责任报告的意义与内容[J].新闻前哨,2014(5):21-23.
③ 刁宇凡,周立军.社会责任标准导论[M].北京:机械工业出版社,2012.
④ 曾海敏,隋静.社会责任问题的研究[M].北京:北京交通大学出版社,2009.

内容,遵从一级指标——中间层次指标——末级可考量指标的构建思路"进行设计。目前,我国还没有建立适合传媒企业的社会责任评价体系,因而现在迫切需要做的就是建立起一部完整的传媒企业社会责任评价体系。其大致遵循的思路是:要借鉴但不照搬国际上有关社会责任的评价标准,要参考我国关于员工权益保护、新闻从业者职业道德规范、社会公益事业规范等方面出台的法规,要结合报刊行业和传媒企业自身特点制定符合本企业的社会责任评价体系。针对传媒企业的特点,评价指标可以由至少两个层级的指标构成。一般来说,一级指标可以包含信息传播、舆论引导、舆论监督、社会价值和道德观、净化文化环境、公共利益与社会公益、遵纪守法、经济绩效、员工评价等方面,二级指标是对各个一级指标的分解与细分。指标的设置可以依据传媒企业类型的不同而有所变化。在确定各级指标之后需由专家设置各指标的权重。传媒企业应在年末对本年度履行社会责任的情况进行评价,评价的方式可以是通过问卷调查法由各相关方在评价表上进行打分,最后通过评价模型的公式计算出最终结果,这个结果就可以直观地反映出该传媒企业在社会责任履行上的程度如何。

另外,建立监督检查机制是社会责任管理评价机制的一项重要内容,是对社会责任管理的各项工作是否遵守规定要求的监督,以及是否完成预期目标的检验。建立有效的社会责任管理监督检查机制,是为了发现管理过程中存在的问题。社会责任管理如同其他管理工作一样,应当进行阶段性审核检验,一般来讲可以每年一次。进行阶段性审议的目的是对社会责任管理体系的实施情况进行全面深入的检查,评价管理体系是否遵守了相关的法律法规、是否遵循了相关评价标准的要求、是否符合本企业相关文件以及管理办法的规定,以期及早发现问题及时修正。

(四) 对社会责任管理工作进行持续改进

通过对社会责任管理工作的评价审议会发现一些问题,社会责任管理部门需要对其进行改进。传媒企业社会责任管理体系中的改进环节是一种主动行为,是一个动态的过程,而非法律制约下的被动行为。组织需要对社会责任管理的政策、制度、目标、流程、指标等方面不断做出调整,这是传媒企业对外部环境变化及时做出的反应。通过建立持续改进机制,保证社会责任管理体系的可持续运行,增强传媒企业管理的灵活性和敏捷性,从而提高组织在社会责任管理方面的能力和水平。①

思考题

1. 融媒体时代对传媒社会责任评价指标体系的构建有哪些影响?
2. 传媒社会责任评价指标体系较其他企业的评价体系有何不同?
3. 如何将层次分析法(AHP)、熵权法运用到传媒社会责任评价指标体系的构建中?

相关学习延伸资料

1. 西伯特,彼得森,施拉姆.传媒的四种理论[M].北京:新华出版社,1980.
2. 黄晓新.中国传媒社会责任研究报告(2018—2019)[M].北京:中国书籍出版社,2019.
3. 乔忠.管理学[M].3版.北京:机械工业出版社,2012.

参考文献

[1] 黄诚,包国强,李晴.基于CSR系统的传媒企业社会责任治理系统管窥[J].湖北社会科学,2019(7):174-180.
[2] 包国强,王作剩,黄诚.新闻,宣传,公共利益与市场——中国特色媒体社会责任的价值体系构成与内在逻辑[J].新闻爱好者,2020(11):11-17.
[3] 罗以澄,包国强.报刊企业社会责任评价模型及体系构建[J].新闻前哨,2012(8):55-58.
[4] 包国强,黄诚.中国传媒产业高质量发展的评价指标体系及模型构建——基于AHP-熵权法[J].现代传播(中国传媒大学学报),2021,43(4):1-8.
[5] 刘润恺,于龙,陈德明.基于AHP-熵权法的高铁接触网可信性评价研究[J].铁道科学与工程学报,2019,16(8).
[6] 刘光才,杨璐源.基于AHP和熵权法的共享汽车发展趋势评价[J].商业时代,2019(1):190-192.
[7] 张新宁,孟楠,段晓晨,刘娜.基于序关系-BP的铁路施工企业信用评价研究[J].铁道工程学报,2019,36(9).
[8] 包国强.基于AHP分析的报刊社会责任评价模型构建及应用[J].武汉工业学院学报,2012,31(3):88-92,97.

---

① 黄诚,包国强,李晴.基于CSR系统的传媒企业社会责任治理系统管窥[J].湖北社会科学,2019(7):174-180.

［9］包国强.基于"转制改企"的报刊社会责任评价模型初探[J].科技传播,2012(11):1-3,5.

［10］罗以澄,包国强.报刊企业社会责任评价模型及体系构建[J].新闻前哨,2012(8):55-58.

［11］包国强.基于实证的报刊企业社会责任评价体系研究的设想[J].中小企业管理与科技（上旬刊）,2012(3):186.

［12］包国强,张曼.简论报刊社会责任评价模型[J].新闻传播,2012(4):25-26.

［13］赵焕臣.层次分析法[M].北京:科学出版社,1986.

［14］刘海军.JX公司中层管理人员绩效考核体系改进研究[D].咸阳:西北农林科技大学,2021.

［15］姚忠.旅游区环境管理体系研究[D].杭州:浙江大学,2006.

第五章
传媒社会责任的管理体系与标准

新闻传媒是真实地、及时地反映世界新近变动的大众传播工具。① 新闻传媒作为信息传播的重要载体，不仅满足公众的信息知情权，甚至代表舆论、促进公共利益，是社会公器，需要承担不可推卸的社会责任。

随着经济发展和科学技术的进步，新闻传媒也随之不断发展。媒体作为社会体系的一部分，其发展过程不容忽视。自改革开放以来，我国新闻传媒经历了市场化改革，产业转型升级，信息技术迭代等竞争过程，媒体迫切需要吸引流量，得到广告商的关注进而获得经济利益。随之而来的是媒体一味追求经济效益罔顾社会责任现象严重。② 因此，无论从社会发展的角度还是媒体自身发展的角度，媒体究竟应如何承担社会责任，应承担怎样的社会责任，传媒社会责任如何进行有效的管理，已成为关注的焦点。

传媒社会责任管理，是我国社会发展的时代要求。随着技术的进步，现代媒体不仅仅是信息的传播者，还是信息的创造者和解析者，对推动社会发展起着重要的作用。③ 2009年10月9日胡锦涛在世界媒体峰会的开幕致辞中正式提出媒体"要切实承担社会责任，促进新闻真实、准确、全面、客观传播……秉持高度的社会责任感。"④ 2016年2月19日，习近平在北京主持召开党的新闻舆论工作座谈会并发表重要讲话表示，"要增强政治家办报意识，在围绕中心、服务大局中找准坐标定位，牢记社会责任，不断解决好'我是谁、为了谁、依靠谁'这个根本问题，做党和人民信赖的新闻工作者"。⑤ 总之，媒体从来都不

---

① 佚名.第六章新闻传媒的性质[EB/OL].(2018-09-13).https://www.docin.com/p-2133247565.html.
② 穆青.我国媒体社会责任及评价体系研究[D].北京：中国矿业大学(北京),2015.
③ 穆青.我国媒体社会责任及评价体系研究[D].北京：中国矿业大学(北京),2015.
④ 朱继东."标题党"泛滥的危害、根源和对策[J].新闻爱好者,2012(17)：15-18.
⑤ 新华社.习近平：坚持正确方向创新方法手段　提高新闻舆论传播力引导力[EB/OL].(2016-02-19).http://www.xinhuanet.com/politics/2016-02/19/c_1118102868.htm.

是简单的信息传播工具,新闻传播应该占据意识形态制高点,深刻地影响着人类的思想活动和社会活动。① 媒体日常传播的信息实际都传达了社会的主流价值和文化,潜移默化地影响着受众的思想。大众媒体在塑造社会价值观、社会道德和社会风气方面发挥着重要作用。② 这就要求现代传媒必须对社会责任的内涵进行再认识,传媒既要承担传播的职责,又要承担引导和推动社会发展的责任。

传媒社会责任管理,是媒体实践的现实要求。新媒体时代,传媒社会责任弱化、自律失灵现象时有发生,③履行社会责任是媒体获得社会支持的前提,是提升媒体影响力和传播价值的必由之路。2014年以来,中宣部、中国记协牵头在部分媒体单位开展了传媒社会责任评价试点,通过定期公布媒体社会责任报告,使得媒体行业初步建立了"需要长期履行社会责任"的工作意识,有利于媒体客观审视自身发展存在的问题和不足,有效促进媒体自我革新。④ 同时,互联网将受众从"接受媒体信息"的被动地位解放出来,并不断激发其在媒体传播活动中的主体性和主动性,使受众在和媒体的互动关系中掌握越来越多的主导权。受众角色转变也颠覆着媒体履行社会责任的方式,加大媒体履行社会责任的难度。

在当今价值多元的时代,互联网的普及让社会个体拥有了更多的话语权,但同时也带来了社会舆情风险,媒体新闻性与猎奇性共生、世俗化与媚俗化同在、监督功能与违法违规并存。信息技术的日新月异使人们陷入对工具理性的崇拜,而新闻媒体的社会责任是对价值理性的呼唤,其目的是使两者在新媒体环境下实现和谐统一。⑤

第一节 传媒社会责任管理体系

媒体的社会责任是指媒体机构及其从业人员在新闻传播活动中必须履行的对社会稳定、国家安全和公众心理健康而必须承担的法律、道德和其他公共

---

① 穆青.我国媒体社会责任及评价体系研究[D].北京:中国矿业大学(北京),2015.
② 穆青.我国媒体社会责任及评价体系研究[D].北京:中国矿业大学(北京),2015.
③ 谢新洲,柏小林.完善媒体社会责任评价,强化主流媒体责任担当[J].新闻战线,2018(17):39-42.
④ 谢新洲,柏小林.完善媒体社会责任评价,强化主流媒体责任担当[J].新闻战线,2018(17):39-42.
⑤ 许向东,邓鹏卓.新媒体环境下主流媒体的社会责任[EB/OL].(2019-02-27).http://media.people.com.cn/n1/2019/0227/c425664-30905195.html.

责任及社会义务。① 郑保卫教授指出新闻媒体应当从社会的政治、经济、文化及伦理、道德多方面来认识、理解并履行社会责任,即要从一定的政治制度、经济制度,以及该社会的文化与道德传统的意义上来认识、理解并履行社会责任。② 因此,媒体的社会责任还可分为政治、道德和文化责任等。

其中,媒体的政治责任居于首位,是最重要的。其具体包括坚持马克思主义新闻观、坚持党性原则,坚守正确舆论导向;坚持中国特色社会主义基本政治制度和经济制度;坚持以正面宣传为主,宣传科学理论,传播先进文化,弘扬社会正气,倡导科学精神,全心全意为人民服务,为全党全国工作大局服务。③ 其次,道德责任也是媒体必须要坚守的。媒体作为社会的公众机构和传播机构对整个社会的道德建设和道德水平提高有着至关重要的影响,担负着重大的道德责任。④ 随着媒体市场进程加速,有偿新闻、有偿不闻、虚假新闻成风,这些问题要求新闻工作者提高道德素质,树立正确的人生观、道德观,担负起"上情下达"和"下情上达"的任务,推动人民福祉和社会稳定。⑤ 此外,文化责任是媒体必不可少的责任。在建设社会主义和谐社会的过程中,传媒也肩负起了文化的使命。其具体体现为:正确引导舆论、弘扬社会正义;客观、真实、全面反映社会现实,树立媒体公信力;传播和传承先进文化,抵制低俗、媚俗、庸俗,创造良好的文化氛围等。⑥ 当今社会,技术日新月异,媒体影响力日益增强,文化产品对人的影响更加深刻,媒体更应具有前瞻性的责任观念,重视对大众传播的思想启蒙与行为引导。由于文化产品影响人的规模大、范围广,更要强调媒体的社会责任。⑦

但是,由于经济利益追求、政治权力干扰、媒体从业人员自身职业道德素养不高等因素,导致媒体常常忽视社会责任。因此,传媒社会责任管理体系的建立成为重要的研究议题。

新闻传媒经历市场化改革之后,既具有形而上的上层建筑属性,又具有形

---

① 巴勒特.媒介社会学[M].赵伯英,孟春,译.北京:社会科学文献出版社,1989:58.
② 郑保卫.权力·责任·道德·法律——兼论新闻媒体的属性、职能及行为规范[J].国际新闻界,2005(4):43-47.
③ 傅亦军.谈媒体社会责任的原则与对策[J].新闻实践,2010(12):25-27.
④ 谭诚训.社会道德底线与媒体的道德责任[J].当代传播,2007(1):31-32.
⑤ 傅亦军.谈媒体社会责任的原则与对策[J].新闻实践,2010(12):25-27.
⑥ 李斌.媒体社会责任感的弱化与成因探析[J].现代营销(学苑版),2012(3):233.
⑦ 赵波.媒体要担当的社会责任[J].记者摇篮,2010(6):34.

而下的信息产业属性,即具有事业性质,企业管理的双重属性。① 一方面保证党和国家对新闻传媒的领导,另一方面自主经营、自负盈亏。改革后传媒更重视自身管理,重视投入与产出的效益,以及如何获得经济利益。新闻传媒的商业性要求媒体遵循市场规则运作,但其公共性要求媒体不同于一般企业,除了盈利,还要承担独特的社会责任。因此,建立、实施传媒社会责任管理体系,平衡新闻传媒的双重属性,是传媒社会责任管理中的重要方向。

管理体系是管理学科中的重要概念,是指组织用于建立方针、目标以及实现这些目标的过程中相互关联和相互作用的一组要素。为了实现组织的目标,组织把若干不同的管理体系通过一定方式方法,将其整合在一个架构下运行。管理体系一般要求覆盖企业内部管理各个方面,用一套制度支持全方位管理,既能满足多个体系标准认证要求,又能促进各项管理职能有机融合,形成集合协同优势,充分利用有限资源,建立自我完善的运行机制,有利于提高企业整体管理的效率和效果,实现企业的方针和目标。②

如今,更多的传媒企业重视自身管理,投入大量人力和财力,希望建立完整的管理体系,提高管理水平,维持并推进新闻传媒事业的发展。但由于国内许多传媒企业没有明确可行的战略目标,缺乏系统的管理制度和操作流程,如何遵循管理规律和新闻传媒规律,确立传媒社会责任标准,完善传媒社会责任认证,健全传媒社会责任管理体系,对于传媒企业发展至关重要。

一、传媒社会责任管理体系标准

传媒社会责任的评估需要一套科学的指标体系和统一的考察标准,这套指标体系既是对现有研究成果的提炼,更是对媒体行业社会责任实践现状的考量。③ 传媒业界、学界对传媒社会责任的认识依然停留在初级阶段,既缺乏系统的理论体系与研究成果,又没有成文的评价认定标准。针对传媒社会责任的文章或论述中,一部分是站在宏观的角度,提倡坚持党性原则,坚守舆论阵地,发挥舆论引导能力,履行社会责任;一部分集中在新闻报道、电视节目内容、记者的职业道德和素养等微观领域,比如新闻不能失实,电视节目不能过

---

① 高姗.《新闻联播》话语变迁研究[D].杭州:浙江工业大学,2014.
② 何帆.CI公司供应商管理分析及改进[D].上海:复旦大学,2015.
③ 钟瑛,李秋华.新媒体社会责任的行业践行与现状考察[J].新闻大学,2017(1):62-70,77,148.

度"娱乐化",禁止有偿新闻或"有偿不闻"等。①

2009年,中国社科院发布了《中国企业社会责任报告编制指南》,该指南是我国企业社会责任理论研究的一项重大成果,具有里程碑式意义,但其中极少涉及媒体的社会责任。之后经过多次升级改版,中国社科院于2016年发布了《中国企业社会责任报告编写指南(China-CSR4.0)》,4.0版本的社会责任指南与时俱进,完成了从"基本可用"到"基本好用"的转变,但媒体的社会责任尚没有统一的评估标准和编制指南。②

2010年5月8日,由百余家新闻媒体机构和企业共同倡议的《媒体与新闻媒体社会责任宣言》发布仪式在第五届中国传媒创新年会上正式举行。《媒体与企业社会责任宣言》共16条,其中媒体宣言8条,包括坚持正确的舆论导向、加强从业人员职业道德建设、维护媒体公信力、公平竞争、恪守社会效益、加强自我约束与管理、尊重知识产权等内容,倡议媒体和企业自觉履行社会责任。2010年09月25日,光明日报倡议发布"牢记社会责任,坚持正确导向"倡议书。③

2011年9月,北京大学新闻与传播学院专门成立中国传媒社会责任课题组,开展了中国传媒史上首次大规模的传媒单位履行社会责任情况大调查。课题组在参考国际标准化组织制定的ISO26000等相关指标体系的基础上,结合中国传媒业的特殊属性,制定了中国首个传媒社会责任指标参照体系。④

2012年3月28日,"首届中国传媒(北京)论坛暨中国传媒社会责任座谈会"在北京大学召开。座谈会以"履行传媒责任 彰显传媒力量"为主题,重点探讨了文化强国背景下传媒社会责任建设。会上,北京大学新闻与传播学院副院长、中国传媒社会责任课题组组长陈刚教授发布了中国传媒史上第一部传媒行业社会责任报告——《2011中国传媒行业社会责任报告》(简版),这是中国传媒史上首份传媒行业社会责任报告。报告指出我国新闻媒体社会责任主要包括舆论导向、信息传播、舆论监督、法律法规、社会伦理、健康文化、公共利益和公民权益、创富能力、内部员工满意度这几个方面。建立传媒社会责任

---

① 周志懿.做负责任的媒体——中国传媒社会责任课题研究概述[J].青年记者,2012(13):37-40.
② 王修滋,蔡笑元.媒体社会责任评价标准及指标体系构建[J].青年记者,2017(30):28-34.
③ 江作苏.公信力寓于履责尽责之中——社会需求我国出版单位实施"社会责任报告制度"[J].出版发行研究,2014(1):68-70.
④ 冷梅.首份中国传媒行业社会责任报告在京发布[J].新闻战线,2012(4):75.

报告制度,是新闻媒体深入贯彻落实科学发展观,构建和谐社会的需要,是全社会对新闻媒体的广泛要求和法律与道德对新闻媒体的必然要求,是提升新闻媒体自身的公信力和传播价值,实现可持续发展的必然选择,是我国新闻媒体提高国际竞争力和增强国际传播力的客观需要,是应对当前媒体发展所出现问题的现实需要,是新闻媒体属性决定其必须履行社会责任的义务,是政府对新闻媒体管理制度与方法的创新。① 有业界专家认为,"《2011中国传媒行业社会责任报告》的出炉,标志着中国传媒社会责任建设开始有一套全面、完整、系统的指标参考体系"。②

2014年初,中宣部确定全国11家新闻机构为媒体履行社会责任试点单位。2014年6月9日,首批11家试点媒体社会责任报告正式对外发布,对2013年度履行社会责任情况进行了全面梳理展示,由此开启了"媒体社会责任报告制度"。③ 至2019年度,发布社会责任报告的媒体已增加至51家。

自"媒体社会责任报告制度"实行以来,媒体社会责任报告工作不断改进,报告媒体的数量逐步增多,报告质量不断提升,国内媒体责任意识进一步加强。但当时,传媒学界、业界乃至党政主管部门,在媒体履行社会责任方面尚没有一个被广泛认可的、操作性较强的系统性测评指标。④ 不少媒体对社会责任的理解还仅仅停留在"慈善活动""公益活动"等浅层要求上,导致试点工作进展并不十分顺畅,社会反响也不热烈。

为了贯彻落实中央的要求,填补国内传媒社会责任指标体系研究不足,为媒体践行社会责任提供具有指导性、可操作性、可推广应用性的指标体系,推动新闻媒体机构积极主动的承担社会责任,提高传媒行业影响力和公信力,部分学者尝试设计媒体社会责任指标体系。2017年,大众报业集团副总编辑王修滋、大众报业集团新闻研究所编辑蔡笑元,在广泛吸取国内外学界新闻理论和业界实践经验基础上,参照企业社会责任中的文化娱乐业部分与分析38家媒体社会责任报告,根据媒体的特殊性和传媒业生态,设计了一个操作性强、适用性高、相对完备、科学的媒体社会责任标准及指标体系,在业内有较大的影响。⑤

该标准制定时采用"8+2"的社会责任评价模型,形成了以"正确引导"指

---

① 肖曜,梁锋.传媒社会责任报告的意义与内容[J].新闻前哨,2014(5):21-23.
② 冷梅.首份中国传媒行业社会责任报告在京发布[J].新闻战线,2012(4):75.
③ 肖曜,梁锋.传媒社会责任报告的意义与内容[J].新闻前哨,2014(5):21-23.
④ 王修滋,蔡笑元.媒体社会责任评价标准及指标体系构建[J].青年记者,2017(30):28-34.
⑤ 王修滋,蔡笑元.媒体社会责任评价标准及指标体系构建[J].青年记者,2017(30):28-34.

标为中心,以"提供服务""人文关怀""繁荣发展文化""遵守职业规范""合法经营""安全刊播""保障新闻从业人员权益"等8个指标为基础,以基本指标和进步指标为支撑的媒体社会责任指标体系。其中,基本指标反映了媒体履行"基本社会责任"的情况,包括"坚持政治家办报""不刊播虚假、片面新闻"等媒体机构必须坚持、遵守、贯彻的原则和义务;进步指标是媒体机构在满足基本社会责任的基础上履行的带有时代"进步性"的指标,体现了更高的道德要求,鼓励媒体承担更多社会责任,如是否做到"分众化、差异化、多元化传播"等。为了测算需要,特设置基本指标的权重约为2/3,进步指标的权重约为1/3为参考,基本指标1 000分,进步指标500分、总分1 500分。[1]

该指标体系设有三级指标,8项一级指标下包括31项二级指标、91项三级指标和200项评估内容,标准的每项评价内容得分分为5个等级,分别为10分、5分、0分、-5分、-10分,评价内容包含其中2个以上选项。等级区间可据实机动打分,各项得分累加即为总得分。[2]

媒体社会责任标准的目标就是要让传媒全面了解社会责任、自觉地承担起社会责任,同时,通过定量的评估,让传媒对自己履行社会责任进步与不足等做出正确的评估与认识,从而在未来做出决策和行动时能扬长避短。而媒体之间也可以展开合作,良性竞争,共同进步。所以,在编制过程中,指标体系坚持"激励为主"的方针,以定性指标来说明传媒履行社会责任的影响,以量化的方法,使媒体对自己的社会责任状况有一个更好的理解、评价和把握,从而实现社会责任目标。[3]

在这套媒体社会责任指标体系中,各一级指标的主要内容如下:

"正确引导责任"主要考察媒体机构的传播力、引导力、影响力、公信力,包括能否向国内外积极宣传党中央理念、思想、战略、活动;能否落实党管媒体原则,坚持政治家办报,对外传播讲好中国股市,传播中国声音;能否搭建、利用好新闻媒体矩阵,抢占舆论阵地,拓宽传播渠道,创新报道形式;能否做好重大报道、典型报道等,发挥主流媒体主力军作用,做好党的新闻舆论工作。[4]

---

[1] 王修滋,蔡笑元.媒体社会责任评价标准及指标体系构建[J].青年记者,2017(30):28-34.
[2] 王修滋,蔡笑元.媒体社会责任评价标准及指标体系构建[J].青年记者,2017(30):28-34.
[3] 李理,陈香颖,张华琳.全媒体时代主流媒体履行社会责任的传播创新机制[J].中国媒体发展研究报告,2020(1):99-128,202-203.
[4] 李理,陈香颖,张华琳.全媒体时代主流媒体履行社会责任的传播创新机制[J].中国媒体发展研究报告,2020(1):99-128,202-203.

"提供服务责任"主要考察媒体机构的服务性,包括能否做好信息的传递,能否做好舆论监督;能否为公众提供有用的政策信息、生活信息;能否做好知识科普、媒介素养教育等工作。[①]

"人文关怀责任"主要评估媒体机构以人为本的程度,比如在灾难报道中是否考虑当事人或特殊群体的各项人身权利和个人主观感受;是否关注群众生活,反映社会青少年、农民、妇女儿童、弱势群体等不同人群的看法与意见;能否做好正面引导,弘扬社会正能量,促进社会正能量。[②]

"繁荣发展文化责任"主要考核媒体机构在文化发展中是否做出贡献,比如开展文化活动,弘扬中华民族优秀传统文化;搭建文化交流平台,促进各国文化交流。[③]

"遵守职业规范责任"主要评估媒体机构是否坚守职业道德、发扬职业精神,比如能否规范管理从业人员,是否加强作风建设,是否接受社会监督,能否遵守公认的新闻职业道德等。[④]

"合法经营"主要考核媒体机构遵守各类法律法规及规章制度的情况,包括是否严格遵守税收、印刷、广告业务等方面的法律法规;是否指定相关管理规章制度;是否严格规范经营行为并严格贯彻执行等。

"安全刊播"主要评估媒体机构在经营过程中的审查流程和能力,比如能否树立安全刊播观念,是否能够制定和实施各种发行制度;是否有充分的把关,并制定适当的奖励和惩罚机制;能否建立起一套防范系统并做好相应的紧急处理;是否遵守相关法律、法规,并接受有关部门的监督。

"保障记者权益"是指媒体机构是否能够履行其对下属员工的职责和职责,其重点是:是否能够保证其专业发展;是否能够实施各种工资、福利体系、劳动合同的签订、社会保险的缴纳、工作时间和假期的保障;是否能够提供工作环境,身心健康,各种权利的保障。

"保障新闻从业人员权益"主要考核媒体机构是否履行对从业人员的职责

---

① 李理,陈香颖,张华琳.全媒体时代主流媒体履行社会责任的传播创新机制[J].中国媒体发展研究报告,2020(1):99-128,202-203.
② 李理,陈香颖,张华琳.全媒体时代主流媒体履行社会责任的传播创新机制[J].中国媒体发展研究报告,2020(1):99-128,202-203.
③ 李理,陈香颖,张华琳.全媒体时代主流媒体履行社会责任的传播创新机制[J].中国媒体发展研究报告,2020(1):99-128,202-203.
④ 李理,陈香颖,张华琳.全媒体时代主流媒体履行社会责任的传播创新机制[J].中国媒体发展研究报告,2020(1):99-128,202-203.

与义务,其重点是能否保障员工的职业发展,激励与培训人才;是否实施各项薪酬福利制度,签订劳动合同、缴纳社会保险、保障工作时间与休假等基本权利等。①

这八个指标极大地加深了媒体对社会责任的认识,受到了社会各界的广泛关注和重视,对促进媒体主动承担社会责任,构建传媒社会责任评估标准具有重要的指导作用。② 当然,此指标亦存在不足之处。首先,有些指标概念较模糊。例如"安全刊播""遵守职业规范""合法经营"三项,概念相似但仍有细微区别。"安全刊播"要求制度和业务能力上的保障,保证不出导向错误。"遵守职业规范"要求不越过道德界限,而"合法经营"偏向于不越过法律底线。然而,大多数的传媒社会责任报告撰写者并非相关领域的专家学者,也不一定能够清楚地分辨出它们之间的差异。比如,许多媒体都会在报道中提到关于策划和采编发流程的规章制度,有的媒体把它归为"安全刊播",有的把它归为"职业道德",有的则把它放在了这三个方面。③

其次,部分指标内容交叉。比如"有偿新闻"既可以算作"遵守职业规范"的内容,也可以算是"合法经营"的内容。比如在"遵守职业规范"和"保障新闻从业人员权益"等项中都提到了员工培训活动,但又很难说该媒体的表述有误。④

再者,指标不够与时俱进。随着时间的推移和传媒行业的不断进步,指标很容易落后于媒体发展实际。例如,目前媒体融合发展已进入深度融合阶段,甚至出现全媒体、智能媒体等概念,而在"媒体融合"提出之前,指标中并未对此有解释,也未区分传统媒体、新媒体、自媒体等新型媒体种类,导致媒体一度未重视融媒体发展中需要承担的社会责任。即便是一些媒体意识到了这一点,在编写社会责任报告时也难以归类。⑤

但是,社会责任评价标准及指标体系的构建是有必要的,具有开拓性、创新性,在执行相关制度和评价标准时需要注意,不同的媒体社会定位不同,社会责任的发力点也不同,对不同媒体需要各有侧重,划分不同责任权重。总

---

① 李理,陈香颖,张华琳.全媒体时代主流媒体履行社会责任的传播创新机制[J].中国媒体发展研究报告,2020(1):99-128,202-203.
② 蔡笑元.媒体社会责任八项指标解读及评价标准制订建议[J].青年记者,2018(21):12-13.
③ 肖曜,梁锋.传媒社会责任报告的意义与内容[J].新闻前哨,2014(5):21-23.
④ 蔡笑元.媒体社会责任八项指标解读及评价标准制订建议[J].青年记者,2018(21):12-13.
⑤ 蔡笑元.媒体社会责任八项指标解读及评价标准制订建议[J].青年记者,2018(21):12-13.

之,媒体承担社会责任需要社会各界和行业协会的共同关注,需要更加全面科学、严谨规范的管理标准。①

二、传媒社会责任管理体系认证

目前,新闻传媒并没有一套完整的传媒社会责任管理体系认证程序。但是,企业社会责任管理体系认证已趋于成熟,国内外许多企业成功通过了社会责任管理体系认证,包括 ISO 质量管理体系认证、SA8000 社会责任管理认证等。企业社会责任标准认证是指跨国公司或经批准授权的中介机构根据国际采购商的要求对符合特定标准的企业进行审核。② 国内有部分新闻传媒也通过了这些企业社会责任管理认证,标准管理势在必行。

考虑到传媒企业不同于一般企业的性质,传媒社会责任管理体系需要一个独立于企业社会责任管理体系认证体系的认证规则。此规则需依据认证认可的相关法律法规,结合新闻传媒企业承担社会责任的内容,对认证过程有具体规定,保证认证活动的规范有效。同时,认证规则还应适用于各种类型的传媒企业,不用考虑规模、地域、类别等。

目前,社会责任管理体系中,SA8000 社会责任管理体系认证有较强的参考性,其认证流程大致分为以下几个环节:③

(1) 提交认证申请。当企业满足认证的基本条件时,就可以向认证机构递交申请书,或者提前递交申请,在认证机构的指导下完成准备工作。

(2) 评审并受理认证申请。认证机构审查递交的认证申请书,评估其内容是否符合认证的基本要求。如果符合则接受申请,不符合则不予以受理。

(3) 机构初访。社会责任管理体系要求在被审核者访问之前进行审核。初访的目的是确定审核范围,评估企业现状,收集相关信息并确定审核工作量。

(4) 签订审核协议。认证机构和委托方可就审核范围、审核准则、审核报告内容、审核时间、审核工作量达成协议,确定建立正式合作关系,支付申

---

① 蔡笑元.媒体社会责任八项指标解读及评价标准制订建议[J].青年记者,2018(21):12-13.
② 李晓辉.论企业社会责任[D].郑州:郑州大学,2007.
③ 企业社会责任国际实用标准化[EB/OL](2020-08-11).https://max.book118.com/html/2020/0810/8023026052002132.shtm.

请费。

（5）提供相关材料。协议签订后，被审核方应向认证机构提供社会责任管理手册、程序文件及相关背景材料，供认证机构进行文件初步审核。

（6）组建认证审核组。在签订协议后，认证机构应组建审核组并任命审核组长，开始准备工作。

（7）预审所有文件。由审核组长组织审核组成员进行文件预审，如果社会责任管理文件存有重大问题，则通知被审核方或委托公司，由被审核方进行修改并重新递交文件。如果文件无重大问题，则开始准备正式审核。

（8）做好准备工作。审核组长组织审核组成员制定审核计划，确定审核范围和日程，编制现场审核检查表。①

（9）预审。如果委托方认为有必要，可以要求认证机构在正式认证审核前进行预审，以便及时采取纠正措施，确保正式审核一次通过。

（10）认证审核。由认证机构按审核计划对被审核方进行认证审核。

（11）撰写审核报告。认证机构根据审核内容编制审核报告。

（12）得出结论。根据审核结果可能有三种结论，即推荐注册、推迟注册及暂缓注册。

（13）技术委员会审定。对审核组推荐注册的公司，认证机构技术委员会审定是否批准注册，如未获批准则需重新审核。

（14）批准注册。认证机构对审定通过的公司批准注册。

（15）颁发认证证书。认证机构向经批准注册的公司颁发 SA8000 认证证书。

（16）发布公告。认证机构将获证公司向 SAI 备案，由 SAI 在其网站公布。

（17）监督审核。认证机构对获证公司进行监督审核，监督审核每半年一次，认证证书有效期为三年，三年后需进行复评。②

此外，我国部分企业社会责任认证公司也发布了社会责任管理体系认证规则。比如 2017 年成立，经国家认证认可监督管理委员会（CNAS）批准，从事质量管理体系、环境管理体系、职业健康安全管理体系认证，具有独立法人资格的第三方认证机构的河北诚鉴认证有限公司，按照 GB/T 27021/ISO/IEC

---

① 百度. SA8000 与法律法规［EB/OL］. https://wenku.baidu.com/view/71b24a81e53a580216fcfeb5.html.
② 豆丁. SA8000［EB/OL］.（2012-12-17）.https://www.docin.com/p-529403757.html.

17021-1《合格评定管理体系审核认证机构要求》,依据认证认可相关法律法规,结合相关技术标准,对规范社会责任管理体系认证过程作出具体规定,明确社会责任管理体系认证过程的相关责任,保证认证活动的规范有效。① 其中第五条认证申请组织应具备以下条件:(1)取得国家工商行政管理部门或有关机构注册登记的法人资格(或其组成部分);(2)已取得相关法规规定的行政许可;(3)设计开发、生产、销售的产品或提供的服务符合中华人民共和国相关法律、法规和有关规范的要求;(4)建立和实施了组织社会责任管理体系,且有效运行3个月以上;(5)在一年内,未发生违反国家相关法律法规,未因负面情况受到相关监管部门处罚或媒体曝光,或未因负面情况而被其他相关认证机构撤销管理体系认证证书。第九条社会责任管理体系认证证书包括(但不限于)以下基本信息:(1)获证组织名称、地址和统一社会信用代码(或组织机构代码);(2)认证覆盖的生产经营或服务的地址和业务范围;(3)认证依据;(4)证书编号;(5)证书颁证日期、证书有效期;(6)诚鉴认证名称、地址和认证标志。(7)证书查询方式。社会责任管理体系认证证书有效期为3年,再认证的认证证书有效期不超过最近一次有效认证证书截止期再加3年。

我国根据国家标准化管理委员会《2019年第三批推荐性国家标准计划项目》所下达的"计划任务与社会责任评价与管理标准研究"项目"重点行业企业社会责任技术标准研制与试点应用"课题,制定了GB/T 39604—2020《社会责任管理体系 要求及使用指南》。② 该标准属于管理体系认证标准,采用ISO管理体系统一的高层结构、相同的核心正文以及具有核心定义的通用术语,以便于更好地与其他管理体系保持兼容和一致性,更易于管理体系融合和一体化。标准提出,组织应为其决策和活动对社会和环境的影响担责,包括保护和促进社会和环境利益,以便为可持续发展做出贡献。③ 按照GB/T 36000的规定,每个组织的社会责任核心主题均包括组织治理、人权、劳工实践、环境、消费者问题、社区参与和发展等。

---

① 河北诚鉴认证有限公司.2019年度认证机构社会责任报告[EB/OL].(2020-01-05).http://www.cjcc.org.cn/uploadfile/2020/1106/20201106025310592.pdf.
② 澎湃新闻.国家标准|《社会责任管理体系 要求及使用指南》解读[EB/OL].(2021-02-20).https://www.thepaper.cn/newsDetail_forward_11407606.
③ 澎湃新闻.国家标准|《社会责任管理体系 要求及使用指南》解读[EB/OL].(2021-02-20).https://www.thepaper.cn/newsDetail_forward_11407606.

第二节 传媒社会责任国际标准

一、传媒社会责任标准发展概述

从已有研究来看,我国学者对传媒社会责任国际标准相关研究仍然薄弱。但是传媒与企业同样伴随着社会发展,企业社会责任标准的发展中,新闻传媒也贡献了一定力量。因此,两者变化息息相关。

传媒社会责任的概念,与"社会责任"和"社会责任论"的发展密不可分。社会责任作为一种思想,它的起源可以追溯到古希腊时代,是指一个组织对社会应负的责任或是一个组织应以一种有利于社会的方式进行经营和管理。①"社会责任论"起源于美国,20世纪30年代发展成熟,主要是针对新闻自由践行中种种不负责任的表现而提出。② 20世纪初,美国经济发展迅速,企业不断扩张壮大,但也产生了许多问题,爆发了一场社会责任运动。西方社会发生的企业社会责任运动引起了学者们的关注。从一开始,学者们在企业社会责任问题上就存在着较为严重的分歧,逐渐形成两大阵营。③ 一种观点是"古典观"或"纯经济观",企业只要使股东的利益得到满足,就是具有社会责任的表现,至于其他人的利益,则不是企业可以干涉的。另一种观点是"社会经济观",认为企业应该为股东负起责任,主张企业不应该单纯谋求股东利益最大化,而应该对包括股东在内的企业员工、消费者、供应商等所有利益相关者负责。④

到了20世纪40年代后期,由于新闻传媒的经济化运行,传媒产业收购和兼并导致了美国的大众媒体被一些资本掌控,并且成为其立场的宣传工具,公众失去自由发表意见的渠道。⑤ 受商业逻辑与市场运作的影响,媒体呈现出浅薄、低俗、煽情等倾向,对社会伦理、道德规范、公共利益都产生了极大的损害,引发了公众对自由主义的强烈不满。⑥ 在这种社会环境下,各界人士对大众传

---

① 李鑫.从社会责任角度谈媒体从业者的媒介素养教育[D].锦州:渤海大学,2014.
② 钟瑛,李秋华.新媒体社会责任的行业践行与现状考察[J].新闻大学,2017(1):62-70,77,148.
③ 王辛枫,邹非,章圣任.基于温州民营企业的企业伦理问题研究[J].商业研究,2008(3):69-73.
④ 李宗贵.企业社会责任观:发展历程、内涵及实施建议[J].现代商业工业,2012,24(8):9-11.
⑤ 欧阳超琪.关于构建新闻媒体社会责任评价体系的思考[D].湘潭:湘潭大学,2012.
⑥ 欧阳超琪.关于构建新闻媒体社会责任评价体系的思考[D].湘潭:湘潭大学,2012.

媒的批评不断增加,新闻媒体的生存和发展受到了严峻的挑战。

在这种背景下,1943年底,美国芝加哥大学校长罗伯特·哈钦斯领导的"新闻自由委员会"对美国新闻自由的现状和前景展开了调查,其研究范围包括当时美国的广播、报纸等主要的大众传播媒介,重点对新闻业主的良知、责任,以及这些责任对于形成公众舆论的作用和好处进行了讨论。① 1947年,哈钦斯主持的"新闻自由委员会"在时代公司的资助下,对美国新闻自由的现状和前景进行了调查分析并陆续出版了一个总报告(《一个自由而负责的新闻界》)和6个分报告,在其中提出了"社会责任"这一概念。② 媒体有责任为社会提供确实和重要的消息,如果新闻媒体缺失了它的公共责任,政府可以对新闻媒体进行有效地监督。同时,报告中主张新闻媒体在履行社会责任时要严格自律,注意自身职业水准的品质,真实、客观、公正地报道新闻事实,确保人人享有使用新闻媒体的权利,新闻媒体进而成为一个"社会公器"。③ 1956年,美国新闻学者施拉姆等人合作撰写《传媒的四种理论》,对社会责任理论的观点作了系统阐述,主要包括:新闻报道应该真实、准确、客观、平衡;新闻界应成为公众交换意见和批评的平台;大众传媒要担负起解释社会目标和价值观的责任等。④ 西方社会责任理论拓宽了新闻自由的概念,梳理了媒体与政府的关系,对新闻媒体承担社会责任做了重要说明,然而"社会责任论"却始终存在着诸多的理论缺陷,使得学术界难以对其进行正确的认识和研究。

传媒社会责任标准出现之前,学者主要讨论的是对传媒社会责任概念和范围的界定。关于传媒社会责任的概念,目前主要有两种倾向:一种是狭义的理解,它更多地强调传媒和从业人员的共同职责或期望的责任,即传媒组织应该与利益相关者形成一种和谐的关系,以一种对社会有益的方式运作,并在道德上和法律上对传媒机构或雇员的行为负责。二是从更宽泛的意义上讲,它既是对道德伦理范畴的要求,也是对政治、经济、文化等各个方面的道德义务的强调。⑤

对当代中国的传媒业来说,"传媒的社会责任"观念的提出与西方并不同步,背景含义也不尽相同,且也没有像西方的"哈钦斯报告"与"传媒的四种理

---

① 穆青.我国媒体社会责任及评价体系研究[D].北京:中国矿业大学(北京),2015.
② 严晓青.媒介社会责任研究:现状、困境与展望[J].当代传播,2010(2):38-41.
③ 欧阳超琪.关于构建新闻媒体社会责任评价体系的思考[D].湘潭:湘潭大学,2012.
④ 钟瑛,李秋华.新媒体社会责任的行业践行与现状考察[J].新闻大学,2017(1):62-70,77,148.
⑤ 钟瑛,李秋华.新媒体社会责任的行业践行与现状考察[J].新闻大学,2017(1):62-70,77,148.

论"一样有明确的标志。改革开放以前,传媒定位为"阶级斗争工具论""无产阶级专政工具论",成为了党、国家与政府的"喉舌",传媒倡导的是政府责任。由于国家与社会一体化,传媒对国家和政府负责,也包含了对社会负责的层面。改革开放之后,随着经济社会的发展进步,我国传媒经历从事业单位逐步向企事业混合型单位以及企业单位转变,传媒从依靠国家财政补贴走向"自主经营,自负盈亏,自我积累,自我发展"之路。传媒业也逐步从传媒事业、传媒行业向传媒产业的方向发展。① 在新闻传播理论与实践的发展中,中国紧跟时代要求,提出传媒社会责任。自此,传媒的责任、社会责任的论题进入学术讨论与研究的视野。

我国对传媒社会责任的研究历史虽短,但有较为经典的论述和观点,比如郑保卫(2007)认为新闻媒体的"社会责任"是指新闻工作者在社会活动中所应当承担的社会责任和义务。② 温莉华(2007)提出社会责任是媒介的根本属性,重视和履行社会职责,引导社会舆论为社会发展目标服务,促进和推动各种社会实践的开展,是时代赋予媒介的首要历史使命。③ 李近(2004)提出新闻媒介一方面是社会的观察者和监督者,同时也时刻被社会各界所监督着。对于新闻媒介可能出现的责任缺失,除了要靠社会监督、法律监督,更重要的是新闻媒介从业人员应该谨遵职业操守和道德自律。④

但是,传媒社会责任的研究内容有限,集中在传媒企业应该承担社会责任的论述中,缺乏对传媒承担社会责任的规范及参考标准的研究。2011年8月,北京大学新闻与传播学院成立了中国媒体社会责任课题组,开展中国传媒史上首次大规模的传媒单位履行社会责任情况大调查。⑤ 随后,课题组在认真研究 ISO 26000 等指标体系的基础上,制定了中国首个媒体社会责任评价参照系。该体系主要包括以下四个维度:

第一,媒体的社会责任管理。要对媒体的社会责任进行研究和评价,就要设立相应的管理组织和管理人员,制定规范的管理职责,健全管理制度、培训

---

① 王博."新闻寻租"何以成为"常规行为"——从制度经济学视角解读新闻寻租[J].兰州学刊,2008(12):167-169.
② 郑保卫.新闻工作者要担负起自己的职业责任——从"纸箱馅包子"假新闻事件谈起[J].今传媒,2007(11):40-42.
③ 温莉华.论地方电视媒体社会责任的缺失与重构[J].中国广播电视学刊,2007(7):16-17.
④ 李近.新闻媒体的社会责任[J].新闻前哨,2004(9):8-9.
⑤ 周志懿.做负责任的媒体——中国传媒社会责任课题研究概述[J].青年记者,2012(13):37-40.

机制、奖惩机制,同时形成透明、公开的新闻从业人员选拔、培训、奖惩等一系列量化指标。

第二,媒体的市场责任。在经济发展的同时,媒体在营销等方面也起到了推动经济发展的作用,比如媒体投放广告信息等经济行为。一方面,媒体应担负起与客户的协作责任,与合作伙伴共同承担营销职责。媒体自身又是一种具有商业性质的产业,它既要承担一定的经济责任,又要承担起自身的运营风险和收益回报。所以,媒体本身并不是一个单独的个体,而是要与产业链中的各个环节产生各种联系,并担负起相应的职责。媒体是否能为客户创造价值、是否积极参与市场竞争、是否科学有效地进行内部管理、是否能为投资者带来收益、是否满足法律、政策、监管者的需求,这些都是传媒市场的职责。

第三,媒体的微观社会责任。媒体作为社会整体的一个重要组成部分,同时又具有宏观和微观两方面的特征。比如,作为一家企业,公司承担着为投资者提供回报、为股东谋取利益的义务,承担合法经营、合法纳税、关爱员工、履行企业应尽的经营职责,同时,它还应承担为社会扬善抑恶、宣传正能量的社会责任。此外,媒体是社会中的一种特殊组成部分,但在这一领域中,没有任何法律法规的明确规定,它也不能被完全排除。媒体不仅要担负起经济发展各方面的责任,更要做到客观真实地报道新闻,自觉抵制有偿新闻,积极参与社会公益。

第四,媒体的文化责任。传媒与其他产业相比有一个明显的区别,即强烈的文化责任。媒体在进行新闻报道时,既要做到客观、公正,又要弘扬传统文化、传播优秀文化、加强世界文化交流与融合,肩负起建设主流文化的重任。虽然媒体具有一定的经济属性,但是要避免通过低俗和庸俗的手段和内容来吸引"眼球"。[①]

这一社会责任评价体系为如何衡量媒体的社会责任提供了明确的依据和清晰的衡量指标方向。虽然媒体承担社会责任逐渐成为共识,但针对传媒社会责任论的理解是多元的,尚未统一的。同样,社会责任的标准也是如此。

我国传媒社会责任体系包含两个特殊的参考体系,一个是《企业社会责任报告编写指南》(以下称为《指南》)中的文化娱乐业编写规范,另一个是2014年试点的媒体社会责任报告制度。《指南》中的"文化娱乐标准"是在企业社

---

① 穆青.我国媒体社会责任及评价体系研究[D].北京:中国矿业大学,2015.

责任的大框架下,根据文化娱乐产业的特征,增加了若干产业指标,但是,这一标准并未将文化娱乐业细分,存在着许多不具有代表性的指标,无法准确地反映媒体社会责任的特点,实践指导意义不大。媒体社会责任报告制度规定了报告体系,充分体现了传媒社会责任的精髓。从首批试点媒体公布的社会责任报告来看,该体系主要是定性描述,没有具体的量化指标,很难看出责任落实的好坏,而且与公众期待有一定的差距。[1]

随着经济全球化发展,社会责任运动越来越受到国际社会的关注。20世纪90年代,一些发达国家的跨国企业对第三世界国家的本土劳工进行压榨和剥削,引发了国际上的强烈抗议。[2] 迫于压力,也为了挽回公司形象与声誉,美国企业 Levi‐Strauss 颁布了全球第一份企业社会责任守则。随后,欧美地区相继成立了与"企业社会责任"相关的多边组织,制定了包含企业社会责任内容的规章制度,构建了部分评价体系,成为了企业社会责任的雏形,并为以后企业社会责任标准奠定了基础。当今国际上,有关社会责任的标准数量繁多,总结起来,可以大致分为五大类。[3]

第一类是专门针对劳工保护的标准,这些标准多是从国际劳动标准演变而来的民间标准,呈现出单一且分散的特点。目前,国际劳工标准、社会条款和《SA8000》的影响很大,也引发了广泛的争论。其中,SA8000 是一种基于社会责任的认证制度,它既是对社会责任的规范,也对相应的管理制度提出要求。把社会责任与企业经营有机地联系在一起,可以从某种意义上对组织特别是企业的道德行为进行规范,从而促进劳动环境的改善,维护劳动者的权利。

第二类是国际标准化组织(ISO)发布的 ISO9000 和 ISO14000 标准,这两个标准主要针对环境和产品质量,是企业建立和实施环境和质量管理体系并通过认证的依据。因为 ISO 在全世界范围内具有的广泛影响力、号召力,且 ISO9000 和 ISO14000 标准体系相对公正、科学、规范,已成为国际上广泛应用的国家级标准。

第三类是评价与审计标准。最著名的当属英国社会和伦理责任研究所

---

[1] 穆青.我国媒体社会责任及评价体系研究[D].北京:中国矿业大学,2015.
[2] 樊行健.构建和谐社会与发展企业社会责任财务分析[J].财会学习,2007(1):25-28.
[3] 黎友焕,魏升民.企业社会责任评价标准:从 SA 8000 到 ISO 26000[J].学习与探索,2012(11):68-73.

(Institute of Social and Ethical Accountability)于1999年所发布的AA1000标准。该标准的目的是增强企业的社会责任意识,并为企业提供有效的审计监督与社会责任管理的工具和标准。AA1000标准的重点是对企业可持续发展的报告进行独立审查,并且重塑公众对商业活动透明度和有效性的信任。

第四类是衡量企业社会责任的综合性标准,包括多米尼社会责任投资指数(KLD)、道琼斯可持续发展指数(DJSI)、全球契约标准、跨国公司行为准则、全球报告倡议(GRI)等。其中,GRI于2006年10月发布了《可持续发展报告指南》的第三版,这为企业社会责任提供标准迈出了关键的一步,目前已得到各界的普遍认同。

第五类是ISO26000。即由ISO发布的、综合性的、具有广泛影响力与号召力及全球普适性的社会责任标准。ISO26000的推出,将极大地改变社会责任的发展模式,从单一的只对企业的"企业社会责任"转向面向包括政府机构在内的所有社会组织的"社会责任",并且加速了全球"社会责任"的发展。

随着社会责任的发展,已经出现了若干国际倡议、标准、指南等工具。但是,一方面,应用者要想从多种多样的社会责任工具中获得全面、清晰的认识是非常困难的。另一方面,从实际应用角度看,现行的举措、指导准则并未涵盖社会责任的各个方面,每一项仅侧重于个别或多个层面的社会责任。[①]

作为一个全球化的市场,不管是发展中国家还是发达国家,都应该制定一套适合全球的指导准则,从而使当今世界的社会责任的活动领域和核心议题在各种情形下具有基本相同的规则和理解。因此,在不替代现行社会责任倡议、标准、指南等工具的基础上,建立全球社会责任共识的基本平台,就显得十分有意义和有必要。

SA8000是继ISO9000、ISO14000标准之后的,由经济优先权委员会制定的一套国际化标准。[②] 2001年,第一个修订版本Social Accountability 8000:2001(简称SA8000:2001)发表。2004年,ISO咨询小组公布了一项研究结果,该结果指出尽管国际上已经形成了许多社会责任标准,但这并不影响一个更全面、更高效的社会责任标准被制定。2004年6月,ISO决定为包括政府在

[①] 孙继荣.ISO26000——社会责任发展的里程碑和新起点[J].WTO经济导刊,2010(10):60-63.
[②] 王淑青.企业社会责任的国际比较研究[D].鞍山:辽宁科技大学,2013.

内的所有社会组织制定一个"社会责任"国际指导标准,在54个国家和24个国际组织的参与下,最终确定编号为ISO26000。由于这是继ISO9000和ISO14000之后的最新标准,而且是ISO的一个新领域,所以标准的准备、起草和出版是一个复杂而漫长的过程。2010年11月1日,国际标准化组织(ISO)在瑞士日内瓦国际会议中心举办了社会责任指南标准(ISO26000)的发布仪式,该标准正式出台。

从SA8000到ISO26000,都体现出在不取代现有社会责任倡议、标准、指南等工具的前提下,实现现有的社会责任倡议、标准、指南等工具的和谐统一,建立全球社会责任共识的基本平台的想法。①

SA8000是全球首个道德规范国际标准,曾一度成为国际贸易的通行证。但由于一些非法的认证机构为了纯粹的商业利益而夸大其在国际贸易中的作用,从而降低了SA8000的运用效果。实际上,SA8000只是一个国际化的标准,不是一个国际标准,ISO26000则是第一个社会责任的行动指南,虽然社会责任的主体都是组织,但责任承担主体受到程度不一的影响。ISO26000不是一个管理系统或认证标准,只是为组织提供社会责任方面的指导,可以用作公共政策活动的一部分。尽管ISO26000准则对组织不具有强制约束性,也一再强调它不适用于认证,但它的确对所有组织履行社会责任提出了明确的规范要求,而且就如何将履行社会责任要求融入组织提供了指引。因此,ISO26000是社会责任领域真正的全球标准;首次在全球范围内建立了对社会责任概念的共同理解;并首次将社会责任领域的概念和实践系统化,是全球智慧的结晶。②

从SA8000到ISO26000,组织管理范式从单一责任管理为中心转变到以社会责任管理为中心的全面责任管理阶段。组织管理开始进入社会责任管理的新时代。ISO26000的发布和应用,翻开了国际竞争新的一页——国际竞争已悄然进入全面责任竞争时代,这必将对全球社会经济发展和市场竞争格局带来革命性的改变。③

---

① 陈伟昌.企业社会责任相关国际标准的影响——SA8000与ISO26000之比较[J].行政与法,2011(6):114-117.
② 陈伟昌.企业社会责任相关国际标准的影响——SA8000与ISO26000之比较[J].行政与法,2011(6):114-117.
③ 李清.首个社会责任国际标准ISO26000的产生与影响[J].对外经贸实务,2011(4):48-50.

二、SA8000 标准及国际化推进

SA8000,即社会责任标准,英文为 Social Accountability 8000 International Standard,是指在实现盈利的过程中,企业积极承担对环境、社会等利益相关方的责任。这是全球第一个社会责任认证标准,适用于全球范围内的任何行业,任何规模的组织,其目标是保证供应商提供的产品达到社会责任的标准。①

SA8000 是"企业社会责任运动"的产物。20 世纪 90 年代,一些跨国企业出现了大量利用童工、剥削和压榨外来劳工的现象,引发了国际社会的强烈反对。为挽救企业形象,美国、英国、澳大利亚、德国等国家先后制定了很多区域性、行业性的规范守则。② 为了提高社会责任审核的公信力,避免重复审核与资源浪费,建立一套独立的认证机制成为重要议题。1996 年 6 月,来自欧美的一些商业组织和非政府组织召开了制定社会责任标准的会议,一致同意制定一个可用于审核的社会责任国际标准。③ 1997 年,美国经济优先委员会认可委员会(Council on Economic Priorities Agency,CEPA)起草了社会责任国际标准。④ 2001 年 12 月 12 日,经过 18 个月的深入研究,社会责任国际(Social Accountability International,SAI)SAI 发布了 SA8000 标准第一个修订版,即 SA8000:2001。目前,经过了 2001,2004 和 2008 三个版本的修订,2014 版 SA8000 国际标准于 2014 年 6 月正式发布。⑤

SA8000 标准是按照国际劳工组织宪章、世界人权宣言、联合国儿童权利公约及联合国消除一切形式歧视妇女行为公约制定的,以保护劳动环境和条件、劳工权利等为主要内容的管理标准体系。⑥ 其授权并保护所有在公司控制和影响范围内的生产或服务人员,包括公司自己及其供应商、分包商、分包方雇用的员工和家庭工人,主要由童工、健康安全、歧视、工作时间、工资报酬及

---

① 高爱娣.SA8000——社会责任国际标准[J].工会博览,2004(16):38-40.
② 陈六宪.社会责任标准(SA8000)探析[J].中国市场,2009(13):144-145.
③ 徐从报.企业实施 SA8000 社会责任管理体系分析研究[D].成都:电子科技大学,2005.
④ 张文兵,葛永波.障碍还是标杆——社会责任认证(SA8000)对中国企业国际竞争力的影响[J].企业管理,2003(12):86-88.
⑤ 张锦林,宁德煌.SA8000 对我国中小企业跨国营销的影响及对策[J].改革与战略,2013,29(7):61-63.
⑥ 高爱娣.SA8000——社会责任国际标准[J].工会博览,2004(16):38-40.

管理体系等9个要素组成。① 每个要素又有若干子要素组成,由此构成了社会责任管理体系。其主要内容如下:

(1) 童工:公司必须遵守法定的最低年龄,不得雇用童工,并与他人或利益集团共同努力确保青少年接受义务教育,不能让他们处于危险或有害的工作环境中。

(2) 强制雇佣:公司不能实施或支持强迫劳动,也不能要求员工在受雇起始时缴纳"押金"或寄存身份证明文件,企业必须允许雇员轮班后离开并允许雇员辞职。

(3) 健康安全:公司要掌握预防各类行业和特殊危险的知识,为其员工创造一个安全、健康的工作环境,并采取适当的措施,减少工作中的风险;为员工提供安全、卫生的居住条件等。

(4) 联合的自由和集体谈判权:公司应当尊重全体雇员的结社和集体协商的权利。②

(5) 歧视:公司不得因雇员的种族、社会阶层、国籍、宗教、残疾、性别、性取向、工会会员或政治归属等而对员工在聘用、报酬、训练、升职、退休等方面有歧视行为;不允许有强迫、虐待或剥削性的性侵扰行为,包括姿势、语言和身体的接触。

(6) 惩戒性措施:公司不得从事或支持体罚、精神或肉体胁迫以及言语侮辱。

(7) 工作时间:公司不得强制雇员每周工作48个小时以上,且至少每周休息一天;工作时间最多不超过12个小时,除非在特别的条件和短期工作需要的时候不能请求加班;并保证加班可以得到额外的补贴。

(8) 薪金:公司向雇员提供的薪酬不得少于法定或工业规定的最低工资,并能充分满足雇员的基本需要,且通过诸如现金或支票等便利的方式来支付;扣减工资不得是惩罚性的。

(9) 管理系统:公司主管人员应当按照本准则制订公司的规章制度,使之与企业的社会责任和劳动条件相适应,并定期进行审查;指定专职的资深管理代表负责,同时让非管理阶层自选代表进行沟通;建立适当的程序,制定合适的程序,以表明选定的供货商和转包商满足本规范的要求。③

---

① 马保华.SA8000的伦理学分析[D].成都:西南交通大学,2007.
② 朱瑞华.试论国有企业绩效评价体系的完善[J].经济经纬,2005(3):82-84.
③ 金振慧.浅谈中国企业如何应对SA8000新贸易壁垒[J].中国科技信息,2005(11):46-47.

经过认证的企业会获得一份证书,并有权在企业简介和企业信笺抬头处印上认证机构认证标志和 CEPAA 标识。此外,企业还可得到 SA8000 证书的副本,获证企业还要接受定期的监督审核,以确保企业不断改善工作条件。①作为社会责任方面的管理标准与认证体系,SA8000 尚未成为国际标准,但是已得到国际认可。颁布之后,在西方发达国家受到了广泛的关注与支持。它一方面明确了企业社会责任规范,另一方面,也提出了企业相应的管理体系要求,将社会责任与企业管理结合起来,在某种程度上可以规范企业组织的道德行为,有助于改善劳动条件,保障劳工权益。②

SA8000 标准认为,企业社会责任的核心是企业为改善利益相关者的生活质量而贡献于可持续发展的承诺。其中包括价值观、尊重人、职业道德、环境意识、支持慈善事业、捐助社会公益、保护弱势群体以及有利于利益相关者和所在社区的有关政策和实践的集合。企业社会责任最根本的是企业的法律义务,包括遵守国家的各项法律,不违背商业道德。在高层次上,是企业对社区、环境保护、对社会公益事业的支持和捐助。③

欧洲一些企业组织率先推行 SA8000,美国商业组织紧随其后。通过 SA8000 认证,可以向公众展示"一个负责任的企业"的良好社会责任管理形象。将来,SA8000 将是国际竞争中企业组织获得成功的一个重要组成部分。但是,在关税和一般非关税壁垒不断削弱的今天,国际认证标准极容易被贸易保护主义者利用,成为限制发展中国家劳动密集型产品出口的障碍。④

三、ISO26000 社会责任国际标准

ISO26000 是国际标准化组织(ISO)制定的一个国家标准文件——编号为 26000 的社会责任指南(Guidance on Social Responsibility)。⑤ 2010 年 11 月 1 日,国际标准化组织在瑞士日内瓦国际会议中心举办了主题为"共担责任,实现可持续发展"的社会责任指南标准(ISO26000)的发布仪式,对外正式发布社

---

① 孙继荣.ISO26000——社会责任发展的里程碑和新起点(三):关于 ISO26000 的应用[J].WTO 经济导刊,2010(12):42-47,4.
② 李志军.出口企业应关注 SA8000 标准认证[J].中国经贸导刊,2004(12):44-45.
③ 陈六宪.社会责任标准(SA8000)探析[J].中国市场,2009(13):144-145.
④ 李志军.出口企业应关注 SA8000 标准认证[J].中国经贸导刊,2004(12):44-45.
⑤ 孙继荣.ISO26000——社会责任发展的里程碑和新起点[J].WTO 经济导刊,2010(10):60-63.

会责任指南。① ISO26000 是国际标准化组织继 1987 年颁布的 ISO9000 质量管理体系和 1997 年颁布的 ISO14000 环境管理体系后颁布的一个关于社会责任方面的重要标准,也是社会责任领域第一个真正意义上的国际标准。在ISO 标准开发历史上,ISO26000 社会责任指南是形成时间最长、规模最大、主题范围最广的标准开发过程,造就了多项"之最"——多项"之最":参加起草工作的国家数量、组织数量最多,制定周期跨度最长、首次涉及社会政治经济和伦理道德领域,是社会责任发展的里程碑和新起点。②

面对经济全球化发展的趋势和可持续发展的迫切需要,自 2001 年起,国际标准化组织致力于制定关于社会责任的标准,2004 年,ISO 在瑞典斯德哥尔摩召开社会责任国际会议,对社会责任标准化展开更大范围的讨论,正式启动了"ISO26000 社会责任指南"项目。2004 年底,ISO 下设的"ISO26000 社会责任工作组正式"成立。③ 2005 年 3 月,该工作组在巴西召开了首次工作会议。ISO26000 项目包括中国在内的 90 多个国家 400 多名专家共同参与了制定工作。我国专家提出的考虑社会、环境、法律、文化、政治和组织的多样性及经济条件的差异性,以及尊重国际行为规范等许多重要的意见和建议都得到采纳。④

开发 ISO26000 社会责任标准的目的在于,一方面鼓励组织提高可持续发展关键绩效指标,改善员工工作、生活条件和健康,另一方面,向世界提供全面描述社会责任的指南,促进全球对社会责任的定义、原则和核心内涵的深入理解,从而促进可持续发展理念转变为可持续发展行动。开发 ISO26000 的意义在于,ISO 标准通过对社会责任发展的回顾,归纳出社会责任的基本特点和基本实践,把企业社会责任(CSR)概念推广为社会责任(SR),明确了社会责任的完整定义,"是一个组织通过透明的和道德的行为对其决策及活动对社会和环境所负的责任,这包括:与可持续发展和社会福祉相一致;考虑利益相关方的期望;符合相关法律并与国际行为准则相一致;融入整个组织活动"。⑤ 此外,

---

① 李清.首个社会责任国际标准 ISO26000 的产生与影响[J].对外经贸实务,2011(4):48-50.
② 孙继荣.ISO26000——社会责任发展的里程碑和新起点(二):ISO26000 的形成过程及核心内容[J].WTO 经济导刊,2010(11):43-54.
③ 杜剑.基于 ISO26000 的企业社会责任信息披露影响分析[J].财会通讯,2011(33):80-82.
④ 孙继荣.ISO26000——社会责任发展的里程碑和新起点(二):ISO26000 的形成过程及核心内容[J].WTO 经济导刊,2010(11):43-54.
⑤ 郭家源.基于 ISO26000 的企业社会责任评价指标体系研究[D].沈阳:沈阳航空航天大学,2012.

ISO26000 对社会责任的主体也做出界定,即该标准涉及的社会责任主体不限于企业,还包括中间部门乃至公共(政府)部门。同时,ISO26000 标准确立了企业社会责任的核心理念,阐述了企业如何将企业的社会责任与企业的经营战略与日常活动相结合,从而为企业的可持续发展做出了积极贡献。ISO26000 课题组中国专家组成员殷格非认为,ISO26000 将开创管理领域的新篇章。ISO26000 虽然只是一个自愿的、非认证的标准,但从 ISO9000 到 ISO14000 再到 ISO26000,标志着企业的管理模式由"以质量为核心"转变为"以环境为核心",进而转变为"以社会责任为核心",标志着企业管理步入新的社会责任时代。①

在 ISO26000 语境中,社会责任的概念与一般意义上有所差别。第一,社会责任是一种意愿,它强调一个组织对其活动产生的社会及环境影响愿意承担的责任。第二,社会责任意味着一个组织的行动的本质,它是一种透明和有道德的行为,不仅要遵循法律义务,还要符合国际行为准则,并且要超出法律义务对可持续发展作出巨大的贡献。最后,社会责任是一种以某种运行模式来保证组织的行为对社会负责的方式,其中包括:以实现可持续发展为目标,遵循适用的法律和国际行为准则,并顾及利益相关者的期望。尽可能覆盖整个组织的全部决定和活动,使其充分地融入组织并在其本身及其所涉领域的活动和关系。②

ISO26000 的内容总体上可分为三个部分,第一部分是正文的第一章、第二章、第三章和第四章,是该标准的基础性内容;第二部分是正文的第五章、第六章和第七章,是该标准的核心内容与进一步阐释。第三部分是附录,主要为社会责任自愿性倡议和社会责任工具的清单,以及缩略术语和文献目录。③ 具体内容:

第一章为范围。主要提出该社会责任标准作为指南,适用于各种类型的组织,无论其规模和地点。

第二章为术语和定义。主要提供了使用本国际标准所涉及的关键术语的具体定义。包含与社会责任相关性高的特定术语和与社会责任相关联的通用

---

① 林波,赵钧,蒋安丽,杜娟.ISO26000:社会责任国际标准的新时代[J].WTO 经济导刊,2010(11):27-31.
② 李伟阳.社会责任定义:掌握 ISO26000 标准的核心[J].WTO 经济导刊,2010(11):36-39.
③ 李清.首个社会责任国际标准 ISO26000 的产生与影响[J].对外经贸实务,2011(4):48-50.

术语。

第三章为理解社会责任。重点阐述了企业社会责任发展的历史背景及最新动向,并且解释了社会责任本身的含义、特征、以及如何将其应用于各类组织。此外,本章特别提出了社会责任与可持续发展之间关系的条款,以及国家和本国际标准与社会责任的关系,强调组织社会责任的总体目标是致力于可持续发展。

第四章为社会责任原则。从责任、透明度、道德行为、利益相关方利益、法律规范、国际行为准则、人权等方面进行了论述。实际上是对定义的具体阐释。

第五章是承认社会责任和利益相关方参与。从两大实践对企业的社会责任进行了论述:一是对企业的社会责任认识,二是对利益相关者的认识和参与。并通过标准指导组织、利益相关者和社会三方的关系,认识社会责任的中心主题和主题及组织的影响力。

第六章是社会责任核心主题指南。解释与社会责任有关的核心主题和相关议题。将组织的决策和活动划分为组织治理、人权、劳工实践、环境等七大主题,而根据社会责任的定义,组织必须在七大主题及37项相关议题中,保证组织能够以"对社会负责的组织行动"为目标。

第七章是社会责任融入组织指南,提供践行指导。在组织的各项政策和行动中嵌入社会责任,并把社会责任作为组织政策、文化、战略和运营的一部分,改进社会责任可信度。

第八章为附录,提供了社会责任自愿性倡议和社会责任工具示例、缩略词和参考文献。[①]

ISO26000标准在遵守社会责任、透明度、道德行为、尊重利益相关者、尊重国际行为规范和尊重人权等基础上阐述了社会责任的36个议题。[②] 其中组织治理包括正式的和非正式的组织治理机制,是组织承担社会责任的一个关键。人权内容包括公民权利、政治社会、经济和文化权利、弱势群体权利以及工作中的基本权利,承认和尊重人权对于法律约束、社会正义和平等非常重要,是社会最基本制度的基础性支柱。[③] 公平运营实践涉及组织同其他组织打

---

① 韦丽青.ISO26000对我国企业社会责任信息披露的影响探析[J].市场论坛,2014(3):40-42.
② 李清.首个社会责任国际标准ISO26000的产生与影响[J].对外经贸实务,2011(4):48-50.
③ 郭家源.基于ISO26000的企业社会责任评价指标体系研究[D].沈阳:沈阳航空航天大学,2012.

交道时表现出来的道德行为,包括公平竞争、抵制受贿行贿、尊重产权等;消费者问题适用于承担服务消费者角色的所有组织,与公平的市场行为、健康和安全保护、可持续消费、争议解决和赔偿、资料和隐私保护等。①

社会责任指南在其适用范围内也明确提出,ISO26000 标准目的在于向企业提供社会责任指南、促进企业可持续发展,推动社会范围内对社会责任的理解与认识,而不是为国际、国内或者其他诉讼中的法律行动、投诉、辩护或者其他要求提供依据,也不适用于认证、法规或者合同。应用 ISO26000 时,应当考虑组织社会、环境、法律、文化、政治及组织多样性和经济条件的差异,同时与国际行为规范保持一致。② 正如 ISO 秘书长艾伦·布赖登(Alan Bryden)在 ISO 制定社会责任国际标准时所言,"ISO 将不仅提供数量不断增长的技术标准,而且还将提供在全球经济中有关社会和环境问题的解决方案和指南"。③

四、社会责任国际标准对中国传媒的影响及对策

(一) 影响

社会责任国际标准的出台与应用,对我国的影响将是多层次的、多方面的。随着经济全球化,传统的生产或经济要素对企业可持续发展的制约作用日益突出,因此,企业应寻求新的经济增长点和新的发展策略。"企业社会责任"成为可持续发展的又一重要命题。④ SA8000 标准与 ISO26000 企业社会责任标准的提出和广泛推行是经济全球化发展的必然结果,是我国经济崛起的同时与发达国家贸易摩擦的必然产物,是我国积极引进国际企业社会责任运动的必然表现。

随着我国加入 WTO,尤其是一些大的跨国企业在中国的投资和采购活动日益增多,社会责任的国际标准对我国企业的冲击也日益增大。在全球范围内,SA8000 被视为进入国际社会的一张通行证。ISO26000 被视为行动指南,

---

① 许家林,武迎春,杨海燕.社会责任国际标准——ISO 26000 的提出及制定进程[J].财政监督,2009(24):7-9.
② 孙继荣.ISO26000——社会责任发展的里程碑和新起点(二):ISO26000 的形成过程及核心内容[J].WTO 经济导刊,2010(11):43-54.
③ 陈伟昌.企业社会责任相关国际标准的影响——SA8000 与 ISO26000 之比较[J].行政与法,2011(6):114-117.
④ 王碧淼.从 SA8000 到 ISO26000 看社会责任标准的变化[J].宁夏大学学报(人文社会科学版),2011,33(2):187-192.

这些标准是我国企业进入跨国公司供应链或产业链的重要标准,是向西方发达国家出口产品的"敲门砖"。① 中央在《"十五"规划建议》中提出,要进一步对外开放,发展外向型经济,必须实施"走出去"发展战略,利用国内外两种资源、两个市场做出突破。随着中国经济调整战略,不仅经济要走出去,文化也要走出去。对于我国传媒行业的发展而言,企业社会责任标准的出台和应用,既是机遇又是挑战。②

1. 挑战:传媒企业运营成本增加

社会责任标准的陆续颁布,标志着当今世界范围内社会责任运动趋于成熟。自此,在科学、规范、系统的社会责任运动的指引下,在国际标准化组织的影响下,全球社会责任的理论建构与实践操作必将再度掀起高潮。③

SA8000 和 ISO26000 在环境、消费品、产业链、质量与安全卫生等领域,都对企业的技术提出一定的要求和期待。然而,发达国家和发展中国家的经济发展模式、生产和消费方式以及相关科技水平上都存在着差异性、区域性和不均衡性。因此,ISO26000 的实施给发展中国家的经济造成较大的技术风险。④ 中国作为一个处于转型期的发展中国家,势必会受到国际社会责任标准的影响。一方面,国际社会责任标准将加大企业运营成本,降低经济利润。比如企业用于社会责任认证的费用与日常社会责任履行的管理成本和生产成本等都会提高,⑤在一定程度上不利于企业自身发展并在国际市场竞争。

2. 机遇:促进传媒业科学管理

但是,社会责任标准在微观层面上有利于促进传媒界完善行业规范,媒体行业在谋求经济效益的同时,也要承担起对股东、债权人、员工、消费者等利益相关方的社会责任,例如遵守法律法规、保护劳动者的合法权益、支持慈善事业、保护弱势群体,等等。加强医疗、养老、教育、就业等民生领域的报道,充分

---

① 陈伟昌.企业社会责任相关国际标准的影响——SA8000 与 ISO26000 之比较[J].行政与法,2011(6):114-117.
② 李清.首个社会责任国际标准 ISO26000 的产生与影响[J].对外经贸实务,2011(4):48-50.
③ 黎友焕,魏升民.企业社会责任评价标准:从 SA 8000 到 ISO 26000[J].学习与探索,2012(11):68-73.
④ 李仲学,祖秉辉,赵怡晴,李翠平.ISO 26000 风险及中国应对策略[J].技术经济与管理研究,2013(11):37-41.
⑤ 袁蕴,唐剑.基于 ISO26000 标准的企业可持续责任竞争力培育研究[J].财会通讯,2013(2):18-19.

发挥舆论监督的作用,引发社会关注和思考;搭建公共服务平台,加强观察分析,及时准确解读政务信息、传递政策信息,充分发挥党和政府、人民的耳目喉舌;在灾难和事故报道中,尊重生命,不渲染负面情绪。客观、全面、准确地报道,严格规范各平台采编人员,杜绝有偿新闻,新闻敲诈等行为。严格要求采编人员;持续开展马克思主义新闻观培训,牢固树立采编人员正确的新闻理想和职业操守,严格遵守国家有关法规,健全完善推送审核机制,坚决杜绝推送各类不良信息。此外,包括保障新闻从业人员薪酬福利,完善请假休假制度,提供出差补贴与加班补贴,保障员工的切身利益;同时为新闻队伍开展综合素质培训,提高采编人员的媒体报道能力;依规做好新闻记者证的申领、换发、年检、注销等工作,为符合条件的新闻工作人员进行资质审查并申领记者证,对离职、退休人员及时收回新闻记者证;最后,建立科学合理的绩效考核制度,调动从业人员的工作积极性。①

在宏观层面上,国际社会责任标准的出现,必然导致全球社会责任关注更加广泛,在此过程中,传媒必须积极主动承担社会责任,传承繁荣优秀文化,大力弘扬践行社会主义核心价值观,弘扬社会公德、倡导文明新风,激发向上向善的正能量,增强文化自信、民族自信,维护社会秩序,创造安定和谐的社会环境。有利于提升国际传播能力建设,在国际化竞争中传播中华文化,讲好中国故事,传递中国声音,阐释中国主张。

(二) 对策

我国传媒企业要以积极的态度应对社会责任国际标准。首先,要提高传媒企业自身的社会责任意识。传媒行业具有传承文明、传播文化的使命,承担着正确引导责任、提供服务责任、人文关怀责任、繁荣发展文化责任。传媒行业应当抵挡经济利益的诱惑,将社会责任放在首位,在保证社会效益第一的前提下努力提高文化影响力,发挥文化主阵地作用,发挥舆论引导作用,传播先进文化、引领文明风尚,弘扬新风正气,激发奋进力量,为推动科学发展、促进社会和谐营造良好氛围。② 因此,应在全行业范围大力普及和宣传传媒企业社

---

① 中国新闻网.中国新闻网社会责任报告(2019 年度)[EB/OL].(2020 - 07 - 16).https://www.chinanews.com.cn/gn/2020/07-16/9239885.shtml.
② 徐硕,张嘉航,李治堂.我国传媒行业社会责任报告分析——基于 A 股上市公司视角[J].北京印刷学院学报,2018(1):11 - 14.

会责任的相关知识,增强广大传媒企业的社会责任感,使传媒企业普遍认识到,社会责任不仅仅是一种公关,而是关系到保持未来传媒企业的可持续发展,从而促进传媒企业从战略上重视社会责任建设,健全社会责任专职机构,引导传媒企业建立完善相关管理规范。同时也有利于广大消费者监督传媒企业社会责任的履行。[1]

其次,加大传媒企业社会责任素质教育与培训力度。企业社会责任具有动态性。当前,经济全球化持续加强、知识信息迅猛增长、社会竞争日趋激烈,使得组织运行环境多样化、动态化,凸显了贯穿组织生命周期的教育学习对组织发展的重要性。[2] 传媒企业应该与时俱进、因地制宜地掌握不断变化的新环境、利益相关方的新需求,制定有效的教育培训计划,加强对传媒从业人员进行日常社会责任理念的宣传,通过学习与交流,形成社会责任共识,把握社会责任需求及实施社会责任的程序,促进企业在决策与活动过程中履行社会责任水平的提升;通过与各利益相关者尤其是员工、消费者、环境工作者、供应链合作伙伴的交流,有效地传播社会责任观念,形成社会责任氛围。此外,高等学校和科研机构应该通过多学科交叉研究,提升人们对社会责任问题的认知水平,为人们提供解决社会责任问题的技术和方法。高等学校和科研机构等要加强学术发展、健全学术运行机制,提升学术力量,展现知识分子的良知、正义感、责任感,引领传媒社会责任的技术能力建设、培育具有社会责任意识及社会责任观念的人力资源基础。[3]

最后,完善行业法律法规与社会责任标准。传媒企业社会责任的履行大多靠企业自律,传媒企业履行社会责任信息披露一般遵循自愿原则,导致大部分传媒企业承担社会责任并无统一标准。作为社会价值观的重要推动者,政府及有关部门应当对传媒的社会责任进行积极的引导,并鼓励其主动承担社会责任,客观披露其履行情况。而在制度设计上,政府有权推动传媒社会责任法律条文逐步完善,并对现有法规进行细化。[4]

考虑到国际社会责任标准的普适性与科学性,我国应结合本国国情,参照

---

[1] ISO26000对我国的影响及对策[J].信息技术与标准化,2011(3):14-17.
[2] 李仲学,祖秉辉,赵怡晴,李翠平.ISO 26000风险及中国应对策略[J].技术经济与管理研究,2013(11):37-41.
[3] 李仲学,祖秉辉,赵怡晴,李翠平.社会责任的动态规律与应对策略[C]//2012中国可持续发展论坛2012年专刊(一),中国可持续发展研究会会议论文集:258-262.
[4] 朱梦遥.国有传媒企业社会责任研究[D].南京:南京师范大学,2016.

国际标准,研究我国传媒企业不同类型、在不同发展阶段应承担的社会责任,制定符合我国经济发展水平和伦理价值观的传媒社会责任指南,使现有关于传媒社会责任的法律法规在内容和标准上与国际标准同步。此外,在全社会树立传媒社会责任标杆模范,对履行社会责任的优秀传媒企业,给予奖励,从而提高传媒企业践行社会责任的自主性和积极性。加强对传媒行业承担社会责任的监督管理,需要政府及有关部门多方协作,将传媒行业的社会责任监管规范化,使传媒行业在履行社会责任上有所依据。①

作为推进全球可持续发展的途径之一,要求传媒履行社会责任,对提高效益、转变经济增长方式、改善社会发展模式都有积极的作用。传媒在承担社会责任的过程中应与时俱进、因地制宜地采取相应的社会责任对策,这不仅可以避免社会、经济、文化乃至政治等方面的冲击,而且还可以起到正面的推动作用。经过规范管理和战略决策的积极执行,社会责任目标最终得以实现,推动社会可持续与和谐发展。将社会责任管理纳入传媒企业的战略管理之中,促使传媒将社会效益放在首位,实现社会效益以及经济效益相统一。

第三节 完善中国传媒社会责任管理体系

一、提升履责绩效

传媒社会责任管理体系的作用是为传媒组织提供一个管理框架,从而管理其决策和活动可能产生的社会影响。传媒社会责任管理体系的目的是预防不良的社会后果,推动良好的社会效果,并致力于提高传媒组织对社会的责任感。作为一个负责任的传媒组织,必须采取有效的预防和保护措施,将负面的影响降到最低,并且尽可能地采取积极的、有效的行动,以促进积极的效果。②

---

① 徐硕,张嘉航,李治堂.我国传媒行业社会责任报告分析——基于A股上市公司视角[J].北京印刷学院学报,2018,26(1):11-14.
② 澎湃新闻.国家标准|《社会责任管理体系 要求及使用指南》解读[EB/OL].(2021-02-20). https://www.thepaper.cn/newsDetail_forward_11407606.

推行符合标准的传媒社会责任管理制度,可有效地控制其对社会的影响,提高其社会责任绩效,帮助达成相关标准和法律要求。① 鉴于传媒发展速度快、影响力广等特点,传媒社会责任对其发展显得至关重要。建立并完善我国传媒社会责任管理体系,有助于促进我国媒体树立科学发展的观念,积极履行各方面的社会责任,在追求效益最大化与履行传媒社会责任中找到平衡,才能更好地促进社会和谐、实现我国经济又好又快发展。同时,提升我国传媒企业参与国际化竞争的软实力,传播中国声音。

二、传媒社会责任管理体系:理论框架和应用工具

中国传媒社会责任管理体系的完善,应当在马克思主义新闻观、习近平新闻思想的指导下,符合时代背景、遵循相关法律法规,与时俱进、具有感召力和话语权。② 在管理学中有一套著名的质量管理循环模式——PDCA 循环。PDCA 循环将质量管理分为 4 个阶段,即计划(Plan)、执行(DO)、检查(Check)和处理(Act)。③ 在质量管理活动中,要求各项工作按照作出计划、计划实施、检查实施效果,然后将成功的纳入标准,不成功的留待下一循环去解决。这一工作方法是质量管理的基本方法,也是企业管理各项工作的一般规律。④ 鉴于传媒的可持续发展目标,需要加强内部社会责任治理。因此,我国传媒社会责任管理体系中可以基于"策划—实施—检查—改进(PDCA)"的理论框架,改进内部社会责任管理系统。PDCA 概念是一个迭代过程,可用于管理体系及其每个单独的要素。⑤ 分为四个阶段:

(1)策划(P:Plan):确定和评价不良影响和有益影响,以及其他风险和其他机遇,制定社会责任目标并建立所需的过程,以实现与组织的社会责任方针相一致的结果。

(2)实施(D:Do):实施所策划的过程。

---

① 澎湃新闻.国家标准|《社会责任管理体系 要求及使用指南》解读[EB/OL].(2021-02-20). https://www.thepaper.cn/newsDetail_forward_11407606.
② 朱梦遥.国有传媒企业社会责任研究[D].南京:南京师范大学,2016.
③ 百度百科.PDCA 循环词条[EB/OL].(2021-11-06).https://baike.baidu.com/item/PDCA%E5%BE%AA%E7%8E%AF/5091521?fr=aladdin.
④ 张育红.S 公司实施 ISO9000 质量管理体系相关问题研究[D].济南:山东大学,2012.
⑤ 宗俊俊.浅谈利用 PDCA 循环方法建立公司质量管理体系实例[J].轻工标准与质量,2021(5):53-55.

（3）检查（C：Check）：依据社会责任方针和目标，对活动和过程进行监视和测量，并报告结果。

（4）改进（A：Act）：采取措施持续改进责任绩效，以实现预期结果。①

按照 PDCA 循环工具，传媒社会责任管理体系中，首先应根据传媒运营理念和目标制定其承担社会责任的目标，然后在经营管理中，将目标分发拆解至各个部门实施。在目标实施的过程中，依据社会责任方针和目标，定期监测目标进展情况，并及时报告结果。一旦发现进行的活动偏离目标，需要采取措施改进，以便预期结果能够实现。

三、中国传媒推进社会责任管理体系的现实选择

首先，建立专业的传媒社会责任管理组织，将其上升到企业的战略层次。设立专门的社会责任管理机构，是确保传媒社会责任有效落实的重要方式。传统媒体与网络媒体在组织结构上存在一定的差异，传统媒体通常采用多层次管理架构，而新兴媒体则更倾向于扁平化的组织管理模式。所以，构建内部管理架构必须考虑传媒的性质和组织机构形态。此外，需要对现有制度和外部环境的适应性研究，全面考虑社会、经济、环境、政府、员工等各方的利益和需求，并对其社会责任的管理工作展开深刻总结。而且，深入调查不同传媒的社会责任管理状况，可以有效界定传媒企业的社会责任的总体和次要的目标。②

构建专业化的社会责任管理机构是传媒将社会责任上升到企业经营战略层次的必要手段。传媒"是否能够从战略角度看待公司的社会责任"，将是影响媒体可持续发展的一个重要因素，也是传媒"走出去"，应对世界经济挑战的关键。③ 传媒社会责任管理机构应把传媒的社会责任管理作为一项长远的工作来规划，并将其逐渐融入企业文化之中。

其次，构建传媒社会责任沟通机制。社会责任并非新事物，但要将其纳入严密的组织和管理体系并制定相应的制度加以实施是其面临的新课题。因

---

① 廖茜.ISO 标准化管理思维在国企纪检工作中的应用[J].东方企业文化,2021(S1)：179-180.
② 黄诚,包国强,李晴.基于 CSR 系统的传媒企业社会责任治理系统管窥[J].湖北社会科学,2019(7)：174-180.
③ 黄群慧,钟宏武.国有企业如何建立全面社会责任管理体系[J].宁波大学学报（人文科学版）,2008(4)：78-82.

此,社会责任管理部门必须对各级员工进行有关的社会责任管理制度与流程的培训,使其了解有关的政策、规范、流程、评价标准、奖惩办法等,增强其社会责任认识和意识,促使其履行社会责任,并严格遵守社会责任管理程序,确保传媒社会责任管理工作落实到位。[1]

再者,健全传媒的社会责任评估机制。"社会责任评估系统是衡量企业的社会责任有效性与效率的基础和指标,是企业社会责任绩效管理的要求之一。"[2]对传媒来说,完整、科学的社会责任评估系统应该包含经济、社会两大指标,此外,在系统设计上,应从员工、大众、政府、社会、环境等主要利益相关者的综合评估,并根据各方在法律、经济、道德等方面的职责,遵循一级指标——中间层次指标——末级可考量指标的建设思路。当前,国内尚无一套适用于传媒的社会责任评估制度,因此,构建一套完整的传媒社会责任评估系统势在必行。其基本思路可以是:参照我国在劳动者保护、新闻从业者职业道德规范等方面颁布的规章制度,结合传媒行业和传媒组织的特征,学习但不完全照抄国外标准,制定符合本土的传媒社会责任评价体系。[3]

最后,不断完善社会责任的管理工作。对社会责任评估中发现的问题提出相应的完善措施,推动传媒持续改进。完善传媒社会责任管理体系是一种积极的、动态的行为,而非法律制约下的被动行为。传媒需在政策、制度、目标、程序、指标等方面对社会责任管理进行持续的调整,不断完善社会责任制度,加强传媒发展的灵活性,从而提升传媒社会责任管理能力与水平。[4]

四、国家传媒社会责任管理体系推进路线

媒介经营管理实践进行探索的同时,传媒管理方式也在不断地进行创新。我国传媒管理模式逐渐从传统的纵向管理向扁平化的共同治理模式过渡,即更加注重服务导向、行业组织的自我约束和第三方组织的监督功能。[6]传媒社

---

[1] 黄诚,包国强,李晴.基于CSR系统的传媒企业社会责任治理系统管窥[J].湖北社会科学,2019(7):174-180.
[2] 曾海敏,隋静.社会责任问题的研究[M].北京:北京交通大学出版社,2009.
[3] 黄诚,包国强,李晴.基于CSR系统的传媒企业社会责任治理系统管窥[J].湖北社会科学,2019(7):174-180.
[4] 黄诚,包国强,李晴.基于CSR系统的传媒企业社会责任治理系统管窥[J].湖北社会科学,2019(7):174-180.

会责任的治理是由政府、媒体行业协会和从业者多方推动制定和执行的,其优势在于:一方面,业界有关人士联合参与制订规则,能集中思想,又兼顾各方的利益,这些都将是未来媒体"善治"的基石;另一方面,基于传媒的利益相关方的"共识",相关法规将会被大多数人所支持,大部分人会根据"共识"来调整自己的行为,而对于那些不符合"共识"的组织和个人,则会受到大多数人的纠正。传媒社会责任管理制度是一种以社会责任为中心的多方均衡制度,其具体表现为:一是政府管理方面,完善信息发布制度,健全新闻传播法律法规;二是行业组织方面,健全完善行业自律机制,加强对传媒企业的监管;三是社会组织管理方面,充分利用第三方机构的力量,监督并完善媒体的社会责任评估机制;四是个体用户方面,充分开展用户媒介素养教育,提升公众的道德修养。[①]

世界不存在单一的传媒社会责任管理方法,因为它需要扎根在民族传统、实践历史与现实国情基础之上,才能生根发芽。我国的传媒在百年实践中,也蕴含了丰厚的社会责任血液,形成了与西方相联系又有区别的媒体社会责任观,也形成了相应的社会责任管理体系。[②] 在全球化的视角下,传媒社会责任治理应包含更多利益相关主体,将人类基本的道德规范和共同价值观相结合。当今世界正处于百年未有之大变局中,网络空间日益成为全球治理的重要领域,深刻影响着各国政治、经济和社会等方方面面。现代传媒社会责任管理也是一个世界性的话题,全球互联网治理的理论与实践探索,将为传媒社会责任管理的全球推广和标准构建提供新的思路。[③]

思考题

1. 社会责任历史起源与传媒社会责任的发展过程经历了哪些变化?
2. 传媒社会责任管理有哪些现实困境?
3. 传媒社会责任国际标准有哪些?大致可以分为几类?
4. 认证传媒社会责任标准对我国的影响有哪些?
5. 我国传媒企业如何应对国际传媒社会责任标准?
6. 传媒社会责任管理有什么意义?

---

① 钟瑛,李秋华.新媒体社会责任的行业践行与现状考察[J].新闻大学,2017(1):62-70.
② 包国强,王作剩,黄诚.新闻、宣传、公共利益与市场——中国特色媒体社会责任的价值体系构成与内在逻辑[J].新闻爱好者,2020(11):9-15.
③ 钟瑛,李秋华.新媒体社会责任的行业践行与现状考察[J].新闻大学,2017(1):77.

7. 制定我国传媒社会责任标准时应遵循哪些原则?
8. 我国传媒行业社会责任实践现状如何?
9. 现有传媒社会责任管理有哪些不足之处? 如何改进?
10. 如何构建我国传媒社会责任评价标准与指标体系?

相关学习延伸资料

1. 新闻自由委员会.一个自由而负责任的新闻界[M].展江,译.北京:中国人民大学出版社,2004.
2. 黄晓新.中国传媒社会责任研究报告(2018—2019)[M].北京:中国书籍出版社,2019.
3. 黄群慧,钟宏武,张蒽.中国企业社会责任研究报告(2020)[M].北京:社会科学文献出版社,2020.
4. 钟瑛,芦何秋,余红,李亚玲,孙亮.新媒体社会责任蓝皮书:中国新媒体社会责任研究报告[M].北京:社会科学文献出版社,2020.
5. 彼得·德鲁克.管理的实践[M].齐若兰,译.北京:机械工业出版社,2006.
6. 弗雷德里克·泰勒.科学管理原理[M].马风才,译.北京:机械工业出版社,2007.

参考文献

[1] 王修滋,蔡笑元.媒体社会责任评价标准及指标体系构建[J].青年记者,2017(30):28-34.
[2] 包国强.治理视角的传媒社会责任评价体系及评价模型分析[J].湖北社会科学,2012(8):192-195.
[3] 黄诚,包国强,李晴.基于CSR系统的传媒企业社会责任治理系统管窥[J].湖北社会科学,2019(7):174-180.
[4] 冷梅.首份中国传媒行业社会责任报告在京发布[J].新闻战线,2012(4):75.
[5] 肖曜,梁锋.传媒社会责任报告的意义与内容[J].新闻前哨,2014(5):21-23.
[6] 陈辉."企业社会责任"对我国企业国际化经营的潜在影响——对 SA8000 标准的思考[J].理论探讨,2004(6):52-54.
[7] 高爱娣.SA8000——社会责任国际标准[J].工会博览,2004(16):38-40.
[8] 陈六宪.社会责任标准(SA8000)探析[J].中国市场,2009(13):144-145.
[9] 洪凌.社会责任标准(SA8000)简介[J].中国标准化,2004(11):18-19.
[10] 康一麟.传媒社会责任理论的现实困境[J].新闻研究导刊,2016,7(9):129.

[11] 欧阳超琪.关于构建新闻媒体社会责任评价体系的思考[D].湘潭：湘潭大学,2011.

[12] 查英.晚清以来中国传媒社会责任观演变历程研究[D].南京：南京大学,2012.

[13] 李龙.X媒体的社会责任评价与培育对策研究[D].西安：西北大学,2012.

[14] 本刊编辑部,Barnaby Lewis.ISO 26000引导社会责任的十年[J].中国质量与标准导报,2020(6)：11.

[15] 孙继荣.ISO26000——社会责任发展的里程碑和新起点[J].WTO经济导刊,2010(10)：60-63.

[16] 孙继荣.ISO26000——社会责任发展的里程碑和新起点（二）：ISO26000的形成过程及核心内容[J].WTO经济导刊,2010(11)：43-54.

[17] 孙继荣.ISO26000——社会责任发展的里程碑和新起点（三）：关于ISO26000的应用[J].WTO经济导刊,2010(12)：42-47,4.

[18] 李伟阳.社会责任定义：掌握ISO26000标准的核心[J].WTO经济导刊,2010(11)：36-39.

[19] 陈伟昌.企业社会责任相关国际标准的影响——SA8000与ISO26000之比较[J].行政与法,2011(6)：114-117.

[20] 陈元桥.全球瞩目的ISO 26000制定进程[J].WTO经济导刊,2007(12)：24-26.

[21] 李清.首个社会责任国际标准ISO26000的产生与影响[J].对外经贸实务,2011(4)：48-50.

[22] 林波,赵钧,蒋安丽,杜娟.ISO26000：社会责任国际标准的新时代[J].WTO经济导刊,2010(11)：27-31.

[23] 王碧淼.从SA8000到ISO26000看社会责任标准的变化[J].宁夏大学学报（人文社会科学版）,2011,33(2)：187-192.

[24] 郭家源.基于ISO26000的企业社会责任评价指标体系研究[D].沈阳：沈阳航空航天大学,2012.

[25] 许家林,武迎春,杨海燕.社会责任国际标准——ISO 26000的提出及制定进程[J].财政监督,2009(24)：7-9.

[26] 蔡瑞林,陈万明.企业社会责任研究：一个概念扩展模型[J].管理现代化,2014(1)：63-65.

[27] 黎友焕,魏升民.企业社会责任评价标准：从SA 8000到ISO 26000[J].学习与探索,2012(11)：68-73.

[28] 李仲学,祖秉辉,赵怡晴,李翠平.ISO 26000风险及中国应对策略[J].技术经济与管理研究,2013(11)：37-41.

[29] 蔡笑元.媒体社会责任八项指标解读及评价标准制订建议[J].青年记者,2018(21)：12-13.

[30] 徐硕,张嘉航,李治堂.我国传媒行业社会责任报告分析——基于 A 股上市公司视角[J].北京印刷学院学报,2018,26(1):11-14.
[31] 穆青.我国媒体社会责任及评价体系研究[D].北京:中国矿业大学(北京),2015.
[32] 钟瑛,李秋华.新媒体社会责任的行业践行与现状考察[J].新闻大学,2017(1):62-70,77,148.
[33] 朱梦遥.国有传媒企业社会责任研究[D].南京:南京师范大学,2016.
[34] 黎友焕.企业应对社会责任标准体系(SA8000)认证需要注意的几个问题[J].财经理论与实践,2004(5):101-103.

第六章
传媒社会责任的传播创新

传媒社会责任的传播即以传媒社会责任为主题而进行的传播活动，主要涉及两个方面：一是将传媒社会责任这一理念通过传播渠道广泛地让其他社会主体如企业、组织、个人等熟知，二是将传媒在履行社会责任方面所作出的具体实践作为传播内容进行传播，让传媒的利益相关者以及社会公众全面地了解传媒履行社会责任的有关信息。做好传媒社会责任的传播需要传媒在深刻地理解传媒社会责任这一理念的基础之上，身体力行地进行践行负责任的传播实践，并凭借自身在传播领域的专业优势，客观、公正、准确地报道与传媒社会责任有关的内容，避免存在打广告、自我夸耀的嫌疑，让传媒社会责任的理念及其实践更好地在社会范围内传播并引起关注和共鸣。

本章首先从传媒自身开始，探讨与传媒社会责任相关的概念的定义以及传媒需要履行的社会责任，这是深入理解传媒社会责任理念，做好传媒社会责任传播的基础。然后对当前传媒在履行社会责任中的具体实践做一个梳理，这是进一步完善传媒社会责任传播的关键。最后探讨的是应该从哪些方面着手实现传媒社会责任的创新传播，这是适应新媒体时代的传播格局，更好地将传媒履行社会责任的相关信息传播出去，提高传媒社会责任传播效果的重点。

第一节 传媒自身的社会责任传播

深刻认识和理解与传媒社会责任有关的概念以及传媒应该履行哪些方面的社会责任，是做好传媒自身社会责任传播的出发点，只有这样才能够明确在传媒社会责任的传播中该传播哪些内容。本节对"传媒""社会责任""传媒社会责任"等概念进行界定，并论述传媒在政治、文化、法律和社会等方面应该履行的社会责任。

一、传媒及自身社会责任的定义

  传媒,也可称为"大众传媒""大众媒体",指报社、电台、电视台等从事信息采集、选择、加工、复制和传播的专业组织和机构,从其生产规模的庞大性和受传者的广泛性而言,郭庆光又将其称为大众传播者。[①] 郭庆光所提到的报社、电台、电视台等都属于传统媒体的范畴。如今,随着新媒体技术的迅速发展和普及,互联网后来居上,成为新型的大众传媒。[②] 不仅如此,互联网还赋予了草根大众进行大范围、大规模信息传播的权利,自媒体也由此应运而生。自媒体可以是专业化的媒体,也可以是非专业化的媒体;可以是组织化的媒体,也可以是非组织化的媒体。自媒体如今已经成为现代媒介生态中能够与传统媒体相抗衡的传媒力量,同时也扩展和丰富了传媒的概念内涵。

  与传媒在词型上非常相近的词还有媒介、媒体等,对这些词的辨析对于理解传媒的定义而言也非常重要。媒介最常见的定义是指由各种物质材料组成的一类工具、载体或技术物。将媒介视为一种工具、载体或技术物,那么它们存在的主要作用就是进行信息的传递并在事物之间建立联系。而媒体是指某些具有专业知识的社会个体为了更好地利用和发挥媒介的信息传播功能而有计划地组成的一类组织、机构。媒体与传媒类似,都是指组织或机构,但是根据使用的语境,两者存在一定的差异。比如人们常说人民日报社是一家主流媒体,但几乎很少说人民日报社是一家主流传媒;人们常说新媒体和传统媒体,但几乎很少说新传媒和传统传媒。此外,人们常说传媒业发达,而几乎很少说媒体业发达。可见,媒体是单数形式,更多地是指某一具体的组织或机构如人民日报社、中央电视台等,当然媒体在某些语境下也用于复数形式,比如新媒体、传统媒体。而传媒是复数形式,更多的是指一个行业的统称,即由人民日报社、中央电视台等媒体组成的传媒业。本章在术语的使用上主要以传媒为主,但根据语境的不同也会使用媒体、媒介等词,而在引用他人的论述时则保留他人的用法。

---

① 参见郭庆光.传播学教程[M].2版.北京:中国人民大学出版社,2011:127.
② 王玉娜.大众传媒社会责任的履行研究[D].昆明:昆明理工大学,2016.

关于社会责任一词,到目前为止学术界没有给出一个统一的定义,现行各国的社会责任标准也不一致,①不同的学科对社会责任一词的定义也存在或多或少的差异。外延与内涵是辨析概念的两个重要面向,外延是概念符号所指示的事物的集合,内涵则是对所指示事物的特征和本质属性的概括。② 根据履行社会责任的主体差异,社会责任的外延包括企业社会责任、公民社会责任、商人社会责任、组织社会责任、传媒社会责任等,可以说所有组成社会生活、形成社会关系的任何一个社会主体都必须承担起相应的社会责任。而社会责任的内涵有两方面的内容:首先,根据权利与义务相伴而生这一原则,社会责任可以被认为是根据社会主体所占据的社会地位并拥有的社会权利从而应对社会履行的义务。其次,由于人是社会性动物,人必须在社会中才能够生存和发展,因而必须受到来自社会的规范和约束,因为如果每个人都放任自己的野性而不遵守社会规范,那么整个社会将会被霍布斯(Thomas Hobbes)所说的"人与人之间的战争"所蹂躏,社会将不复存在。所以社会责任的内涵也可以指社会主体有必要确保自身的社会行为、决策始终符合其所处社会环境的主流价值观、伦理道德规范和社会对自身的普遍期待,并在社会规范内行事。

在对"传媒"和"社会责任"这两个词有了基本了解的基础上,就可以对传媒社会责任这一概念进行探讨。王天定曾指出:在关于媒体社会责任问题的讨论中,大多数人几乎都把"媒介社会责任"视为不证自明的概念,大家都热衷于用这个概念批评大众传媒,但从业界到学界,似乎还没有人对"媒介社会责任"这个概念作比较具体的探讨。③ 对传媒社会责任的认识已经成为人们评价传媒存在价值时的一种先入之见,尽管对传媒社会责任的概念见仁见智,但是传媒需要履行社会责任是得到普遍认同的,是一条不可改变的金科玉律。此外,陈力丹指出强调权利和责任的统一,是媒体社会责任论的核心观点。将新闻自由视为一种权利的同时,也意味着应承担责任和义务。④ 邵培仁指出面对强大的媒体,不仅我们的社会和文化将会改变,我们的生活、工作、外观和内心也将被重塑。因此媒体应肩负起更大的社会责任,履行更崇高的历史使命,

---

① 王玉娜.大众传媒社会责任的履行研究[D].昆明:昆明理工大学,2016.
② 郭庆光.传播学教程[M].2版.北京:中国人民大学出版社,2011:40.
③ 参见王天定.谁的责任、向谁负责、负什么责任——浅议媒体社会责任的概念及特点[J].科学经济社会,2007(2):126-128.
④ 参见陈力丹.自由主义理论和社会责任论[J].当代传播.2003(3):4-5.

而不能感情用事,不能跟着感觉走,也不能肤浅地片面地理解媒体的使命与责任。① 因此,传媒社会责任可以被认为是由于传媒在现代社会的强大影响力,因而传媒在主张其新闻自由、言论自由等权利、进行传播活动之时,需要对其所影响到的社会主体负有相应的责任,包括传播符合事实的客观信息、不侵犯其他社会主体的权利、为大众提供一个良好的信息环境等。

二、传媒需要履行的社会责任

随着现代信息技术的发展,信息的生产效率和传播速率已经达到前人难以想象的高度,现代社会已经进入资讯高度发达的时代。传媒如今是如此深刻地嵌入社会网络之中,社会网络的每一个节点都受到来自传媒前所未有的影响,这使得通过强调传媒社会责任以对传媒进行规范和控制变得至关重要。

(一) 政治:坚持正确政治宣传方向

传媒肩负着将国家政策思想传达给人民的责任,②众所周知,任何一家媒体都无法做到有闻必传,每一家媒体都需要在无限的事实中做出有限的选择。而政治偏向、价值取向和意识形态导向是影响媒体对每日信息进行选择性报道的重要因素,在某些情况下还会是首要因素,若没有正确的政治定力作为指导媒体选择性报道的标尺,那么媒体的报道就极易偏离社会主流核心价值。因此,传媒社会责任反映在政治领域的首要环节就是必须始终坚持正确政治宣传方向。具体表现为:第一,坚持以正面宣传为主,宣传科学理论,传播先进文化,弘扬社会正义,倡导科学精神,不断深化人民对社会主义核心价值体系的认识和理解。第二,传媒要坚持马克思主义新闻观、坚持新闻工作的党性原则,牢牢把握正确舆论导向。第三,坚持四项基本原则、中国特色社会主义基本政治制度和经济制度,"坚持党性原则是传媒履行社会责任的根本要求"。③

---

① 参见邵培仁.媒体的当下使命及社会责任[J].中国广播电视学刊,2006(6):5.
② 包国强.新时代中国特色媒体社会责任体系简论[J].浙江树人大学学报(人文社会科学),2021(6):1-11.
③ 转引自包国强.新时代中国特色媒体社会责任体系简论[J].浙江树人大学学报(人文社会科学),2021(6):1-11.

社会主义国家的传媒始终要坚持正确的政治宣传方向,把传递党的声音放在传播工作的首位,成为宣传党和国家各项方针政策的前沿阵地。同时,传媒传递党的声音不能是自说自话,不仅要让人民群众听得到党的声音,而且要让人民群众听得懂党的声音,即提高宣传效果和影响力。这需要从内容和形式这两大着力点推陈出新。

在内容方面,由于党和国家的方针政策往往具有极强的理论性,内容表述严谨规范,但生动性和易读性不强且篇幅较长,加之现代人对阅读文字的耐心正在逐渐被视频和图像所引发的精神冲动所消磨,长篇大论的方针政策极易让普通大众敬而远之。因此,传媒宜采用通俗的、具体的语言词汇将方针政策中易读性不强的词句置换成令人一目了然的简短词句,并配以适当的图片、视频将抽象的文字符号以具象的形式呈现,让处于知识沟两端的人都能够理解方针政策的主要内容,从而提高宣传的广度与力度。

在形式方面,可以借助人工智能技术、虚拟现实技术等实现政策文字内容的可视化,也可以运用交互视频、聊天机器人等互动传播的形式进行宣传,让方针政策"活起来""动起来",增强大众阅读的趣味性。

总而言之,加强舆论监督,自觉把党、人民、国家的利益放在首位,坚持党性和人民性的统一,坚持舆论监督与正面宣传相统一,这是传媒履行社会责任的必要条件。[①]

(二) 文化:以主流价值为导向,传播好中国特色社会主义文化

按照马克思对物质生产和精神生产的划分,传媒的生产活动本质上属于精神生产,需要人的脑力投入并且产出物主要满足于人的精神需求而非物质需求,尽管其在生产精神产品的同时也会生产特定的物质进行承载,如报社生产的报纸、音乐公司发行的唱片等。因而传媒可以被看作是精神产品的生产基地和人类精神文化的加工厂,影响着社会文化的形成和发展。

因此,传媒要顺应时代的变迁,树立全新的、前瞻性的文化责任意识。中国特色社会主义文化,是我国综合国力的标志。它传承于历史又植根于具有鲜明时代特点的中国特色社会主义实践中,是民族精神的核心。社会主义核心价值体系是中国特色社会主义意识形态的本质体现,决定着社会

---

① 黄诚,包国强.习近平的媒体社会责任观及其意义[J].中国广播电视学刊,2017(7):108-112.

意识的性质和方向,是我国现阶段社会主义思想道德建设的要求①。由此可见,传媒承担着传播中国特色社会主义文化的重大文化责任。② 传媒必须要引领好社会主义文化的传播工作,在社会主义核心价值体系的传播格局当中占据主体地位并发挥主导作用。

同时,传媒属于文化产业的范畴,意识形态特性是传媒无法否认和抹去的特征。这决定了其生产的产品表现为精神思想文化类的产品,如新闻报道、专题节目、电视剧、电影等,媒体产品本身就是社会精神思想的载体,具有传承社会文化的功能。这使得社会的精神思想遗产,都可以通过媒体得到继承和发扬。③ 因此,传媒必须始终以社会主义主流文化价值为导向,如此才能够更好地履行其在社会主义文化建设方面应尽的社会责任,从而为广大人民群众塑造一个良好和谐的文化氛围和文化环境。

(三) 法律道德:在法律的边界内和道德的围栏内行使传播的权利

作为重要的社会力量之一,传媒需要履行作为社会组织所应承担的法律和道德义务,包括依法纳税、依法保障员工各项权益、真实反映社会现实、客观报道社会热点、正确发挥其作为社会公器和舆论监督的功能、积极投身社会公益事业、制作公益广告等。④

依法治国是我国的治国方略,在我国新闻事业蓬勃发展的形势下,传媒在拥有足够话语权的同时,不可避免地要承担相应的法律责任。在新闻报道中,传媒涉及的法律责任问题突出地表现为假新闻。假新闻的产生缘于部分媒体博取大众关注的激进心理。假新闻会造成不实舆论的传播,导致社会恐慌、秩序紊乱。媒体人被称为"无冕之王",必须肩负起相应的法律责任,站在国家和人民的角度为大众服务。国家和人民赋予传媒言论自由的权利,传媒理应承担起传播真实报道、引导正确社会价值观的法律责任。权利和义务是相辅相成、对应统一的,传媒既然享有法律保障的自由,就应履行法律规定的义务。⑤

---

① 转引自包国强.新时代中国特色媒体社会责任体系简论[J].浙江树人大学学报(人文社会科学),2021(6):1-11.
② 包国强.新时代中国特色媒体社会责任体系简论[J].浙江树人大学学报(人文社会科学),2021(6):1-11.
③ 王哲.试论新形势下社会主义核心价值体系建设中的媒体责任[J].佳木斯大学社会科学学报,2012(6):19-21.
④ 包国强.新时代中国特色媒体社会责任体系简论[J].浙江树人大学学报(人文社会科学),2021(6):1-11.
⑤ 包国强.新时代中国特色媒体社会责任体系简论[J].浙江树人大学学报(人文社会科学),2021(6):1-11.

现阶段,我国并没有出台针对传媒及其社会活动的专门法律,然而这并不意味着传媒不是法律的规范对象。对传媒及其从业者行为的法律约束早就散存于《中华人民共和国宪法》《中华人民共和国民法通则》《中华人民共和国著作权法》《中华人民共和国政府信息公开条例》等法律法规。比如《中华人民共和国宪法》中关于"国家发展为社会主义服务、为人民服务的新闻广播电视事业"的规定等。① 因此,传媒从业者必须要对相关的法律条文有所了解,提高法律意识,确保传媒始终能够在法律的边界内行使传播的权利。

在道德层面,我国社会主义核心价值观也对传媒提出要求,传媒从业者在行使工作职能时必须遵循合理的道德伦理观,弘扬社会正义,以贴近群众和生动活泼的形式报道事实,监督社会生活的各个方面,最大限度地降低不法行为的发生率,通过提供准确的信息服务、事实报道以及适度的献言方式,帮助政府合理决策,推进体制机制革新和社会制度调整。②

(四)社会:做好正面舆论引导及舆论监督

舆论是社会或社会群体中对近期发生的、为人们普遍关心的某一争议的社会问题的共同意见。大众传媒在舆论从生成到消退的全过程中发挥着重要作用。③ 舆论总是围绕着人民大众所关心的并与之利益相关的社会热点而产生,所以舆论的正确与否往往关乎社会大众的切身利益。因而。传媒有正确引导舆论的职能,传媒需要时刻紧盯舆论走向,在社会舆论的潮起潮落中肩负起合理引导的责任。传媒要自觉分辨真假消息,不传播谣言和歪理邪说,不营造社会焦虑和恐慌氛围,不传递错误价值观,坚决抵制暴力、低俗等不良现象,拒绝泛娱乐化,弘扬社会正能量,营造积极向上、健康有益的社会风气。④

舆论监督既是新闻传播业永久的主题之一,也是传媒业存在的根本意义之一,还是国家治理现代化的重要手段,善用舆论监督、善于舆论监督是国家治理体系和治理能力现代化的重要体现。⑤ 传媒有能力、有权利触及社会的各

---

① 魏永征.中国新闻法制的现状及发展[J].新闻界,1997(1):27-29.
② 包国强.新时代中国特色媒体社会责任体系简论[J].浙江树人大学学报(人文社会科学),2021(6):1-11.
③ 韩运荣,喻国明.舆论学——原理、方法与应用[M].中国传媒大学出版社,2013:45.
④ 包国强.新时代中国特色媒体社会责任体系简论[J].浙江树人大学学报(人文社会科学),2021(6):1-11.
⑤ 包国强,黄诚,厉震安."网络失智":智能传播时代网络舆论监督的"智效"反思[J].湖北社会科学,2020(8):161-168.

个角落,因而传媒有责任将隐藏在社会阴暗角落内的肮脏现象进行揭露和批判,而不是对其充耳不闻。舆论监督实际上也是一种媒介化治理的形式,通过传媒对社会问题报道引起社会公众的关注,进而在公共舆论的压力下迫使被揭露的问题得到有效的治理,保障公民大众生存于一个公平正义的社会。

第二节 传媒社会责任的传播实践

一、不负责任的传播实践是传媒社会责任传播中的反面教材

只有负责任的传媒才有资格进行传媒社会责任的传播,传媒践行负责任的传播实践就是在通过以身作则的方式进行传媒社会责任的传播。然而,传媒不负责任的传播实践依然普遍存在,这对进一步完善传媒社会责任的传播存在一定的负面影响。但是这些传媒不负责任的传播实践也能够作为反面教材在传媒社会责任的传播中起到"敲警钟"的传播效果。当前国内传媒不负责任的传播实践主要如下。

(一) 传媒失语时有发生

传媒失语/媒体失语指当一个影响重大的新闻事件发生时,媒体对该事件没有进行报道,或没有在受众迫切需要了解事件真相的时刻给予报道[1]。权力的威压、金钱的诱惑和道德的沦丧都是导致传媒失语,产生"哑巴传媒"的重要原因。当重大新闻事件发生时,公众对事件的认知和采取的行动极度依赖公开透明的信息进行指引,而传媒失语无疑会减少受众的信息接触率,增加受众对环境感知的不确定性,加剧公众在社会生活中的风险。

随着通信技术发展及各大网络平台的增多,传媒失语的表现形式也更加多种多样。某社交平台热搜本应该行使传播公共信息的职能。但由于资本的介入让其热搜公信力大大降低,热搜榜都靠资本来决定,上热搜与降热搜显得"儿戏"了不少。明星网红常年霸占热搜榜,而真正需要人们关注的社会事件反而被淹没。当普通人在遇到不公正待遇时,自己发声是无法被平台给予流

---

[1] 杜志红.传媒社会责任的缺失原因与实现路径[J].中国广播电视学刊,2006(7):10-12.

量的,只能依靠"大 V"的声援,这件事才能被更多的人关注。更重要的一点是,由于其热搜的不公正所带来的传媒失语,让人们对传媒的信任感降低,长此以往也会影响传媒的公信力。这种不公正的现象,有关部门对此进行过整治。2020 年 6 月,北京网信办依法约谈处罚该社交平台,责令其立即整改,暂停更新热搜榜一周。① 传媒只有更公正地"发声",才能带给民众信任。

(二) 新闻寻租现象普遍

寻租是一个内涵较为复杂的政治学、经济学概念,当某人在暗中利用自身所拥有的某种特殊优势如权力、地位等进行经济利益的牟取便可以看作是进行了寻租行为。而新闻寻租则是由新闻媒体作为实施主体的寻租行为。新闻寻租主要包括有偿新闻、有偿不闻和新闻敲诈,媒体主动接受企业的邀请为其进行大规模的正面宣传和造势便是有偿新闻,媒体在利益诱惑下被动地接受企业的要求对企业的负面信息进行屏蔽便是有偿不闻,而当媒体主动以企业的负面信息要挟企业支付媒体对此闭口不言的经济代价便是新闻敲诈。在传媒的市场化改革越来越深入的今天,新闻媒体与企业之间的关系也越来越密切,新闻寻租现象也频频出现。例如,名目繁多的企业社会责任评选活动,很多是媒体与企业共同炮制的表演秀,参评的许多企业既是被评选的对象又是评选活动的出资方,与媒体有着千丝万缕的联系。② 媒体与企业联手为受众打造虚拟的消费景观,让消费者被眼前的图像和视频所展现出来的美好幻象所蒙骗而无法觉察到隐藏在景观背后媒体与企业间的寻租交易。

(三) 传媒越权频发

传媒越权/媒介越权即媒介在新闻报道中超越了其社会权力和社会职责的底线,出现新闻报道的偏差和失误,或者媒介作为社会公共机构承担了超越职责范围内的责任和任务③。传媒社会责任传播中的传媒越权大部分表现为"传媒审判"。由于法律的裁决往往存在一定的滞后性,当司法在主张正义的过程中缺位之时,传媒往往热衷于通过公开的报道、评论等自作主张地对事件

---

① 北京网信办依法约谈处罚新浪微博 微博热搜榜暂停更新一周![EB/OL].(2020 - 06 - 11). https://baijiahao.baidu.com/s?id=16691970958486632518&wfr=spider&for=pc.2020 - 06 - 11.
② 李新颖.媒体在企业社会责任传播中存在的问题[J].人民论坛,2014(8):96 - 98.
③ 陈媛媛.媒介越权行为反思[J].现代视听,2008(2):25 - 27.

下达司法程序之外的"审判",导致司法机构的独立性在传媒所宣扬的新闻自由下被削弱,这便是所谓的"传媒审判"。当某一企业存在的社会责任问题被曝光之时,司法力量的迟滞介入诱使媒体力量的先行介入,缺乏法理依据的传媒审判必然会加剧受众与事件真相之间的区隔距离。

传媒需要的是行使合理的舆论监督,而不能越权对事件进行审判。越权只是引起了一场网络暴力的"狂欢",而并非正义的实现[①]。2020 年 5 月 30 日,一家长发帖举报教师体罚学生,以一件染满血的校服开篇,在"女儿哮喘,老师体罚,私下给老师送钱,老师堵门威胁,女儿病重"等一系列标签下完成了对涉事教师的公开声讨。在该事件中,广大网友打着正义的旗号,对涉事教师开展大规模的人肉搜索与网络暴力,这实际上是一种非理性的舆论监督。警方调查后,发布"教师体罚哮喘儿童"博主的相关平台账号被平台销毁。警方针对其恶意散布谣言,并雇请人员网络炒作的行为,依法采取刑事拘留强制措施。在该事件中,传媒未辨明事实的真相便进行转发、助其扩大影响,这种行为本身就是不理性的,更是对受害人权利的一种侵犯。

(四) 社会责任报道的内容肤浅、同质化严重

首先,以传媒对企业社会责任的报道为例,传媒对企业社会责任的报道往往变成一种企业自我宣传的手段。传媒在固定的报道模版中进行选词填空,使得对企业社会责任的报道不是大同小异就是千篇一律,作秀的成分大于实际的成分。同质化的报道内容让传媒对社会责任的报道变成了企业肤浅的自我夸奖。

其次,传媒对社会责任的内涵理解缺乏深度,将社会责任等同于公益活动,导致对社会责任的报道变成了对企业的公益活动进行大张旗鼓的宣传,让做公益变成一种公共景观,企业只有被他者所见才有实施公益活动的动力。公益活动最终也将从一种社会服务蜕变成为服从于企业长期资本积累的一种经济手段。

最后,受到显著性这一新闻价值因素的影响,传媒往往会选择那些大企业、大人物进行有关社会责任的报道,而对中小企业、普通百姓的社会责任问

[①] 罗宇凡.从"权利"到"权力"——浅析我国舆论监督当中媒介的越权行为[J].声屏世界,2006(1):19-20.

题往往视而不见,除非他们为传媒提供了一定的经济回报。这就导致传媒对企业社会责任的报道清一色地围绕知名度高、名誉度广的大型企业转,而选题的单一性和话语表达的重复性也使得企业社会责任报道的同质化问题更加严重。

二、避免不负责任的传播实践,改进传媒社会责任传播的方法

(一) 坚持客观报道,反映社会现实

提到传媒,人们总是会不约而同地将其与新闻信息的传播联系在一起,因为传媒的首要功能就是作为一台"雷达"探测社会中的各种变动,并将这些变动及其相关信息向社会公众传递。传媒通过媒介传递的信息会被社会公众用于日常生活实践当中,影响着他们的决策和行为。因此,传媒需要对其传播的信息负责,对接受其所传信息的受众负责,传媒有责任以客观、真实、全面的报道向社会公众反映社会的现实状况及其变动。

因此,做到负责任的传播实践首先要坚持报道客观事实,不偏不倚地展露事实真相。传媒从业人员也要坚持"三贴近"的原则:贴近社会、贴近生活、贴近群众。报道的事实越贴近现实生活本身,越真实还原事情的真相,越能提高传媒的公信力,越有利于社会形象的提升;对于社会来说,传媒坚持客观报道,真实再现社会民生现状,也有利于社会秩序的维持,形成良好的舆论导向。

(二) 设置相应议程,弘扬正能量事迹

议程设置是对传媒力量作用于公众社会认知的理论概括,传媒对事件重要性的排序影响着公众对事件关注的注意力分配和先后顺序,大众传媒作为"大事"加以报道的问题,同样也作为"大事"反映在公众的意识当中。[①] 因此,负责任的传播实践要以正确的道德价值、社会价值为导向进行议程设置,潜移默化地引导社会公众积极关注存在于现实生活中有价值的社会问题,并唤醒他们参与建设和谐社会的良知。然而,如今议程设置的能力已经从传媒逐渐移至技术,例如由人工智能、算法等技术驱动的"热搜",算法通过对信息的浏览、搜索痕迹进行测量和统计,依据预设的判断标准如阅读量、检索量、转发量

---

① 郭庆光.传播学教程[M].2版.北京:中国人民大学出版社,2011:194.

的数值高低等对信息的热度进行排序,生成所谓"热搜榜",从而指引用户信息关注的方向。同时,社会公众的媒介荣耀感也从过去的"上电视"变成了今天的"上热搜"。这一切都是在算法的技术"黑箱"中完成,技术对信息数值的量化判断替代了人对信息价值的道德判断。与传统议程设置不同的是,热搜所设置的媒介议程往往更易被公众接受,因为技术价值中立的标签能够让受众产生"这些信息是我所需要的而非他人强迫我去接受的"这一想法。

顺应技术的变革,如今传媒进行设置议程时,不光需要传统媒体发力,还需要借助热搜等新媒体的议程设置形式。以2021年的热搜榜为例,就曾产生过"空军上校两次出手在车流中救起老人""司机突发脑溢血拼命停稳车后仍死踩刹车"等好人好事。这些事例在热搜榜是社会效益大于经济效益的。但在此过程中,传媒要注意不应被商业资本所裹挟,也不应被看似价值中立的技术中所隐藏的意识形态偏向所控制。若非如此,只会让公共议题边缘化,最终产生"弱者越弱"的马太效应,让真正需要被关注的话题得不到关注,彻底背离了传媒社会责任的初衷。

(三) 提供受众发声渠道,保障民主监督的实现

监督的缺位必然导致权力的滥用,权力的滥用又必然危及公众的利益。传媒享有国家、政府和人民所赋予的特殊权力,传媒所传播的内容或直接或间接地涉及受众的利益得失,因而受众理应有权力对影响其利益的传媒进行监督,而每一家负责任的媒体亦需接受来自受众的监督。

受众对传媒进行监督的方式主要有:与传媒的直接沟通与反馈;将单个受众组成团体形成足以抗衡和制约传媒力量的集体力量;通过制度性的力量如法律等对传媒的失责行为进行制裁;诉诸传媒对市场极度依赖的软肋,通过拒绝与失责媒体发生经济往来,如拒绝购买失责媒体的产品,让传媒在经济的压力下自觉履行社会责任。[①]

其中,与传媒的直接沟通与反馈往往是最直接、最有效也是最常见的受众监督方式,传媒应为受众提供相应的发声渠道,让受众的意见得以被听到,尤其在社会责任传播的问题上,能听到受众的声音十分重要。传媒作为信息的提供者,有着强大的话语权。而受众虽然数量庞大,但自己的声音往往难以被

---

① 更详细的内容可参见郭庆光.传播学教程[M].2版.北京:中国人民大学出版社,2011:138.

传媒广泛听取。这就需要传媒畅通受众反馈渠道。例如采用社交平台的评论和私信功能以及公众号的后台留言功能。这些功能都在畅通受众发声渠道上起到一定效果,但这些是远远不够的,还需要传媒在日复一日的实践中继续探索,保障民主监督的实现。

(四)传递正能量,追求传媒公共价值

传媒的公共性与公益性属性意味着负责任的传播实践要以公共价值而不是私人利益为目标。由于传媒所从事的是一项精神生产活动,产出的是精神产品,与人的精神息息相关,因此它必然实现公益价值,传播优秀的文化与价值观,有益于人的精神的培育;由于传媒被公众赋予自由权、采访权等,因此它必然肩负起自己的责任,捍卫公民的知情权与表达权,为公众提供客观、真实而全面的信息,守望社会;由于传媒被誉为社会公器,有利于人类的福祉,因此它必然坚守新闻专业主义,为公平与正义而呼,为弱势群体、底层群体等而发声,为沟通不同群体与缓解社会矛盾而努力。公益价值永远是传媒存在的最为重要的道义基础,是最高的德性。相反,不关心人类,漠视真善美,追逐功名利禄,这都是对公共价值的背离,是对传媒社会责任的亵渎。①

第三节 传媒的社会责任传播策略

传媒作为现代社会信息系统的重要支柱,在确保社会信息的正常流动、社会舆论的合理引导、社会公众的环境感知等方面发挥着重要作用,因而传媒的社会责任问题也越来越受到受其影响的各个社会主体广泛的关注,因为失责的传媒必然会让社会主体因信息的闭塞和偏差而遭受社会风险的侵害。在这样的背景下,传媒如何创新其社会责任的传播策略,让社会公众能够有效地获取有关传媒社会责任的信息也变得非常重要。传媒在传播其社会责任信息的过程中,需要同时从宏观、中观与微观层面把握不同层次的传播格局和趋势对社会责任传播的要求,善于运用新传播技术、新传播符号、新传播渠道增强传

---

① 包国强,王作剩,黄诚.新闻、宣传、公共利益与市场——中国特色媒体社会责任的价值体系构成与内在逻辑[J].新闻爱好者,2020(11):9-15.

媒社会责任信息传播的广度和力度,促进新时代传媒社会责任意识的提高。

一、结合新旧媒体优势实现融合传播

在新媒体时代,传媒社会责任的传播既需要传统媒体的公信力和专业,又需要新媒体的渠道和形式,因而实现新媒体和传统媒体的融合传播,是传媒社会责任传播在新媒体时代最有效和最优先的策略。

首先,新媒体和传统媒体的融合传播有助于传媒在社会责任传播过程中实现有效的舆论引导。由于传媒是否履行社会责任往往与人民群众的利益相关,因此与社会责任有关的信息传播往往会形成舆论的热点。新华社原总编辑南振中在 20 世纪 90 年代就提出"两个舆论场"的概念:一个是老百姓口口相传形成的"口头舆论场",一个是新闻媒体着力营造的舆论场。[①] 在新媒体时代,尽管传统媒体依然在坚守着其营造的舆论阵地,然而口头舆论场却已经从人与人之间的口口相传变成了网民在社交媒体上的众声喧哗,其舆论影响力已经不亚于主流媒体所营造的舆论阵地。同时,社交媒体信息传播还具有强时效性、高频度和宽范围性,能够极大地影响传媒社会责任传播议程的设置,引导受众对社会责任问题的关注。因此,新媒体时代的社会责任传播,既需要主流舆论场的建构和引导,也需要以新媒体为代表的民间舆论场的扩散和传播。[②]

其次,新媒体和传统媒体的融合传播有助于打造优质的传媒社会责任传播内容。在互联网技术的冲击下,媒介的环境和格局已经发生了深刻的变化,"渠道为王"的论断开始失灵,"内容为王"成为传媒发展的生存之本。换言之,就是传播主体必须打造高质量、专业化的信息内容来塑造传媒品牌的核心竞争力。打造"王"的内容,一方面要求传播主体合理运用现有的传播技术,另一方面要求传播主体发挥专业主义的精神,在信息生产与传播过程中遵守相应的伦理道德与法律法规,确保信息内容的真实性和准确性,同时进一步拓展信息的广度、挖掘信息的深度。[③] 而传媒社会责任的传播内容通过融合传播的方

[①] 陈芳.再谈"两个舆论场"——访化事委员会副主席委员、全国人大常委会委员、新华社原总编辑南振中[J].中国记者,2013(1):43-46.
[②] 聂素丽.新媒体时代红色文化传播策略研究[D].长沙:湖南师范大学,2015.
[③] 包国强,黄诚,厉震安."网络失智":智能传播时代网络舆论监督的"智效"反思[J].湖北社会科学,2020(8):161-168.

式既能够运用新媒体的技术优势丰富传播内容的多样性,又能够依靠传统媒体的专业优势保障传播内容的思想性和价值取向,从而生产出高质量的传媒社会责任传播内容,并破解以往传媒社会责任传播内容中存在的同质化和肤浅化的问题,让传媒品牌更具竞争力。

最后,无论是在物质技术层面、业务服务层面还是在运营理念层面,传统媒体都需要主动以"互联网思维"强化自身,以适应新媒体时代的传播模式。传媒从业者要积极学习和利用与新媒体有关的专业技能,打通传统媒体和新媒体之间的认知界限,以促进传媒社会责任信息在传统媒体和新媒体之间的互联互通。

二、统和多元符号特征形成立体传播

符号可以被看作指代他物的某物,任何意义或内容都需要依赖一种或多种符号将其中所蕴含的思想转换成为可见可感的物质载体,才能够实现在传者和受者之间的传入和传出。而符号又是一个多样化的表征系统,既包含语言符号(图片、文字、声音等)也包含非语言符号(动作、表情、姿势等)。不同的符号在信息传播的过程中有各自的优势和缺陷,如声音展现了说话人的在场感却无法长久保留和大面积扩散,视频直观生动却不利于调动人的理性思考等。同时,不同符号的组合能够表达不同的意义,也能够创造出别具风格的传播形式。传媒社会责任的传播,需要合理地利用和发挥不同符号之间的传播优势,通过多元素符号构建立体传播格局,让处于不同社会环境的受众都能够接受并理解传媒社会责任。

互联网技术正在凭借其强大的数字化力量将原本无法直接转换和通约的文字、图像、视频等文本符号统统整合到互联网的超媒介空间中,利用互联网能够自由地组合不同符号以生产多样化的内容。因此,传媒社会责任的立体传播,需要依托互联网平台进行,媒体要加强自身对互联网的适应性,主动开办网站。由于互联网能够将与社会责任相关的图片、文字、视频等符号都展现在用户面前,所以既能够以视频和图片的具象呈现吸引用户的注意力,又能够以文字的描述深度解读社会责任的内涵,未来还能够生成基于人工智能技术的交互式内容。因此将社会责任的传播内容放置在网站中供用户浏览,能够让用户拥有更好的浏览体验。

除了互联网外,还需要主动入驻新型社交媒体平台,在移动端建立起多层级的传媒社会责任的传播矩阵,增强传媒社会责任的内容在拥有不同媒介接触习惯的受众中的感知度。

三、吸纳多元主体参与联动传播

传媒社会责任的传播涉及公益环保、员工境遇、受众权益、信息安全、德治法治等众多议题,并且需要来自管理学、经济学、政治学、社会学、传播学、新闻学、人类学、文化学等知识体系的理论支撑和分析框架进行内容整合与学理阐释,所以是一项复杂的系统性工程,是需要主流媒体、地方媒体、社会团体、社会公众、科研机构等多主体共同参与才能够完成的重任。

首先,主流媒体依托其权威公信力能够有效地突破地区限制在全国范围内的传媒社会责任传播中发挥主导作用,而地方媒体依托其地域的邻近性能够有效地在基层间传递传媒社会责任信息,引发地方群众对传媒履责情况的关注。因此,主流媒体需要积极与地方媒体在传媒社会责任的传播活动中展开合作,进行联动传播,相互间取长补短,能够更好地实现传媒社会责任意识在国家层面和地方层面的扩散。

其次,无论是主流媒体还是地方媒体都需要与科研机构进行协作,积极听取来自专业领域的专家学者提出的建议,以扩充和深化自身对社会责任及其相关议题的认识,并有针对性地运用理论知识对社会责任问题现象进行合理地阐释和解读,使得社会责任的传播内容能够摆脱纯粹的自我作秀和宣传,成为一种真正的社会知识生产。

最后,社会团体和社会公众的监督能够以外部压力的形式驱动传媒进行社会责任传播,传媒应当为社会团体和社会公众提供有效的反馈渠道,并积极回复和解答他们对社会责任问题的疑问。此外,传媒还需要善于通过群众间的人际传播网络将社会责任信息向深巷中传播,吸引更多的群众参与传媒社会责任建设的过程,从而树立传媒自身的形象,推动传媒社会责任的传播。

四、打造传媒集团,形成强势传播

任何一种形式或内容的传播要取得一定的影响力总是需要来自传播本身

之外的某种力量进行支持和推动,这种力量可以是经济、政治亦或是名人身上所带有的光环效应。传媒社会责任的传播亦是如此。而在传媒市场化转型深入展开的今天,来自强势传媒集团的名声与荣誉往往是增强其社会责任传播影响力的首要力量。正如在国内众多媒体每年发布的媒体社会责任报告中,真正获得关注的往往是那些规模较大、拥有较强经济实力的大型传媒集团所发布的报告。因而,打造强势传媒集团是传媒市场化转型背景下增强传媒社会责任传播影响力的重要途径。

20世纪末,广州日报开启报业集团化的先头,由此,集团化发展逐渐从报业扩展到广播电视业等其他媒体行业,集团化的浪潮席卷了国内媒体行业。2014年8月,习近平总书记在全面深化改革领导小组第四次会议上强调:着力打造一批形态多样、手段先进、具有竞争力的新型主流媒体,建成几家拥有强大实力和传播力、公信力、影响力的新型媒体集团,形成立体多样、融合发展的现代传播体系。[①]进一步为建立强势传媒集团作出了指示,鼓舞着国内媒体不断打造能够成为世界标杆的传媒集团。

然而,强势传媒集团的打造需要以某一影响力较强的媒体为核心,并以强而有力的领导者、坚实可靠的人才智库、充足雄厚的资金、正确的指导理念等作为构筑"基底",并且打造过程绝非一日之功,而是需要久久为功。同时,与西方国家的传媒集团的形成是基于市场竞争而形成的辛迪加企业不同,我国传媒集团往往是在政府政策的指导下基于政治意志而成立。因此,国家和政府应当立足于顶层设计,以高屋建瓴的姿态对强势传媒集团的打造作出合理的战略部署。

五、强化传媒自律,提高传播效果

传播者的资质是影响传播效果的重要因素,传媒社会责任的传播亦是如此,一个负责任的媒体必然要比不负责任的媒体在传媒社会责任的传播中取到更好的传播效果,得到更多的社会关注。因此,传媒坚持实行自律,自觉坚守社会责任可以说是提高传媒社会责任传播效果最实用的策略。

传媒自律是指传媒及其从业人员坚持正确的职业道德原则,从而获取受

---

① 转引自李声.媒体融合中的广电传媒组织转型与人才创新[J].电视研究,2015(2):4-6.

众信任、减少司法诉讼、维护大众传媒的公信力。① 传媒从业者要自觉遵守职业操守,不畏权、不为钱,对贪污腐败、侵犯公众利益、扰乱社会治安等损害党和人民利益的行为,要勇于揭露、勇于发声、敢于曝光,一切从人民的角度出发,全心全意为人民服务,始终谨记人民是国家的主人,维护人民的利益是传媒工作的重要责任。传媒从业者要不断提升自己的专业素养,要有独立思考判断的能力,自觉辨识虚假信息,不传播损害社会利益的虚假信息;要勇于揭露不良现象,坚守社会正义;要站在人民群众的立场上思考问题,要将人民的声音反馈给执政者,将政府国家的政策清晰地传递给人民。传媒从业者要能正确把握社会的主流价值观,坚持新闻工作"唯真、唯实"的要求,不制造、不传播危害社会和谐的谣言或虚假消息,深刻认识到传媒要承担的社会责任,并自觉履行传媒的职责。② 从而打造一个负责任的传媒形象,并以此推动传媒社会责任的传播。

思考题

1. 什么是社会责任传播?社会责任传播创新有何意义?
2. 如何做好传媒自身的社会责任传播?
3. 其他社会组织如何做好自身社会责任传播?

相关学习延伸资料

1. 邓正红.从履行社会责任到传播社会责任[EB/OL].(2009-03-31). https://www.globrand.com/2009/215723.shtml.
2. 中国记协网.媒体社会责任报告[EB/OL]. http://www.zgjx.cn/ydy/zrbg.htm.

参考文献

[1] 陈凌婧,胡璇.企业社会责任、网络情绪传播与品牌价值:基于鸿星尔克的案例分析[J].商业经济研究,2022(3):94-96.
[2] 俞定国,刘良模,朱琳.意见领袖社会责任传播效能评价体系构建[J].青年记者,2021(18):53-55.

---

① 唐建英.关于虚假新闻与传媒自律的思考[J].中国青年政治学院学报,2008(1):123-127.
② 包国强.新时代中国特色媒体社会责任体系简论[J].浙江树人大学学报(人文社会科学),2021(6):1-11.

[3] 邓理峰.传播主流价值：互联网媒体平台企业的社会责任[J].新闻战线,2021(18)：35-39.

[4] 杨茉.新媒体时代新闻传播的现状与社会责任的强化[J].新闻传播,2021(16)：48-49.

[5] 陈炜璇.社会危机中高知名度企业社会责任传播正向效果影响因素研究[D].上海：上海外国语大学,2021.

[6] 王佳炜.企业虚伪：社交媒体时代企业社会责任传播中的显著矛盾[J].广告大观(理论版),2020(1)：67-72.

[7] 傅安琪.互联网企业社会责任的传播效果研究[D].广州：暨南大学,2019.

[8] 林娜.网络传播的无序性与数字出版的社会责任问题研究[J].出版发行研究,2017(4)：29-32.

[9] Philipp Bachmann, Diana Ingenhoff. How Do Media Companies Gain Legitimacy? An Experimental Study on the (Ir)Relevance of CSR Communication[J]. International Journal of Strategic Communication, 2017, 11(1).

[10] 王丽丽.社会化媒体背景下的核心污名企业社会责任传播效果研究[D].上海：上海交通大学,2016.

[11] 郑国帅.浅析转型时期大众传播媒介的社会责任[J].新闻研究导刊,2016,7(12)：238.

[12] 李新颖.媒体企业社会责任传播策略探析[J].人民论坛,2015(23)：156-158.

[13] 王敏.基于媒体的社会责任传播正能量研究[J].祖国,2014(6)：46-47.

[14] 余云珠.企业社会责任传播的意义及管理启示[J].商业时代,2013(25)：98-99.

[15] 企业社会责任传播新模式[J].新营销,2013(6)：10.

[16] 刘柏因.企业社会责任传播发展及WEB2.0时代的机遇和挑战[J].东南传播,2011(12)：45-47.

[17] 严晓青,黄晓洁.商业传播与社会责任的有机结合——论电视慈善娱乐节目的兴起[J].现代物业(中旬刊),2010,9(4)：35-37,20.

[18] 麻晓蓉.从公众理解科学看媒体科技传播的社会责任[J].科技传播,2009(1)：7-8,10.

[19] 叶长海.浅析企业社会责任与健康传播之关系——日本企业欧姆龙集团个案析[C]//第二届中国健康传播大会十佳论文集,2007：51-58.

[20] 武中哲.论转型时期大众传播媒介的社会责任[J].山东省青年管理干部学院学报,2006(2)：140-143.

[21] 张文祥,李新颖.企业社会责任传播：理论与实践[M].北京：社会科学文献出版社,2014.

第七章
中国传媒社会责任发展的现代化路径

伴随传媒组织市场化进程,传媒责任一直是行业内外的焦点话题。特别是在中国特色社会主义文化建设中,作为中国特色社会主义文化建设的重要渠道①,中国传媒承担着舆论导向、健全文化传播体系、提升文化辐射力等重要使命。然而中国传媒在发挥信息传播、舆论引导、预警风险等功能同时也可能会放大风险、甚至制造新的问题②。面对传媒可能带来的风险,对传媒社会责任的讨论尤为重要。《一个自由而负责的新闻界》和《传媒的四种理论》激起传媒社会责任讨论的浪潮,中国特色媒体社会责任理论与西方的报刊社会责任论有着彼此独立又相互联系的关系③,在西方传媒责任论、马克思主义新闻观与中国实际相结合基础上形成具有中国特色的传媒社会责任实践。中国媒体社会责任的治理手段和方式也随着媒体的发展技术的进步不断更迭以应对新问题新现象。从行业内部规制、政府硬手段监管到利益相关者参与监督,从单向治理到生态式治理,市场化技术化背景之下,媒体失范现象突出的现实因素,推动传媒治理寻找操作性强且关键的解决方案。

2014年6月起,"媒体社会责任报告"制度正式成为传媒社会责任治理的重要手段。在媒介技术发展过程中,报告形式逐渐多样、可读性不断增强,评价指标量化考核也不断地发展完善。2015年9月,中共中央办公厅、国务院办公厅印发《关于推动国有文化企业把社会效益放在首位、实现社会效益和经济效益相统一的指导意见》④,再次强化了传媒组织的社会责任和公益使命,要求

---

① 梁家妍.红色文化融入高中思想政治课教学研究[D].漳州:闽南师范大学,2020.
② 燕道成.传媒责任伦理研究[D].长沙:中南大学,2010.
③ 包国强,王作剩,黄诚.新闻、宣传、公共利益与市场——中国特色媒体社会责任的价值体系构成与内在逻辑[J].新闻爱好者,2020,515(11):9-15.
④ 张爱红,郭梓锋.现代化视阈下中国文化产业的变迁及其动力分析[J].当代世界社会主义问题,2021(4):75-90.

优化量化指标的操作性、探索各地"党委和政府及宣传部门"有效参与的管理模式①。2016年党的新闻舆论工作座谈会,习近平总书记用五个"事关"阐明新闻舆论工作的意义价值,用"四力"彰显对新闻从业者的能力期许。在市场化进程中,传媒行业的引导力和公信力出现危机,党的十八大和十九大积极开展系列改革,推动传媒行业责任的回归,进而提升四力,提高社会凝聚力向心力。2021年第四届世界媒体峰会期间,习近平总书记再次强调在复杂多变时代下媒体肩负重要的责任,媒体应该在弘扬人类命运共同体上做出应有的贡献,与此同时在大会上媒体责任已然成为全球关注的传媒课题②。

当前,关于传媒社会责任的讨论视角不断拓展,层级不断深入。在理论与实践的碰撞中已经切中了一些重要矛盾,但仍存在一些共性问题亟待解决。

第一节 传媒社会责任驱动缺失的规范研究

媒介技术的发展增强传媒对人们日常生活以及文化感知的渗透力和影响力。然而在激烈的市场竞争中,传媒的商业性对独立性、公正性的影响不容忽视。新闻抢发、虚假新闻、二次伤害、自媒体敲诈等媒介失范现象屡见不鲜。其背后的原因既包括媒体从业者媒介素养低下、组织内部管理制度不足,也有行业政府监管角色缺乏、社会参与乏力。因此正确认识传媒在社会责任履行中所面临的困难与挑战③,挖掘中国传媒社会责任缺失的深层原因是探讨强化与发展中国传媒社会责任的前提。

一、传媒社会责任缺失的个体因素:道德决策理论的视角

与其他行业组织不同,传媒组织具有其特殊性,它向公众提供的信息产品不仅能帮助公众了解周围环境变化、认识环境,最重要的是能够影响公众的价

---

① 关于推动国有文化企业把社会效益放在首位、实现社会效益和经济效益相统一的指导意见[N].人民日报,2015-09-15(006).
② 综合消息:为深化媒体交流合作提供重要指引——习近平主席致第四届世界媒体峰会贺信引发多过热议[N/OL].新华社.(2021-11-25).https://baijiahao.baidu.com/s?id=1717364603576604379&wfr=spider&for=pc.
③ 李晓博.媒体社会责任治理:规制下的多重自律[J].中国广播电视学刊,2017(7):40-43,61.

值判断和选择,具有独特的社会调控和舆论引导的功能[1]。传媒组织的特殊性决定了其工作的重要性,也决定了对从业人员的能力要求。从业者专业能力和专业素养合格,具有职业道德才能发挥好媒体"瞭望哨"和"监测器"的功能[2],因此传媒从业者不仅要具备扎实的专业素养、问题意识、语言意识,而且要拥有较高的职业精神,包括职业认识、职业追求、职业实践、职业道德等。道德是调节人与社会的关系的一种价值体系,职业道德则是从业人员在职业范畴内应遵循的行为准则。近年来,我国新闻传播领域从业人员数量呈递增式发展趋势,根据记协最新颁布的《中国新闻事业发展报告》,新闻行业拥有超过百万的从业人员,从业人员素养能力得到提升[3]。但也存在鱼龙混杂的情况,部分媒体从业者及队伍与其岗位要求不匹配,职业道德缺失能力有限使得媒体失范和二次伤害屡次发生。本部分将从道德决策视角出发探析传媒行业责任缺失的个体因素。

(一) 职业道德

新闻职业道德不仅是新闻从业者、记者编辑应当遵循的行为准则,也是所有传媒行业从业者在职业实践和职业活动中应该遵循的行为规范。随着权力的下放,部门传媒组织既没有受到职业道德的规范,也没有承担起相应的责任[4]。在国外,对于职业道德的研究起步较早,20世纪初,沃尔特·威廉(Walter William)主持的《记者守则》首次对媒体职业道德规范进行系统描述,我国则在20世纪90年代,第一次正式颁布新中国成立后的新闻工作者职业道德规范,即《中国新闻工作者职业道德准则》,此后分别于1994年、1997年、2009年进行修改,该规则要求新闻从业者提高综合素质,接受社会监督[5]。在长期实践过程中,传媒从业者在坚持四项基本原则、党性和人民性相统一的原则的基础上,逐渐形成尊重事实的职业认识;在传播过程中遵循真实全面客观公正的原则去探寻线索报道事实,保持对社会和公众负责的积极职业态度;不畏艰辛、心向祖国、心系人民的职业作风。具体实践中体现为:一是报道的真

---

[1] 郑保卫.简论新闻职业精神与职业道德建设[J].新闻战线,2004(5):32-34.
[2] 郝雨.新闻人要做好社会的"瞭望者"[J].人民论坛,2017(3):76-77.
[3] 中国记协.一图速览!《中国新闻事业发展报告(2022年发布)》[EB/OL].(2022-05-16).http://www.zgjx.cn/2022-05/16/c_1310594629.htm.
[4] 杨美杰,蒋佳臻.新媒介语境下媒体社会责任的困境及应对策略[J].现代视听,2019(12):27-30.
[5] 祁睿.媒体从业者职业道德失范现象研究[D].合肥:安徽农业大学,2017.

实客观性,传媒行业最基本的功能就是信息传播,因此首先要做到信息传递的真实客观,避免主观情绪和猜测;二是客观性,传媒从业者不仅通过笔力传递客观的信息,而且能起到导向的作用,因此在报道冲突性事件时要注意给予事件双方同等表达的机会和平台;三是传媒从业者本质来说是为人民服务,因此要维护人民群众的权益,传递人民的声音,同时扮演好监督者的角色;四是人文主义关怀,传媒从业者在拍摄报道中都要怀有人道主义之心,拒绝过度披露造成二次伤害;五是创新学习,在技术推动下传媒行业日新月异,从业者要紧跟传媒行业发展,需要培养学习能力和创新精神;六是自我规制能力,传媒行业处于时代的前沿,由于其跨领域特性将承担更大的责任,面临更多的诱惑,从业人员要能够将职业热情转化为自我约束力,时刻谨记所拥有的话语权影响力背后的责任。

(二) 道德决策理论

在不同的领域道德决策理论的内涵有不同的解释,甚至在同一领域由于跨情景特征也未有统一的定义[1]。其界定可以划分为理性和非理性两大学派,其中理性学派认为,道德决策是在社会道德规范制约下的决策者识别和判断道德问题并实施行动的过程。非理性学派将道德决策概念化为对得到的信息进行认知推理且包括快速情感判断的启发式加工决策过程[2]。两者的区别在于在面临道德识别和判断的问题时,理性学派强调自身对此情景的道德认知,而非理性学派更偏重于情绪。但在决策过程中,个体的认知以及情绪是互动的,在交互中对决策及后续行为产生影响。

我们也可以这么理解道德决策,它是个体道德行为的前提又通过道德行为表现出来,是指当面临多种可能的行为途径选择,而这些行为途径存在善恶或道德价值上的差异或冲突时,个体对这些可能的行为途径在善恶和道德程度选择上做出的最后决断[3]。在传媒行业中,传媒从业者常常会陷入各类难以抉择的困境:职业道德和社会道德相悖的境地,如"饥饿的苏丹";职业操守与

---

[1] 张娜,张剑,田慧荣.企业社会责任特征对员工绿色行为的影响:基于道德决策的机制模型[J].中国人力资源开发,2021,38(3):33-47.
[2] 胡艺馨,何英为,王大伟.道德决策中的情绪作用[J].山东师范大学学报(人文社会科学版),2018,63(6):124-133.
[3] 钟毅平,占友龙,李琰,范伟.道德决策的机制及干预研究:自我相关性与风险水平的作用[J].心理科学进展,2017,25(7):1093-1102.

外在挑战碰撞的境地,如虚假新闻;个人利益与社会利益拉扯的境地,如封口费、假记者。由此可见,在面临多种选择的情况时,从业人员的道德决策发挥重要作用,决策失误便可能造成媒体公信力下降、市场秩序混乱等负面影响,而决策正确不仅是对传媒从业者身份的负责也可能产生更多良好的效果。

(三) 道德决策视角下传媒社会责任缺失的个体因素

在道德决策四成分模型中,Rest(1986)指出个体进行道德决策时都暗含四个心理成分:道德敏感性(个体对决策情境中道德的感知)、道德判断(个体依据自己的价值认知对行为是否符合道德的判断)、道德意图(形成一种符合道德要求的行为意向)、道德行为。① 道德敏感性是最初的心理成分,道德判断具有指导性作用。在传媒组织中,从业者的道德敏感性、道德判断都应该由职业道德孕育,在实践过程中遇到的道德决策是一场是否遵守职业道德的决策。从业者专业素养不足,职业道德有所欠缺难免在决策中出现偏差。

1. 功利情绪偏向下唯结果论

情绪是影响道德决策的因素之一。在激烈快节奏的市场竞争中,许多传媒工作者为获取更多受众份额,占据市场优势而成为功利情绪的附庸。在功利情绪影响下,这类工作者认为传播结果比过程更加重要,在传播活动中更倾向于结果最大化的选择。在这种情景下,从业者往往采取拟造、策划等方式,生产迎合市场迎合受众猎奇心理的"假新闻"。

首先,在功利性情绪下,从业者难以抵抗金钱名利的诱惑和竞争压力。在经济利益的驱动下,从业者的责任意识逐渐淡化,进而在实践中不择手段地追求经济效益。某报为争夺时效性发布失实信息、某记者针对性侵事件发布掺杂个人情感的特稿、李某冒充新闻记者进行新闻敲诈、自媒体洗稿等屡见不鲜的失范现象正是"唯结果论"的结果。

其次,情绪激化情绪,在传媒工作特别是新闻工作中,部分新闻从业者在功利主义情绪的带动下为争夺时效性往往根据个人的主观观察和感知得到感性认识,并加以报道,这种报道不仅不能解释事件发生的根本原因及其背后所隐藏的不为人知的人、事、物,而且会激化群体矛盾更有甚者撕裂媒体公信力。

---

① 明晓东.道德领导对团队道德决策的影响机制研究[D].南昌:江西财经大学,2016.

2. 认知模糊下的责任偏差

许多传媒工作者对于职业道德、职业责任的认知模糊僵化,并且在决策中很难做到灵活融汇。例如,部分传媒组织由于只追求社会效益而忽视社会效益,最终被市场淘汰走向破产。在中国社会主义市场经济条件下的传媒体制改革使得追求经济效益具备合法性和正当性,①并且媒体的运营和发展都需要其市场属性来维持,其社会责任履行也要在市场运行中实现。这意味着传媒要注重社会效益与经济效益的平衡,在决策中不能只顾经济效益而忽视社会效益,反之亦然。从马克思主义新闻观角度出发,经济效益和社会效益都是源于传媒自身的社会功能,都是为了满足人民群众的精神文化需要。② 而社会效益和经济效益实现的背后逻辑是社会责任的履行。由此而言,传媒的双重效益并不会造成社会责任履行的冲突,应该做好传媒经济责任和社会责任的界定和评价机制。

与此同时,将社会责任等同于政治责任和政府责任也是传媒社会责任的困境之一。③ 在发声时只顾宣传党政方针,传达政府的声音而忽视了民众的利益,导致人民利益受损。因此传媒组织要正确认识自己的定位,在传播中不仅要处理好党性和人民性之间的关系,还要处理好社会性和市场性之间的联系。也就是传媒组织不止要做政府发声的传播媒介,还要作为民众的桥梁,同时也是作为企业化单位要承受个体盈利和亏损的风险④,这就要求他们要全面认识承担的责任,在追求最大化盈利同时,不犯政治性错误,不忽视人民的需求。

认知模糊还体现在角色责任多重性上。在关系组成的复杂社会中,个体不能只扮演一个角色,传媒工作者作为从业人员在履行职业责任、职业道德的同时,也是一名社会人,享受社会福利同时承担社会义务。特别是在战争、灾难等伦理性突出的事件中,如何处理好社会人和新闻人之间的关系尤为重要。当社会角色和职业角色模糊,两种责任相冲突时应当如何处理是学界业界一直探索的议题。

因此在道德决策中,传媒从业者只有树立正确的职业道德认识,具备一定的专业素养才能在道德决策过程中找准方向,走对路,进而实现社会效益与经

---

① 童兵.马克思主义新闻观读本[M].上海:复旦大学出版社,2016:93.
② 童兵.马克思主义新闻观读本[M].上海:复旦大学出版社,2016:105.
③ 周小普,苏华.中国电视社会责任的理论和现实困境[J].新闻界,2013(10):46-51.
④ 高欣奕.我国媒体社会责任的履责困境及对策研究[D].杭州:浙江传媒学院,2021.

济效益的平衡。

二、传媒社会责任缺失的组织因素：资源基础的视角

传媒组织是指专门从事大众传播活动以满足社会信息与服务需要的社会单位或群体。① 它不仅是中国传媒欣欣向荣的推动主体，也是中国传媒责任治理中重要的责任主体，需要对社会负责、对公众负责、对国家负责。传媒组织责任困境及路径的探讨一直是学界及业界的热点议题，2018年，习近平总书记在《人民日报》创刊70周年的祝贺语中，强调媒体要牢记政治责任，同时在创新改革中提升话语传递能力，提高传媒队伍素质。② 随着市场经济和媒介技术的发展，媒介组织承担社会责任的呼声愈发强烈。③ 2019年，在"全媒体时代融合发展第十二次集体学习"中习近平总书记强调在媒介融合时代，新旧媒体要互通合作，大胆运用新技术、新模式，实现宣传效果的最大化和最优化。④ 在技术带来的新的传播生态格局中，不管是传统媒体还是网络自媒体都容易迷失方向，面临着市场经济中转型生存的困境，在选择中容易出现各种失范问题。⑤ 因此，我们可以从资源基础的角度分析传媒社会责任缺失现象。

1984年，伯格·沃纳菲尔特（Birger Wernerfelt）在"企业资源基础论"中提出资源基础论，假设企业具有不同的有形和无形的资源，这些资源可转变成独特的能力，资源在企业间是不可流动的且难以复制；这些独特的资源与能力是企业持久竞争优势的源泉。⑥ 即企业所拥有的特殊资源能够为企业带来独特的竞争优势，可以转化成可观的经济收益。以此理论看中国传媒，传媒组织培养的技术优势、内容优势、形象优势，均可以通过受众转化为经济效益。而这些优势的培养与传媒组织自身的资源与能力密切相关，如组织能力、市场把

---

① 陆桂生,邹迎九.我国媒介组织结构的设计及其发展趋势[J].桂海论丛,2007(3)：90-93.
② 央广网.习近平致信祝贺人民日报创刊70周年[EB/OL].(2018-06-16).http://china.cnr.cn/news/20180616/t20180616_524272270.shtml.
③ 杨美杰,蒋佳臻.新媒介语境下媒体社会责任的困境及应对策略[J].现代视听,2019(12)：27-30.
④ 王雅丽,石安妮."大思政课"视域下网络视频思政叙事创新探析[J].高校马克思主义理论教育研究,2021(6)：106-113.
⑤ 黄诚,包国强,李佩佳.基于网络空间治理的网络社会责任内涵及治理结构的多维解析[J].科技传播,2019,11(3)：11-18.
⑥ 梁辉煌.湖南文化创意产业核心竞争力价值体系研究——以湖南广电集团为例[J].中国市场,2016(30)：108-109,111.

控能力、创新能力、专业能力、社会责任意识等。[①]

(一) 传媒社会责任缺失：组织盈利水平

传媒组织社会责任的履行需要实际的时间和财力付出。尽管社会对传媒组织的期望是多层次、变动的、不断扩展的，但这些社会期望的实现与传媒组织自身的方向规划、组织架构、经营能力、资源整合能力以及危机处理能力都密切相关。传媒组织只有实现承担社会责任和日常经营之间的平衡，才能为传媒组织树立并积累良好的形象，在提高公信力的同时获得更高的利润，实现双赢、可持续的发展。反之，不顾自身盈利状况一味追求社会期望，会使社会责任的履行缺乏运营后劲，对组织自身和社会都是不负责任的行为；或者一味追求盈利，将社会责任视作不回本的无效投资，只会缩短组织的生存周期。特别是随着市场化的深入和技术的变革，竞争作为优胜劣汰的唯一手段在传媒组织间不断加剧[②]。为了能够在激烈的市场竞争中占有一席之地，利益成为传媒组织创新和改革的核心动力，而对利益的追求也不可避免地形成压力[③]。我国传统传媒组织的营收大都来自广告、版面等。其中广告收入是主要的来源，因此为了争夺广告商，提高广告位费用，部分传媒组织抓住一切机会不择手段吸引受众以获得更多的流量，进而实现广告变现吸引广告商投资，在单一创收的往复循环中，不少传媒组织陷入利益追逐的漩涡，慢慢失去社会责任的引领。

因此传媒企业只有创新营收方式提高盈利才能更好地履行社会责任，为传媒社会责任的发展提供扎实的后盾。

(二) 传媒社会责任缺失：组织的治理结构

传媒组织内部社会责任治理结构对社会责任履行效果具有重要影响。部分传媒组织虽然强调社会责任的履行但在现实中很难付之行动，其原因是缺乏组织内部社会责任履行的治理监督机制和运行机制。

[①] Stuart L. Hart. A Natural-Resource-Based View of the Firm[J]. The Academy of Management Review，1995，20(4).
[②] 冉华,周立春.2007—2013 广播、电视与网络媒介产业间的竞争态势——基于生态位理论与受众资源的实证分析[J].现代传播(中国传媒大学学报),2015,37(11)：5-12.
[③] 金莉萍.论社会责任意识下新闻传媒的利益实现[J].现代传播(中国传媒大学学报),2008(3)：151-152.

目前，我国大部分传媒组织的经营策略是设定创收指标，下达任务。管理队伍往往与经营队伍混为一体，其管理机制多是人事管理、考核管理等，并没有设立社会责任运行机制，也缺乏对员工的责任教育。而这导致一些从业者在走上岗位之后，专业素养和职业道德的缺失使其做出违背社会责任的事情，例如一些地方自媒体经常因为缺乏内部监管而说错话发错内容。许多欧盟国家已将企业社会责任上升为国家战略，要求企业在公司治理中更多地融入社会责任，以增加"国家道德财富"[1]。在我国已然从国家层面对传媒社会责任治理提出方向引领和政策指导，然而个体层面对社会责任的重视仍有欠缺。传媒组织应在确立发展战略时将社会责任融入其中，建立系统化成体系的组织内部社会责任运行机制，实现从内部提高对社会责任履行的重视度，为社会责任和追求利润平衡奠定良好的制度基础。组织内部社会责任运行机制的实现不仅要确定社会责任标准，还要向员工普及该机制如何运行，应怎样履行社会责任等内容。

（三）传媒社会责任缺失：组织的创新能力

创新是发展的动力，创新力不足是传媒组织内生力不足的关键。在激烈的竞争中，传媒组织的优势建立更多着眼于技术运用，如技术创新内容生产、内容呈现以及内容的分发，以此来吸引更多的受众，提升媒体的知名度。如慢直播、VR/AR新闻的应用，尤其是在两会等重大节点上，传媒机构都会让最新技术亮相来吸引受众关注。虽然技术能为传媒带来多样化的选择和破局机遇，但是带来的信息茧房、算法黑箱、唯技术论等又强化传媒社会责任中的技术责任；当然，也有部门传媒组织沿袭"内容为王"的传统，用优质内容创新实现经济收益，突出内容收益在整体收益中的比重。如美国的《纽约时报》和我国《财新周刊》采取为内容建立付费墙模式来实现创收。以《纽约时报》为例，付费墙设定并不是完全付费，每月用户可免费阅读十篇文章以及当天新闻的精彩内容让受众体验内容的质量。[2] 总之，高质量、多维度的新闻及相关分析

---

[1] 杨春方."企业社会责任缺失"的生成机制及治理研究——资源基础与背景依赖的视角[J].生产力研究,2015(1):101-108,154.
[2] Graham Charlton. Newspapers and subscription barriers: what works best? [EB/OL]. Econsultancy, 2015-01-22. https://econsultancy.com/newspapers-and-subscription-barriers-what-works-best/?utm_medium=feeds&utm_source=blog.

是《纽约时报》吸引读者付费的重要方式。① 在中国,最具代表性的就是财新周刊,2021年其付费用户突破70万,全球排名第十。与此同时,如何保证内容质量同时提高可读性是传媒组织应该思考的方向。由此可见,传媒组织有立足于创新发展的责任,也有处理创新引发系列负面效应的责任。

除了创新过程引发的责任缺失,传媒组织本身创新能力不足也是责任缺失的缘由之一。特别是在互联网下诞生的部分自媒体在采访、即时性、原创性、内容质量上乏力,为了获得更多关注,往往出现内容抄袭的现象,导致互联网中内容同质化严重,内容生态失衡,如某自媒体间的洗稿之争;另一方面部门媒体则在"黄色新闻"上下功夫,生产大量情绪引导、价值紊乱内容,掩盖内容真实性加剧后真相。由此可见,创新能力的匮乏为社会责任的履行带来负面影响,具有创新能力的传媒组织在激烈竞争中通过新技术新手段开辟新的道路,而创新不足的传媒组织大多走向了出卖社会责任换取流量的道路。

传媒组织的创新除了体现在产品、经营方面,绿色创新也是实现经济高质量发展的有效途径。企业绿色创新是指与绿色工艺或产品相关的技术创新,包括节约能源、污染防治、废物利用等类型的软件或硬件创新。② 这一概念可以引入到传媒中,虽然传媒产品大都是通过网络传播的信息,但在线下互动、视频制作以及影视制作中融入绿色观念有利于树立传媒组织的环保责任形象。

(四)传媒社会责任缺失:学习能力

根据第49次《中国互联网发展状况统计报告》显示,截至2021年12月,我国网民规模达10.32亿,互联网普及率达73%。③ 当今已然是互联网的时代,传媒组织作为时代的前端如果无法接受学习新的技术和知识,那么就会跟不上受众的信息服务需求最终被淘汰,因此传媒组织的学习能力也是影响传媒社会责任的重要因素。

资源基础理论认为,构成企业优势应具备以下三个条件:有价值;不能完

---

① 陈宪奎,刘玉书.付费墙:《纽约时报》的数字化转型与美国报业的发展[J].美国研究,2015,29(2):112-131,7.
② 吴建祖,范会玲.基于组态视角的企业绿色创新驱动模式研究[J].研究与发展管理,2021,33(4):41-53.
③ 中国互联网络信息中心(CNNIC).第49次中国互联网络发展状况统计报告[R/OL].(2022-02-25)[2022-5-31].https://www.cauc.edu.cn/jsjxy/upfiles/202203/20220318171634656.pdf.

全被仿制;具有自我发展。① 就传媒组织个体而言,其优势可以基于内容和传播寻找出路。内容上如内容的质量、内容呈现形式、内容原创性,传播方面包括传播的速度、传播中技术的应用。② 网络的互联互通性、开放性让传媒组织无法再独自发展,更多传媒组织的参与加剧市场竞争同时也带来合作的可能。不同传媒组织之间互通合作也有利于优势的建立,与其他传媒组织合作有利于实现跨平台的用户联通;与商业性组织合作,能够实现跨领域的资源互通,实现资源的积累。不管是何种形式,手段得当、合法的情况下都能在一定程度上聚集更多资源,强化在媒体市场中的地位。因此传媒组织不仅要学习如何提升自身实力,也要在媒介融合时代学会如何与其他组织通力合作。

传媒组织作为社会公器,在思考如何提升竞争力的同时也要注重社会责任履行,从思想教育到具体实践,在各个环节实现传媒社会责任的具体落实和履行。积极履行社会责任的效果在传媒实践中具象为传媒组织在公众中的形象,可以获得社会信任,提高公信力、影响力、美誉度和社会地位,同时得到可观的经济效益。③ 总之,传媒组织优势的建立有多元化路径选择,而并非要以牺牲社会责任为代价。只要在复杂的传媒发展中厘清定位、确认职责,在学习创新合作基础上均可找到自身的市场优势和媒体优势。

三、传媒社会责任缺失的制度因素:背景依赖的视角

背景依赖理论认为,企业运营的制度环境对企业社会责任的履行具有不可忽视的影响。④ 制度依赖理论认为,媒介组织感知到的制度环境压力越低越可能逃避社会责任。⑤ 即企业只有感受到压力时,才会去主动回应期待,采取与制度相适应的行为。因此制度要通过主动施压方式对传媒社会责任进行监督。传媒受到的制度压力来自消费者、投资者、同行竞争者、政府部门、行业组织等。

---

① 姚坤瑞.基于资源基础理论的文化企业并购价值创造研究[D].济南:山东财经大学,2015.
② 金莉萍.论社会责任意识下新闻传媒的利益实现[J].现代传播(中国传媒大学学报),2008(3):151-152.
③ 金莉萍.论社会责任意识下新闻传媒的利益实现[J].现代传播(中国传媒大学学报),2008(3):151-152.
④ 杨春方.中小企业社会责任缺失的非道德解读——资源基础与背景依赖的视角[J].江西财经大学学报,2015(1):32-42.
⑤ Magali A. Delmas, Michael W. Toffel. Organizational Responses to Environmental Demands: Opening the Black Box[J]. Strategic Management Journal, 2008, 29(10).

(一) 传媒社会责任缺失：市场竞争

狄亚哥·甘贝塔(Diego Gambetta)在阐述企业道德在市场竞争中被消解的逻辑中,指出如果成为负责任的企业是要付出一定成本且无盈利的,那么负责任的企业与不道德企业在竞争中处于劣势。① 随着时间的推移,负责任企业被逐出市场,管理者的道德良知开始崩塌,在博弈变迁中企业道德被消解。② 传媒行业亦是如此,激烈竞争中为了脱颖而出常有部分传媒组织铤而走险,通过制造焦虑、虚假新闻、虚假数据等方式获得收益。如被封号的某自媒体在公众号发展的最初时期,其文章常常是浏览量"10万+"的业界典范,随着公众号种类数量的增加,其内容出现标题党、引战,最终被封号处理;某追星App给多位明星刷数据,通过数据造假为明星打造"顶级流量"形象。久而久之,这些不正当的竞争方式造成劣币驱逐良币。③ 因而,构建公平公正的市场竞争奖惩机制,减少传媒组织之间的不良竞争,才能更好地引导传媒组织履行社会责任。

(二) 传媒社会责任缺失与政府监管机制

政府是传媒组织社会责任履行的最有力的监督者。近几年,我国针对传媒行业出现的系列问题出台相关的指导意见,并且开展专项整顿行动以净化传媒生态。但是针对传媒行业仍未形成体系化的法律法规,而现有法律于社会实际而言存在滞后性,且约谈训诫的督促方式由于缺乏强制性在监管传媒组织社会责任履行中效果甚微。现有的视频类、资讯类平台媒体均被当地有关部门进行过约谈,但不合理消费、内容低俗等问题依然存在。因而,从法律、制度层面完善中国传媒社会责任监督势在必行。

如同其他国家,近年来中国重视传媒行业、互联网企业的发展,出台各种措施加强其责任监管。部分措施确实对传媒组织起到了规训的作用,但由于技术革新较快,许多措施还未实行便已然存在滞后性问题。因此从时间上来看,政府的监督机制应该具有灵活性,能够跟随甚至先于互联网的发展,在政策制定过程中具有预见性;从权力结构来看,中国是由中心向外的环状结构,

---

① 朱丽娅.构建全面的管理者道德风险防范体系[J].湖南社会科学,2010(1):129-132.
② 韩金娥.对我国现阶段企业道德责任的思考[D].昆明:云南财经大学,2013.
③ 吴帆航.培养理论视域下的弹幕视频网站研究[D].合肥:安徽大学,2018.

中央政府政策大多是起到指引方向的宏观作用,各级政府应在学习党中央精神的基础上,根据各地传媒发展情况制定针对性强、操作性强的监督机制,鼓励传媒行业健康稳步发展。

(三) 传媒社会责任缺失与社会监督机制

从利益共同体角度而言,社会群体是传媒组织责任监督不可或缺的主体之一。社会监督主要通过"受众""投资者""非政府组织"三个路径展开:一是受众作为传媒组织的消费者,他们的监督无处不在,在接受信息和服务时对其是否符合主流价值观、是否传播污秽内容进行判断通过向有关部门进行举报,①或者通过舆论以及抵制购买的方式对媒体施加压力,督促其纠正行为,履行社会责任。技术带来的话语权下放让公众拥有更多表达权利,且受众体量大能够形成具有极大影响力的舆论声势,因此其监督具有重要意义,如某版教科书存在不合理内容,某报信息误发都是由受众及时发现;二是投资人、广告商对传媒组织虽进行间接监督但对社会责任履行具有决定性,投资人广告商作为资本的化身,为传媒组织带来可观的经济收入,他们不会直接督促传媒组织社会责任的履行,但是会在传媒组织未履行社会责任而失去公信力影响力后撤资,进而能够倒逼传媒组织重视社会责任的履行。三是非政府组织的监督,非政府组织对于传媒组织的监督有利于规范行业环境,但目前我国这种民间性、非营利性、公益性的组织存在先天不足,后天乏力的问题。这也是传媒社会责任不足的原因之一。

首先,社会公众参与传媒责任监督主要通过消费、舆论以及投诉三种渠道。由于传媒组织具有经济价值,因此通过消费、关注的方式对传媒组织施压,一定程度能够倒逼传媒组织纠正行为,履行社会责任。但是这种方式为传媒组织提供许多钻空子的机会,采取短暂规避行为来回避消费者的压力;舆论施压影响传媒组织的社会形象,而传媒组织形象会影响公众对该组织传媒产品的选择和消费,但是这种方式对具有规模性的传媒组织效果更加显著②。因为相较于关注用户数量不大的传媒组织而言,具有一定影响力、知名度或规模较大的传媒组织拥有更多的受众基础,与用户之间共生联系更强,往往受

---

① 包国强,陆慧.大数据时代媒体社会伦理与责任的挑战与治理[J].新闻前哨,2016(8):24-28.
② 徐兆荣.媒体社会责任与做好舆论监督——兼及新闻舆论监督要处理好的几个关系问题[J].新闻与写作,2005(11):3-5.

到更多的用户制约。投诉是政府及相关部门为用户参与传媒责任监督提供的合法性渠道,有利于帮助政府及相关部门及时发现传媒组织责任缺失行为并参与纠正,但存在投诉渠道不畅通且渠道宣传力不够等情况而不足以影响用户参与。除此之外,用户自身的修养也不容忽视,体现为用户对责任缺失的判断力,责任监督的行动力。但是社会受众终究属于软控制手段,不具有政府的强制性和资本的决定性,因此许多传媒组织也会忽视社会受众带来的压力。

其次,广告商、投资商对传媒社会责任履行具有"决定"作用。在改革开放40多年来的媒体理念更新与媒体实践推进中,我国传媒的巨大变化除了由宣传本位转向信息(新闻)本位外,还在于由计划本位转向了市场本位,即媒介经济/产业的重认与确立,形成了中国特色社会主义市场经济体制下的媒体市场价值体系。① 产业属性成了媒体最为重要的属性之一,②在产业化市场化进程中,传媒组织的收入主要来源于用户消费和广告商。对于没有设置内容付费,生产公开开放内容的媒体而言广告收入是其主要收入,这也意味着广告商投资商"决定"传媒组织的命脉。为了迎合资本需求,传媒组织通过生产煽动性、虚假性信息来博取流量,进而获得更多的广告费。

从我国传媒责任履行实践来看,责任缺失是多种因素共同作用的结果,包括传媒从业者的职业道德、传媒组织的责任理念、传媒行业责任氛围、社会对传媒责任重视程度等。从个体、政府、社会三个维度思考传媒社会责任缺失的深层逻辑有利于探讨更加有效的治理路径。

第二节　中国传媒社会责任发展的分类推进机制

中国传媒社会责任推进机制应该在"自律"和"他律"基础上,充分发挥对传媒社会责任的监督和促进作用。目前,我国的推进机制存在形式单一、评价手段落后等现象,为实现传媒社会责任的有序健康发展,推动传媒社会责任发

---

① 包国强,王作剩,黄诚. 新闻、宣传、公共利益与市场——中国特色媒体社会责任的价值体系构成与内在逻辑[J]. 新闻爱好者,2020,515(11): 9-15.
② 包国强,王作剩,黄诚. 新闻、宣传、公共利益与市场——中国特色媒体社会责任的价值体系构成与内在逻辑[J]. 新闻爱好者,2020,515(11): 9-15.

展的分类机制是必要的,应根据不同的行业、不同媒体类型、不同岗位分类建立推进机制①。

网络技术的发展带来了传媒组织类型的"百花齐放,百家争鸣"②。官媒、自媒体和民间媒体在传媒生态中各展其能。李良荣认为作为社会舆论引领者的党媒,技术创新领跑者的民间媒体,新型主流群体发声的新阵地的自媒体,相互竞争又携手合作,构成当下中国传媒业新格局③。面对传媒生态中多样化主体,传媒社会责任推进机制需要在保持统一原则基础上又具有灵活性和差异性。即既要遵守国家对传媒领域的指导意见和政策规划,又要避免不同传媒组织的一刀切,凸显传媒组织的类型特色。

一、总要求和基本原则

中国传媒社会责任推进机制在宏观上要与国家战略方向保持一致,在路径上要坚持理论与实际相结合,将中国特色社会主义理论及习近平新时代中国特色社会主义思想应用到具体实践中,充分发挥理论的指导作用。基本原则如下:

(一) 党性和人民性原则

党性是我国传媒所特有的属性,也是马克思主义新闻观的核心。理解党性原则不能将其机械性地认识为"对党负责",这是将人民群众和党对立起来的严重错误思想。④ 党的利益从来都是体现在人民群众的利益之中的,人民群众、社会和党的利益从来都是高度统一的。⑤ 因此,坚持党性原则和人民性是履行社会责任的核心体现⑥。中国传媒社会责任推进机制要坚持党的领导,与党的大政方针保持一致,坚持正确的方向,同时要能够与人民对传媒行业的期

---

① 田晓锟.当代科技全球化背景下我国科技人才管理对策研究[J].安徽理工大学学报(社会科学版),2011,13(1):8-11.
② 包国强,舒锦予,黄诚.我国近年来传媒治理研究综述:关键问题与框架分析[J].教育传媒研究,2021(1):27-29.
③ 李良荣,郭雅静.三足鼎立下的网络媒体的态势及其治理之策[J].国际新闻界,2019,41(10):6-22.
④ 包国强.新时代中国特色媒体社会责任体系简论[J].浙江树人大学学报(人文社会科学),2021,21(6):1-11.
⑤ 包国强.新时代中国特色媒体社会责任体系简论[J].浙江树人大学学报(人文社会科学),2021,21(6):1-11.
⑥ 包国强.新时代中国特色媒体社会责任体系简论[J].浙江树人大学学报(人文社会科学),2021,21(6):1-11.

待和需求相结合,做到服务人民。

(二) 社会效益与经济效益相统一原则

传媒组织具有社会与经济双重属性,因而在责任推进机制建构时既要考虑传媒组织应该履行的社会责任,包括内容生态的建设能力,群众与党信息交流的沟通能力、舆论引导能力,以及员工培训管理能力;同时也不能忽视经济责任,即传媒组织从事经济活动过程中要在遵循相关法规的同时,把握好经济属性与传媒属性的平衡,推动传媒产业的发展。

(三) 坚持科学公正原则

中国传媒社会责任推进机制是从宏观层面对整个传媒领域的推动,因此要遵循科学公正的原则,对传媒领域下的广告、会展、新闻等不同行业公正统一又凸显差异。科学性要求推进机制的建立要按照规律办事,不能脱离传媒行业发展的实际;公正性要求中国传媒社会责任推进机制应该考虑传媒行业的各个领域,虽然不同领域发展速度和程度有所不同,但也要平等对待,实现中国传媒行业的共同发展。

(四) 坚持改革创新

技术与市场日新月异,为传媒行业发展带来更多新机遇和新挑战。面对复杂多变的传媒生态,相关部门要保持问题意识,能够及时发展可能存在的问题并对未来的发展具有预见性,让中国传媒推进机制更富有灵活性机动性,能够有效应对传媒行业出现的新问题。如此才能为传媒组织的发展提供保障,同时强化责任意识。

二、建立社会责任发展的分类推进机制

责任问题,社会担当,这是由媒体的性质与任务决定的[①],但不论什么性质的媒体都不能不讲责任,逃避担当。本部分在李良荣教授的媒体分类基础上,探讨中国传媒社会责任发展的分类推进机制的构建。根据媒体性质不同分为

---

① 方延明.媒介传播的社会责任与"问题意识"[J].南京社会科学,2010(7):105-111.

党媒、自媒体、民间媒体三种类型。党媒是指党和政府主办的媒体，2016年2月19日，习近平总书记在新闻舆论工作座谈会中强调，党和政府主办的媒体是党和政府的宣传阵地，必须姓党。① 广义上，门户网站、新闻客户端、视频网站、社交平台、短视频平台等，传统媒体范畴外均属于新媒体。自媒体是新媒体发展的新阶段，其核心是基于普通公众通过微博、微信等平台对于信息的自提与分享②，其中具有内容创作能力和创新能力的个体会获得更多关注和粉丝，进而演变成新的意见领袖。由于部门类型媒体的传播内容、交互模式以及媒体自身的方针、定位不同，因此需要在社会责任推进机制中凸显差异特色。

不管是自媒体、官媒还是民间媒体，李明德认为媒体的基本属性和社会功能没有改变③，因此他们的社会责任具有交集。在我国，媒体社会责任是新闻媒体及从业者在新闻传播活动中必须履行的对社会安定国家安全和公众心智健康所承担的法律、道德等公共责任和社会义务④。与此同时，社会责任推进机制应该参考中国社会责任报告制度所使用的考核标准和指标体系，在此基础上根据实际情况从新的角度进行创新发展。下文将从动力、内容、实践、评价、监管五方面探讨社会责任推进机制。

（一）分类构建媒体社会责任的动力机制

企业承担社会责任的驱动因素可以划分为内生性动力和外生性动力两类。⑤ 传媒组织亦是如此，其中内生性动力与传媒组织的使命责任相关联；外生性动力则大多是政府、行业、社会公众、市场的驱动。

就党媒而言，其承担的责任就是做好宣传思想和舆论监督与导向的工作。它不仅是党的"喉舌"，承担向人民群众宣传党的主张以及理论路线方针政策的职责，而且是联系群众的"耳目"，担负着反映人民心声的职责。⑥ 这类传媒组织虽然参与市场发展，但其核心依然是完成党和国家赋予的任务。因而，党

---

① 吴兆喆.深耕行业优势 提升核心竞争力——以《中国绿色时报》为例[J].新闻世界，2022(1)：61-64.
② 邓新民.自媒体：新媒体发展的最新阶段及其特点[J].探索，2006(2)：134-138.
③ 李明德，张园.传媒社会责任意识的深层建构[J].西安交通大学学报(社会科学版)，2017，37(1)：101-106.
④ 董文.我国媒体社会责任缺失问题研究[D].济南：山东大学，2013.
⑤ 王海菲，曹晓雪.企业承担社会责任的外生性压力与内生性动力分析[J].国际商务财会，2012(12)：82-85.
⑥ 王宇，童兵.事事处处都要尊重新闻传播规律——学习习近平在党的新闻舆论工作座谈会上讲话的体会[J].新闻记者，2016(4)：15-19.

媒社会责任履行的内生性动力来源于其党性和人民性,在党性原则的指导下,党媒工作人员恪尽职守,重视新闻专业主义精神、职业道德素养的培养;在人民性的指导下,工作人员注重人民利益的维护、人民权利的保障,在具体工作中做到从群众中来到群众中去。在党性人民性的驱动下,党媒从业人员会更加坚守新闻专业主义,提高职业道德和专业素养;其外生性动力来源于法律法规和党政方针的约束。

就新媒体而言,其使命是在传媒活动参与过程中实现市场盈利,通常属于纯粹市场化的媒体。相比于运营方式是否符合规律是否体现专业性,他们更关注运营方式、生产内容能够吸引更多的受众关注,获得更多的经济效益。因而对于新媒体而言提高竞争力是其履行社会责任的内生来源。即通过积极参与社会责任塑造良好的传媒组织形象,进而创造更多的经济价值,提升市场竞争力和传媒影响力。其外生动力则来源于受众的期待和要求,以及法律法规的强制约束。

就自媒体而言,其使命主要是完成自身的盈利和发展,即通过内容生产来吸引流量实现经济变现。由于网络的开放性和低门槛性,自媒体数量剧增,自媒体之间的竞争愈发激烈。因而,责任竞争力即通过责任履行占有更多关注和流量是自媒体社会责任履行的内生性动力。社会责任履行的效应呈现具有时间性,自媒体积极履行社会责任在潜移默化中影响公众对其的认知,塑造良好的媒体形象以提高公信力;反之,则面临着负面舆论压力导致账号被关闭。由此可见,其外生性动力来源于自然流量和粉丝流量的期望与要求,以及所在平台和法律法规的规定。

(二) 分类确定媒体社会责任的内容边界

社会责任边界模糊是责任缺失的重要因素之一,因此明确责任边界对传媒履行社会责任和政府相关部门及社会公众监督传媒组织的责任履行都具有重要价值。

就党媒而言,从党性和人民性来看,其核心社会功能是做好宣传报道,因为其社会责任的内容边界是有效且高效地进行宣传报道。具体体现为,增强舆论引导能力。舆论反映了"公众心理的一般状态",社会舆论是一种"普遍的、隐蔽的和强制的力量"[①]。党媒做好新闻舆论工作,事关国家稳定和前途,

---

① 陈亮.新闻舆论的公开性与隐蔽性特征[J].新闻爱好者,2009(18):16-17.

因此要将优质的内容传播给公众,①关注基层动向及时发出正确的引导之声②,在媒介技术融合中建立新型舆论阵地;在政治上,传播党的路线方针政策;在经济上,推进经济建设,提高广大群众生活水平;在文化上,传播优秀文化,提高广大群众文化素养,实现信息传播和教育大众功能,才能更好地维护社会稳定,履行社会责任③。其次坚持舆论监督与正面宣传为主相统一是媒体履行社会责任的必要条件,通过监督揭示现实问题并督促其解决,通过宣传鼓舞士气;④密切联系群众是责任履行的作风保证,党的宗旨是全心全意为人民服务,因而只有贯彻党的群众精神才能创作出优秀的报道,强化党媒的社会属性⑤。

就新媒体和自媒体而言,两者核心都是通过内容实现流量变现,因此其责任就是为社会提供真实、客观、公正的内容,满足消费者的合理合法需求,通过正当途径创造经济价值及承担一般企业应有的社会责任。相对自媒体而言,新媒体更具有规模性组织性,因此新媒体需要在媒体建立初期就将社会责任纳入发展规划,让社会责任履行转化为内生性行为,在确保信息服务质量同时,要承担相应的环境保护责任、诚信运营责任。总之要对受众负责,对所从事的行业负责,对每一个利益相关方负责。

(三) 分类打造传媒社会责任的实践模式

打造实践机制有利于社会责任履行的具体落实,有效解决社会责任推进的困境。由于媒体类型、规模及能力的不同,因此传媒社会责任的履行具有一定的共性和差异性。共性要求传媒行业中的所有参与者均要受到党、国家和人民群众的监督,都要受到相关法律法规的约束监督,同时都要有社会责任履行的主动意识;在具体履行方式上则存在差异性。企业社会责任的实践模式可以分为三类:一是以社会价值创造为导向的社会本位型企业社会责任实践模式,二是以企业价值创造为主导,兼顾企业价值与社会价值的工具型企业社会责任实践模式,三是以社会价值创造为主导,兼顾社会价值和企业价值的价

---

① 张云中,张镕,郭冬.媒体型智库舆论引导力影响因素实证研究[J/OL].情报科学:1-17[2022-06-08]. http://kns.cnki.net/kcms/detail/22.1264.G2.20220317.1739.008.html.
② 朱良志.县级融媒体如何增强新闻舆论引导力[J].青年记者,2020(2):45-46.
③ 黄诚,包国强.习近平的媒体社会责任观及其意义[J].中国广播电视学刊,2017(7):108-112.
④ 黄诚,包国强.习近平的媒体社会责任观及其意义[J].中国广播电视学刊,2017(7):108-112.
⑤ 黄诚,包国强.习近平的媒体社会责任观及其意义[J].中国广播电视学刊,2017(7):108-112.

值理性型企业社会责任实践模式。①

就党媒而言,由于其本身的特殊性,不管是在何种时代背景下都应该追求纯粹社会价值为导向的社会责任,其社会责任的要求要比其他类型媒体更加严格。作为党和人民的媒体,其社会责任的履行最重要的是在舆论引导、新闻宣传等各项工作中实现,通过内容的生产和传播及时有效地传递党的声音,反映人民群众的需求,因而往往采取社会本位的传媒社会责任实践模式。但是在"事业单位企业化管理"的体制改革之后,党媒由纯粹的政治属性向政治＋产业属性转变,因而在实践中要遵循以社会价值为导向,社会与经济兼顾的价值理性实践模式。

就新媒体而言。肖红军认为新媒体属于竞争性媒体,其行为主要是为了在激烈的市场竞争中争夺更多的受众份额和市场优势,因此更适合于工具理性型媒体社会责任实践模式。② 所谓工具理性型传媒责任就是以传媒价值为导向,共同实现传媒价值和社会价值。与党媒不同,这类传媒组织无需在内容创作中强调党性原则,而是需要内容遵循真实性、客观性、时效性等一般新闻原则,同时强调凸显人文关怀,能够创造反映社会问题、推动社会进步的质量内容;与此同时,新媒体的社会责任实践还体现在保障内部员工合法权益,积极参加社会治理和生态治理,在媒体价值和社会价值中实现社会效益和经济效益的统一。

就自媒体而言,由于自媒体大多是个体,其本身参与社会公益的力量较弱。但是在平台化经济的推动下,自媒体在整个传媒生态中愈发活跃,影响力传播力突飞猛进,特别是新媒体党媒出现失误时,许多公众更倾向于相信自媒体发布的信息。由此可见,自媒体所生产的内容辐射力和影响力不可小觑。与新媒体相似,自媒体的定位决定其采用工具理性型社会责任实践模式,一方面在市场竞争中传递具有真实性、价值正确的内容;另一方面将社会责任作为有效资本参与运营。

（四）分类实施传媒社会责任的评价指标体系

评价考核制度不仅能有效评估社会责任推进机制的落实,也能作为媒体社会责任履行的评判提供依据。习近平总书记提出,要把坚持传媒社会责任

---

① 肖红军,李伟阳.以分类管理破解国企社会责任发展困局[J].WTO经济导刊,2015(2):56-58.
② 肖红军,李伟阳.以分类管理破解国企社会责任发展困局[J].WTO经济导刊,2015(2):56-58.

放在首位,建立媒体社会责任报告制度,并对媒体的社会效益和经济效益提出量化的规定。① 中国记协从 2014 年开始试点实行传媒社会责任报告制度,从八个方面对社会责任进行评估,后续细化为九个方面,并增加了前言和后记,对以往问题改正情况和现有问题进行反思,为了让评估更加科学,报告制度还参考了社会公众的评价等指标。随着媒体社会责任报告制度工作不断完善,报告涉及的媒体范围逐步扩大,除了中央重要主流媒体,还有地方重要媒体以及行业性媒体。② 该报告不仅是有关部门对传媒组织进行社会责任监督的手段,也是学界研究传媒组织及行业社会责任的参考。在技术的推动下,责任报告也开始以 H5 等新形式公开,增强可读性和传播性,让更多人关注媒体社会责任。

包国强在社会责任理论基础上,应用 CAS 理论构建其社会责任治理长效机制理论,运用 AHP 的实证方法(主要是 AHP 法和专家评分法),构建其社会责任评价指标体系。③ 该社会责任评价指标体系从报刊企业社会责任的 9 个一级指标,19 个二级指标来测试其履行社会责任水平高低的综合评价值,利用层次分析法对 100 份调查问卷得到的数据进行分析,构造判断矩阵,求出权重。④ 其中,Wi 为各项指标对应的权重,Fi 为各个指标的得分值,求出 R(社会责任水平高低的综合评价值)值,在 0—5 的变化区间中越接近 5,社会责任履行情况越好。⑤ 该社会责任评价指标体系包括政治责任、经济责任、法律责任和道德责任等内容,是一个综合责任体系,其中一级指标包括舆论导向、信息传播、舆论监督、法律法规、社会伦理、健康文化、公共权力(公民利益)、创富能力及内部员工满意度,在一级指标下又包含更加具体的二级指标,如舆论监督下的对权力机关的监督力度和对社会生活的监督力度⑥。

分类实施传媒社会责任的评价指标体系,可在包国强的社会责任评价指标体系基础上根据党媒、新媒体、自媒体的特性对相关权重进行调整。如党媒舆论引导能力、公共权力、宣传报道、人民需求反映内容相对而言权重高;新媒

---

① 童兵.马克思主义新闻观读本[M].上海:复旦大学出版社,2016.
② 中国记协网.媒体社会责任报告制度[EB/OL].(2019-03-01).http://www.xinhuanet.com/zgjx/2019v/2019-03/01/c_137860571.htm.
③ 包国强.基于实证的报刊企业社会责任评价体系研究的设想[J].全国商情(理论研究),2012(6):16.
④ 包国强.论报刊企业社会责任评价模型的设计[J].今传媒,2012,20(4):109-110.
⑤ 包国强.论报刊企业社会责任评价模型的设计[J].今传媒,2012,20(4):109-110.
⑥ 包国强.论报刊企业社会责任评价模型的设计[J].今传媒,2012,20(4):109-110.

体则参与环境保护的积极性、信息传播质量、内部员工满意度、推动传媒产业发展程度、对技术的应用程度相对权重高;自媒体则更偏向于信息质量。

(五) 分类建立传媒社会责任的监管模式

监督模式的建立能够有效辅助解决传媒社会责任缺失问题。在利益相关者视域下,所有与传媒活动相关的主体(媒介组织、受众、消费者、广告商、政府)都能对传媒组织社会责任进行监督。在大数据时代,对传媒社会责任的监督应该在纳入利益相关者的基础上,从外部到内部形成网状的监督模式。外部治理包括政府、受众、广告商、行业等。政府通过专门制定媒体相关法律,保护数据隐私、版权,对违法行为进行惩戒。政府的监督不仅仅是营造一个道德约束的氛围,让传媒从业者和受众自觉受到社会道德的约束,更重要的是制定一套切实可行的与道德约束相适应的法律法规来约束现在开放的媒体环境。[①] 其次,行业是在强制性上仅次于政府的监督者,包括政府引导成员参与的部门和行业成员自发组建的监督组织两种,我国传媒大多是第一种模式,行业的监督更具有针对性和前瞻性,能够发现其他监督者所忽视的深层次问题。当传媒组织的社会责任缺失行为影响到经济时,广告商会参与到传媒社会责任的监督中,通过"经济投入"来约束传媒组织行为。受众则是通过舆论和消费形式展开监督,由于受众群体体量大因此其监督更加广泛但缺乏强制性。传媒组织内部监督则体现在社会责任目标和社会责任履行体系。大数据时代技术参与社会责任治理成为常态,视频平台等开启青少年模式为青少年提供更加优质的内容,保护孩子的健康成长;在内容筛选、直播生态维护中借助机器人监管,提高监督的效率。

对于党媒而言,党和人民是其监督主体的核心,主要受到党的政策法规和人民的监督;对于新媒体而言,能够影响经济收益的广告商和受众是监督主体的核心,政府发挥辅助的力量;对于自媒体而言,粉丝受众是监督主体的核心,粉丝量大的大博主也会受到广告商的监督,而粉丝量小的则主要受到受众群体监督。

建立社会责任分类推进机制有助于对不同传媒组织进行差异化管理,有助于提高责任推进的效率,提高不同传媒组织责任履行的积极性,帮助传媒行

[①] 包国强,陆慧.大数据时代媒体社会伦理与责任的挑战与治理[J].新闻前哨,2016,267(8):24-28.

业度过"停滞期",解决可能出现的各种问题。除了上述几个传媒组织分类,具体还有社交媒体、平台型媒体之分;除了新闻领域,传媒行业还包括广告、会展、公关等多个领域,在制定推进机制时应该进行恰当的归纳分类,增强推进机制的可行性和合理性。

第三节 中国传媒社会责任发展的三元协同推进机制

传媒社会责任治理的目的是为了最大程度纠正媒介机构及从业人员的行为,维护传媒行业风气。它不仅为中国传媒业发展提供了可靠的制度支持和政策保障,而且也对传媒业发展方式的转变、传媒经济运行质量的提高,起到了经济、文化、社会等因素无法发挥的作用。[1] 基于此,学界和业界都积极探索社会责任治理的模式,在传统的传媒语境中涌现出多种传媒社会责任发展的推进机制,其中由"政府—传媒—社会"构成的三元协同推进机制是最为普遍和最为基础的社会责任治理形式。这种治理模式呈现出点对点的原子式,是一种单边治理方式。其中政府主要体现在制度、机制与社会责任管理方面,个体自治则是在传媒组织运行、传媒价值与保障体系等方面推动社会责任履行,社会治理即受众、第三方的辅助则是传媒社会治理的第三条路。[2]

一、政府治理——推进社会责任发展制度、监督体系建设

我党一贯重视传媒社会责任,传媒社会责任的构建一直是党关于新闻工作建设的一项重要内容。习近平总书记多次强调传媒工作必须遵守的48字职责使命,强调媒体与新技术的融合和应用,重视媒体的团队建设和人才培养。中国记协及相关部门也根据传媒行业发展的实际情况出台系列意见指导,对传媒行业出现的问题进行规范,对未来的发展提出建议。肖红军认为,

---

[1] 包国强,舒锦予,黄诚.我国近年来传媒治理研究综述:关键问题与框架分析[J].教育传媒研究,2021(1):27-29.
[2] 包国强,舒锦予,黄诚.我国近年来传媒治理研究综述:关键问题与框架分析[J].教育传媒研究,2021(1):27-29.

在政府治理中要求政府以"元治理者"的身份推动企业形成合意的"个体自治",方式则包括意识增进、激励支持、合作、强制性要求;①李良荣、张华认为,自 1978 年以来的中国传媒改革,其动力源于社会发展对传媒业的要求,而且传媒改革的每一步推进和取得的成果都需党和政府政策的肯定与加固。② 王一川认为,国家作为传媒决策的主导者时,更多地是倾向于选择合法的强制手段来促进和确保传媒经济的发展与国民的认可。③

对于政府而言,政府推动传媒社会责任推进机制,除了政府本身的职责也源于政府与传媒的相辅相成,政府需要通过传媒组织作为其与公众之间的纽带,宣传政府的主张传递公众的声音,增强在国际国内的影响力;与此同时,传媒行业不仅在政府形象、社会稳定方面创造价值,还具有经济价值,传媒行业做大能够为政府带来更多的税收等财政收入。但是政府与传媒行业也存在矛盾性,如传媒行业无序发展特别是党媒市场化过程中出现严重问题,会对政府的公信力造成重创。因此政府要加强对传媒社会责任的指导和监督,通过政策和指导意见发挥激励引导作用,为企业社会责任的履行确定目标和框架,通过强制性法律法规的正向规范和负面制裁有效推动媒介机构社会责任的履行。④

政府对传媒组织社会责任的履行起引领带动作用。如果没有政府在宏观层面的引领,那么传媒组织社会责任的履行就像是"无头苍蝇",难以形成合力。回顾整个传媒行业的发展历程,从传媒市场化改革到媒体融合打造新型主流媒体,每一次重大转型都是政府在背后推动。以推动媒介融合,建立新型主流媒体,打造舆论阵地为例,2013 年全国宣传思想工作会议中,习近平总书记首次公开提出媒体融合⑤;2014 年媒介融合上升到国家战略层面;2018 年总书记提出"一体化发展""融为一体、合而为一"等理念,为构建传媒传播格局,形成全媒体传播体系提供方向引领⑥。在社会责任管理中亦是如此,2014 年

---

① 肖红军,李平.平台型企业社会责任的生态化治理[J].管理世界,2019,35(4):120-144,196.
② 李良荣,张华.参与社会治理:传媒公共性的实践逻辑[J].现代传播(中国传媒大学学报),2014,36(4):31-34.
③ 王一川.从干预到参与:国家在传媒治理中的角色变迁[J].中国报业,2018(18):20-21.
④ 肖红军,阳镇,凌鸿程.媒体关注会驱动人工智能企业履行社会责任吗?——基于中国 A 股上市公司人工智能企业的实证检验[J].南京大学学报(哲学·人文科学·社会科学),2022,59(2):42-66,161-162.
⑤ 央广网.两年前的今天,习总一个讲话开启了一个时代[EB/OL].(2015-08-20).http://news.cnr.cn/native/gd/20150820/t20150820_519588176.shtml?ivk_sa=1023197a.
⑥ 中国共产党新闻网.习近平谈媒体融合发展:关键在融为一体、合而为一[EB/OL].(2018-08-22).http://cpc.people.com.cn/n1/2018/0822/c164113-30242991.html.

中宣部和中国记协牵头开展的媒体社会责任报告制度,为媒体社会责任监管提供一个公开、权威且具有可操作性的测评指标体系,随着传媒实践的推进,责任指标不断细化,如将正确引导责任细化为政治责任和阵地建设责任,在指标体系考核中也实现定量和定性相结合更具有科学性的方式。社会责任制度化填补传媒组织履行社会责任在制度层面的空白,为传媒组织的社会监督提供可实施路径;党的十九大报告提出"高度重视传播手段建设和创新",深入推进媒体融合,加强阵地建设和管理[1];2020年11月2日下午召开的中央全面深化改革委员会第十六次会议审议通过《关于文化企业坚持正确导向履行社会责任的指导意见》,开启逐步系统推进媒体社会责任实践及管理工作[2]。虽然我国不断出台相关的指导意见,但是最重要的还是建立一套成体系、成系统的社会责任标准,让传媒行业遵循清晰方向同时也明晰责任的边界和标准,让社会责任履行更加清晰明朗。不仅仅是引导作用,党和政府也需要通过法律、政策手段加强对传媒组织的责任行为的约束和保障,整顿行业责任风气。

面对传媒行业出现的问题,特别是媒体融合、数据化时代下的新问题,政府及有关部门必须制定符合时代特征的法律法规,提高违法违规成本,以此约束传媒组织行为。因为政府颁布的法规和政策更具有强制性、且由政府带头开展的整顿活动更具针对性、惩戒性,因此对传媒行业而言更具有威慑力。2005年网信办发布《互联网新闻信息服务管理规定》并于2017年修订新规,该规定的发布意味着新闻发布者再也不能以"自由网络"为由无视行为约束;连读多年开展"秋风"行动,针对隐私泄露、过度消费、虚假新闻、假记者、知识产权保护等进行专项整顿;2021年2月,国家互联网信息办公室、全国"扫黄打非"工作小组办公室等七部门联合发布《关于加强网络直播规范管理工作的指导意见》,强调各部门要切实履行社会责任加强对网络直播中危害青少年身心健康的乱象进行整顿[3]。此后,《App违法违规收集使用个人信息行为认定方

---

[1] 党建网微平台.习近平谈大力加强新闻舆论工作[EB/OL].(2021-12-10).https://cbgc.scol.com.cn/news/2596986.
[2] 中央广电总台央视新闻客户端.习近平主持召开中央全面深化改革委员会第十六次会议强调 全面贯彻党的十九届五中全会精神 推动改革和发展深度融合高效联动[EB/OL].(2020-11-02).http://news.cri.cn/20201102/66a27506-87a2-93be-acc8-8cd191e27512.html.
[3] 国家七部门联合发布《关于加强网络直播规范管理工作的指导意见》[J].信息网络安全,2021,21(3):97.

法》《网络音视频信息服务管理规定》《网络信息内容生态治理规定》《中华人民共和国网络安全法》《关于进一步加强广播电视节目备案管理和违规处理的通知》相继发布,从政策层面加强传媒行业的责任管理。

二、媒体自治——加强自律,重视内部改革

包国强认为网络媒体作为继报刊、广播、电视后的"第四媒体",不仅能够发挥舆论引导的作用,还能够让广大群众更迅速更便利地获得更加丰富的信息。[①] 但是,网民的社会责任意识不强,传媒组织的社会责任感不够导致网络环境变得复杂,网络虚假信息、不健康的内容在网络中泛滥,恶意炒作、谣言传播时有发生,这让不少网民的价值观念受到一定的冲击。[②] 因此,传媒社会责任缺失不仅影响传媒组织本身长期经营的影响力、公信力,而且会危害公众利益、影响整个社会的稳定。而传媒组织自治最重要的就是让传媒组织及从业人员从心里认同社会责任,如此才能外化为行动上履行社会责任。

观察当下传媒社会责任履行的实际情况,不难发现由于履行社会责任与从业者或传媒组织的短期利益存在冲突,因此大多数传媒机构及从业人员社会责任的履行都属于压力下的规范遵从[③],自觉履行情况较少。而这也让传媒组织难以摆脱"社会脱嵌"的困境,即社会责任难以真正融入传媒组织使命与组织的运营管理过程中,难以避免地在现实市场环境中陷入诸多的传媒社会责任实践异化困局。[④] 而这主要是因为传媒组织及从业者缺乏社会责任履行的内在动机。从责任视角去看社会责任难以避免带入强迫的性质,只有让传媒组织看到社会责任履行带来的实际效益才能让传媒组织及从业人员从内在加强自律,将社会责任纳入管理运营中。首先,应认识到社会责任履行是经济发展的需要。相关从业人员及机构在积极履行社会责任过程中,能够增强媒体与用户之间的互动和关系,而高互动和强关系能够为传媒组织带来更多附加效益。因此传媒组织要认识到社会责任履行不只是一项任务责任,也与其自身发展和盈利具有强关联。其次,明确社会责任履行符合传媒生态环境。

[①] 包国强,陆慧.网络媒体社会责任的治理路径[J].新闻前哨,2015(6):29-32.
[②] 包国强,陆慧.网络媒体社会责任的治理路径[J].新闻前哨,2015(6):29-32.
[③] 李晓博.媒体社会责任治理:规制下的多重自律[J].中国广播电视学刊,2017(7):40-43,61.
[④] 肖红军,阳镇.多重制度逻辑下共益企业的成长:制度融合与响应战略[J].当代经济科学,2019,41(3):1-12.

在传媒组织和受众之间社会责任履行的本质就是信用的积累,在网络飞速发展的时代,信用成了稀缺品和奢侈品。在传媒信用生态中谁获得的信用越高,谁就拥有更多的选择权和影响力。传媒社会责任意识是传媒组织信用体系的核心,增强受众对传媒组织的认同进而实现社会效益和经济效益,因此传媒组织要重视信用的管理,定期对传媒组织从业人员进行信用培训,让整个组织内部形成信用氛围。

只有自律才能获得更大的自由,传媒组织要在具备自律意识的同时,也要建立与之相匹配的具有可操作性的规范,增强自我管理水平,如此才能更好地履行社会责任,实现传媒组织自身以及整个行业的健康发展。

三、社会参与——公众与第三方的监督机制

随着互联网的发展,社会大众的话语权提升,其在传媒社会责任监督中所产生的声量不容忽视,从现实情况来看,社会大众借助舆论进行的监督具有强影响力和威慑力,能够有效推动传媒社会责任履行。这里的"社会"具体指公众和非政府组织,根据我国现有法律,公众能够通过一定方式对国家机关及其工作人员权力的行使行为进行合理合法的监督;非政府组织具有非营利性,随着社会发展承担越来越多的职责,在某种程度上他们能弥补政府监督失灵。[①]由此可见,不管是公众还是非政府组织参与媒体社会责任监督具有其合理性。在推动第三方参与监督治理中,也要注重监督途径的搭建和监督主体素养的培养。

(一)第三方发挥评估影响力

当前,非政府组织参与行业治理,责任监督成为政府之下较为有力的途径。与一般受众相比,非政府组织专业性更强,能够为传媒组织的责任行为指出问题并提出建设性建议,同时能够为政府提供对当前传媒行业责任履行的情况更加专业的分析。目前我国非政府组织形式大都是专家学者组成的研究团队,他们从专业理论视域出发通过定量定性等研究方法对当前传媒责任进行深度剖析解读:《中国传媒社会责任研究报告》主要聚焦于中宣部试点的社

---

① 李松林. 论我国非政府组织的外部监督[D].武汉:华中师范大学,2005.

会责任报告制度媒体机构的社会责任履行情况,进行深入研究和客观评价①;中国社会科学院新闻与传播研究会联合各大高校出版《中国新媒体发展报告》、CNNIC每年发布《中国互联网发展状况统计报告》等。这些相关报告,为传媒社会责任治理路径提供不同的思考方向,有利于政府及公众对传媒组织的监督以及传媒组织的自律。

(二) 公众发挥监督力

世界著名未来学家和思想家阿尔文·托夫勒(Alvin Toffler)曾言,文化技能培养的前提条件是对自己所生活社区的了解,而这种熟悉来自传媒环境。② 目前我国传媒行业对公众日常生活的渗透加强,且通过公众权力让渡获得私权利剧增,因此公众在传媒社会责任监督中发挥重要的作用。

公众发挥监督力主要通过举报制度和舆论两种形式,其中举报制度来自政府及相关部门的权利赋予,是公众通过政府对传媒组织的监督;舆论则是公众借助其他传媒组织对问题传媒组织的监督。公众监督发挥实际作用要基于公众的素养。只有具备一定的媒介素养才能认清媒体的失责行为,才能充分借助监督手段对传媒组织进行监督。公众的素养不高,对信息的判断能力低、媒介需求低俗都会影响传媒行业的整体生态,也会影响公众在传媒社会责任监督中的效应。③ 因此公众也要注意自身媒介素养的培养,提高信息辨别的能力,对来路不明的信息保持怀疑态度,不听信、不传播,对于引导性的文章要有自己的判断和理解,不成为有心者的附庸和帮凶。

公众素养水平的差异带来了公众参与传媒社会责任监督的不确定性,因此要建立一个有序、有效的公众监督机制。一方面是为公众参与社会监督提供有力途径。如在政府指导下建立一个常设性公众—传媒组织监督部门,并设立专业人员搜集和处理公众的意见,一经核实应对相应的媒体进行通报和给予相应的惩罚;④搭建责任监督平台,公众的意见和建议在平台中呈现给政府及传媒机构。另一方面建立公众监督的管理机制,为保障公众参与的有序

---

① 黄晓新,刘建华,邱昂.中国试点媒体社会责任指数研究报告(2017—2018年)[J].中国传媒科技,2018(5):7-11.
② 李理.新闻编辑学教学方法与媒介素养教育研究实践——基于独立学院学生特点的思考[J].湖北函授大学学报,2008(2):63-65.
③ 包国强,陆慧.大数据时代媒体社会伦理与责任的挑战与治理[J].新闻前哨,2016(8):24-28.
④ 蒋安丽.治理视阈下的媒体社会责任研究[D].北京:中国社会科学院研究生院,2015.

性,监督部门在为公众提供途径的同时也要对公众的监督进行监督,以此规范公众参与监督的行为,实现责任监督生态的良性互动。

"以社会责任为核心,政府引导、个体自治、社会参与"三元协同的社会责治理体系适用于我国,不管是从权利还是义务角度,三元主体都有参与的必然性,而在整个传媒责任生态中只有通过内外部互动、多主体共同参与才能实现良性发展,将传媒社会责任履行落于实处。随着技术的发展,人工智能、大数据、算法也将为责任治理提供更多的可行性。

第四节 推动中国传媒社会责任发展的现代化路径

技术变迁对新闻传播格局的影响日益加深,新技术引发的媒介融合,不仅是媒介形态的变化,也不仅仅是社会形态融合,还是技术与人的融合。[①] 这意味着传媒组织正在从相对专业化的社会子系统,转变为社会网络的一个节点。[②] 在新的传播格局下如何实现传媒社会责任治理,解决职业道德意识淡化、虚假新闻泛滥、情绪大于客观性、速度为王、标题党黄色新闻等问题,增强传媒社会责任意识,提高声誉与威望,与公众建立起信任机制,取得公众的信赖与支持,实现长久健康发展,[③]依然是时代热门议题。传媒社会责任的建设就是传媒组织与社会之间寻找动态平衡的过程,责任主体的"自律"和他律的"问责"共同维系这一平衡,"自律"处于核心部分,"他律"则是不可缺少的外围部分。[④] 本文从他律、自律两个维度去探讨中国传媒社会责任发展的现代化路径。

一、媒体履行社会责任的外部推进路径

构建以社会责任为核心,政府、受众社会、传媒组织为主体的传媒共治体

---

① 孙玮.赛博人:后人类时代的媒介融合[J].新闻记者,2018(6):4-11.
② 刘海龙.解析中国传播学 2019[M]. 北京:中国人民大学出版社,2019.
③ 张迪.消费主义视角下媒体社会责任的失范与重塑[J].青年记者,2016(20):8-9.
④ 王桢楠.媒介社会责任履行机制探讨[J].淮阴师范学院学报(哲学社会科学版),2012,34(4):533-538,560.

系,是一个多方协调的平衡机制,能够强化传媒组织的社会责任遵守意识。[①]外部推进路径的主体——政府、受众及媒体,通过不同方式采取不同手段参与传媒组织社会责任治理。

(一)强化法律,明确底线责任

法律规章是督促传媒组织社会责任治理的有力约束。在社会责任推进前,我国出台一系列的意见指导,数量多且能够根据实际情况及时出台相关政策,但是从整体来看现有的意见指导较为零散,且尚未形成更具有法律效力、更具有系统性的法律法规,因而为一些传媒组织提供了钻空子的机会。孙旭培认为我国新闻立法在新闻自由的实质性内容限定、舆论监督的界限以及创办者方面存在难点。[②] 除了新闻传媒特性造成的立法困难,还有技术发展下传媒生态的复杂多变性。在技术的影响下,传媒生态更新迅速,传媒组织出现的问题也"更新"迅速,因此政策法规难以解决现有问题的情况难免发生,基于此,还是需要政府建立一套成体系且具有预见性、操作性的传媒法律框架,从大方向对现有问题进行归纳,针对不同特性问题采取不同惩戒方式,然后在实践中提出更加具体化的操作。只有如此才能为我国传媒组织社会责任履行明晰底线和边界,知道哪些可为哪些不可为。

法律规章的颁布可以从一定程度上减少传媒组织的社会伦理与责任的缺失,但是没有很好地改善媒体环境的混乱。[③] 因此,在传媒传播法制建设的过程中,首先要把媒体应当承担的各种社会伦理与责任纳入规范化、法律化的管理体制;其次要强化媒体的守法,使媒体在经营过程中遵守各种法律;最后,要在法律制定过程中完善不遵守法律的惩罚机制,加大惩罚的力度,让媒体在依法治国的大环境下有法可依,有法必依,从而加强传媒的守法积极性。[④]

(二)建立可操作性的责任考核评估体系

建立一套具有操作性的责任考核评估体系,要不仅能为传媒社会责任履行提供具体的考量,也能为政府、社会的监督提供参考依据。为此,中国记协

---

① 蒋安丽.治理视阈下的媒体社会责任研究[D].北京:中国社会科学院研究生院,2015.
② 高超.媒介生态视阈下中国媒体社会责任缺失的研究[D].武汉:武汉大学,2015.
③ 包国强,陆慧.大数据时代媒体社会伦理与责任的挑战与治理[J].新闻前哨,2016,267(8):24-28.
④ 包国强,陆慧.大数据时代媒体社会伦理与责任的挑战与治理[J].新闻前哨,2016,267(8):24-28.

等部门出台社会责任报告制度,制度中对环境、安全、可持续性进行评估;蔡笑元概览2014年之后五年的责任报告总结出八项指标并给予一定的内涵解析,但这八项指标并没有官方定义,并且在报告中对于社会责任的考核出现不统一的现象,因此社会责任考核评估体系需要更全面、更细致严谨、更科学规范的官方标准。① 中国传媒社会责任报告将社会责任划分为"政治责任""提供服务责任""人文关怀责任""繁荣发展文化责任""遵守职业道德规范责任""合法经营""安全刊播""保障新闻从业人员权益""阵地建设"。② 复旦大学新闻学院周葆华编制了两级评估指标体系,包括7个一级指标和33个二级指标,并在2017年用于对腾讯网的社会责任评估,取得良好的效果。③ 王修滋认为,构建媒体社会责任评价体系应坚持正确的理论指导、合理搭建框架和内容、把握定性与定量的平衡以及坚持激励引导的原则等原则方法,在具体操作中,指标应该分为基本指标和进步指标,指标体系的层级以三级为宜,分值结构要合理。④ 华中科技大学钟瑛总结出一套新媒体社会责任的考察指标,包括"信息生产""社会监督""文化教育""协调关系"4个一级指标;信息质量、流量控制、国家治理、学术动态、社会风险、行为失范、其他现象、塑造共识⑤、文化传承、提供娱乐、线上沟通线下活动等11个二级指标以及36个三级指标⑥。解放日报社张颖华结合多年编写社会责任报告的实践,认为社会责任报告为媒体和受众搭建了沟通的桥梁。媒体社会责任报告,首先应展示媒体的担当,即媒体要做什么,其次要告诉受众媒体努力在做什么,最后告诉受众媒体倡导什么。华东师范大学赵路平认为,媒体社会责任指标体系的建构应该以政府为主导,多方位共同参与,同时要具有全球视野。⑦

因此,政府应该联合学界、业界、社会公众制定一套灵活性强、涵盖内容广泛、专业性强、操作性强的传媒责任考核指标体系。同时对考核结果有相应的惩戒奖赏,如此才能调动积极性,增强可行性。

---

① 蔡笑元.媒体社会责任八项指标解读及评价标准制订建议[J].青年记者,2018(21):12-13.
② 杜一娜.如何构建媒体社会责任评价标准及指标体系[N].中国新闻出版广电报,2019-06-25(6).
③ 周葆华,范佳秋,田宇.新媒体社会责任表现的实证研究——以腾讯网为个案的量化评估[J].新闻大学,2017(6):73-88,124,153.
④ 王修滋,蔡笑元.媒体社会责任评价标准及指标体系构建[J].青年记者,2017(30):28-34.
⑤ 胡栓,刘胜男.新时代媒体社会责任与评价体系——基于多重视角的分析与探寻[J].新闻界,2018(7):97-100.
⑥ 钟瑛,李秋华,张军辉.搜索引擎网站社会责任的现实考量与提升路径[J].现代传播(中国传媒大学学报),2016,38(10):130-137.
⑦ 赵路平.公共危机传播中的政府、媒体、公众关系研究[D].上海:复旦大学,2007.

(三) 强化社会力量对媒体的监督

1. 建立有效的媒体监督机制

面对传媒行业责任缺失问题日益增多，急需建立一个全新的传媒社会责任监督机构对传媒组织的社会责任进行有效、全面的监督，这个监督机构可以由国家组建也可以由行业或者社会公益组织牵头，其成员要做到多样性，既有传媒行业以及各界的精英，也要有社会各界的民众力量，合理引导社会舆论为媒体社会责任监督服务。随着技术的发展，传媒发展凸显自由性、隐匿性和广泛性的特点，导致政府对传媒社会责任的监管难度加大。[①] 在这种情况下必须建立一个多元主体共同参与的监督机制，改变以往新闻道德委员单一主体考核，增加媒体自评、第三方专家等评价环节，[②]同时将社会公众的评价考虑其中。首先，监督体制的建立需要政府确立相关的监督制度，在行政层面确定媒体的准入标准、从业人员的资格标准等，在宏观层面搭建起框架，为其他主体的参与提供方向引导；其次需要扩大参与范围，让其他传媒组织、专业人员、社会成员都能够参与其中，同时强化传媒组织之间的相互监督作用，即在行业有关部门的考核之下，加入专业成员和相关媒体的监督环节，以及社会群众的监督，不同主体的监督可以占比权重不同，但是要发挥不同主体的监督价值，让传媒社会责任的监督更加客观。

2. 保障受众监督的合法性

在传媒组织的运营中，受众不仅扮演受传者的角色，也是产品和服务的消费者。让受众监督媒体，不仅可以激发受众参与社会建设的热情，也会营造传媒责任履行氛围，有助于传媒组织自觉履行社会责任，与政府监督和传媒组织自律监督相辅相成。近几年，社会舆论对传媒组织的监督作用效果显著，民众对于传媒组织职责以及媒介素养都在提高，对于传媒组织的产品和服务要求也在提升。他们作为独立个体对于传媒组织拥有更加独立的判断，如某媒体发布的寻找"汤兰兰"文章，一经发布便引发受众的不满，指责其缺乏人文关怀，二次伤害受害者。随后该媒体删除此文章并道歉，就此社会舆论对传媒社会责任的监督力量大且效果立见，但如果舆论被滥用就很容易导致违法违规

---

① 包国强,陆慧.网络媒体社会责任的治理路径[J].新闻前哨,2015(6):29-32.
② 高欣奕.我国媒体社会责任的履责困境及对策研究[D].杭州:浙江传媒学院,2021.

现象,譬如恶意举报、捏造假事件等。

政府监管不仅是制定一套切实可行的与道德约束相适应的法规来约束当前开放的媒体环境,也要营造一个道德约束的氛围,让媒体从业者和受众自觉受到社会道德的约束①。为此要保障受众参与传媒社会责任监督的合法性和可行性。合法性方面,在我国民众在参与大众传播过程中本身就具有监督权,这种监督不仅是通过传媒组织对社会及权力机构的监督也是对大众媒体及其背后传播者的监督。除了法律赋予的权利,受众对传媒组织的监督还源于权力的让渡,大数据时代特别是社交媒体、平台媒体依靠活跃的用户量和高黏度交互方式参与市场竞争,而这种社交化和平台化离不开受众隐私权的让渡,②当传媒组织从受众那里获得的私权利越多那么其受到受众制约的影响力就越大。可行性方面,目前受众参与监督的方式单一,大多通过舆论,且在利用舆论时往往造成事件中心偏倚走向、情绪失控,难以触达问题本质。因此政府需要在其中扮演引导者的角色,不仅保障公众监督的权利,也要拓宽公众监督的渠道并赋予渠道的合理性和正规性。如从法律层面赋予受众合理合法参与传媒责任监督的权利,与此同时建立一个具有法律效力且行业公众认可度高的反映渠道,让公众的权利可以施展。监督机制及举报机制在实名化下也要注意保护举报人的个人隐私,降低受众参与监督的心理压力。与此同时,为了让受众更好地发挥监督作用,应该加强对受众素养的培养,使其具有信息辨别的能力和责任缺失判断能力。

3. 加强社会群体的传媒相关教育

受众、社会群体自身的能力素养决定了其参与传媒社会责任治理的能力,影响传媒社会责任治理效果。因此不管是传媒组织还是政府要重视传媒教育,不仅要提高受众信息辨析能力、合理使用话语权,而且还应提高受众参与传媒监督的意识,并且具有合理合法运用监督机制的能力。对于社会层面,首先可以通过提高传媒知识教育相关宣传力度,在社会媒体知识热榜中有所体现;其次从学生开始抓起,在大学教育之前就对学生进行相关方面基本教育,如信息的辨别能力,树立正确的价值观以及如何使用社交平台,运用话语表达权,在大学研究生等专业方向的教育中不仅要重视理论知识的指导,而且要让

---

① 包国强,陆慧.大数据时代媒体社会伦理与责任的挑战与治理[J].新闻前哨,2016,267(8):24-28.
② 徐蔓.受众争夺与权利让渡[D].深圳:深圳大学,2018.

学生走出书本在实质性的操作中加深对专业知识的理解,强化传媒监督的流程操作。只有如此才能让传媒的监督主体更加专业,减少不确定性不专业性带来的此风险,也能够让传媒组织处于更具有责任意识和责任能力的氛围中。

二、媒体履行社会责任的内部推进路径

传媒组织作为传媒行业最基本的价值创造单位,[①]也是推进社会责任发展机制的最核心主体。欧阳常琳提出解决责任缺失问题,关键在于自律,要害在管理,出路在创新。自律要求媒体讲政治,具有大局观念和责任意识;传媒从业人员要提高职业道德和自我约束,不能因为自身创收的压力,出卖自身的责任。[②] 如何形成行业的自律氛围,关键在于重视战略管理、完善管理机制、重视人才建设等方面。

(一) 将社会责任管理提升至企业战略层面

传媒企业能否从战略高度认识企业社会责任问题,将成为其持续发展及应对国际挑战的关键。[③] 从机构内部实现社会责任治理不能停留在言语和纸上,传媒组织应该积极采取相应行动,在进行传媒组织定位和发展规划思考时充分考虑社会责任,让社会责任内化为传媒组织日常运营,成为其参与市场竞争的优势资本。首先组建社会责任管理的专门机构。专门的社会责任管理机构的建立是社会责任提升至战略层面的第一步。在组建时,需要考虑组织自身的性质以及现行的整体组织机构形态,一般而言社会责任管理机构包括领导决策层和职能执行层两部分。[④] 在决策层指导、协调和职能执行层落实的配合下,传媒组织能够打通机构内部社会责任循环,及时了解自身履行现状;其次,为了落实好社会责任履行,发挥专业机构的价值,社会责任管理机构需要建立互通的沟通机制,一方面需要就社会责任管理的相关制度和程序对各级员工进行培养培训,让他们熟知企业社会责任管理的政策、流程、准则、奖惩等

---

① 易开刚.企业社会责任的系统化实现:模型与机制[J].学术月刊,2009,41(4):80-85.
② 彭国远.守望声屏:论媒体的责任与自律[M].北京:中国传媒大学出版社,2008.
③ 黄诚,包国强,李晴.基于 CSR 系统的传媒企业社会责任治理系统管窥[J].湖北社会科学,2019(7):174-180.
④ 黄诚,包国强,李晴.基于 CSR 系统的传媒企业社会责任治理系统管窥[J].湖北社会科学,2019(7):174-180.

事宜,提高他们的社会责任意识,督促其社会责任的履行;另一方面员工也有渠道向机构反馈责任履行中存在的阻碍和建议。如此才能让传媒组织的社会责任成为活水,持续发展。

(二) 完善内部管理机制

媒介组织作为在一定媒介制度约束下的行为主体或行为主体的有序集合,[①]与其他组织相比它既有相同的地方,也具有特殊性,即传媒组织具有事业与企业双重属性,是以满足社会大众信息需求为目标的特殊的经济组织。在激烈的市场竞争中,传媒组织往往将追求经济效益作为第一目标,其社会责任的履行往往缺乏动力机制和监督机制。因此要重视传媒组织内部社会责任动机培养和监督机制创新在传媒社会责任治理中的重要性,处理好组织的商业性和社会性之间的平衡。

1. 建立成体系的监督制度

传媒组织内部建立专门的责任部门同时要建立成体系的内部管理及对外传播体系,在内部,一是定期发布内部部门责任报告梳理不同部门责任履行情况,对于违规部门进行及时通报批评,对于表现优异者给予相应的奖励;二是定期开展企业责任文化讲坛,以团建的形式增强从业人员的责任意识;三是明确责任边界,让机构内部人员的责任履行有所依,让追责行为有所依。对外传播方面,传媒组织要建立相应的内容输出筛选过滤机制,内容质量影响媒体机构的社会形象和专业能力,加强输出内容的审核不仅是履行社会责任也是为其本身发展负责。

2. 创新媒体的绩效考核机制

传媒组织在绩效评定中往往强调经济方面的考量,忽视了社会价值层面。将社会责任与传媒绩效结合在一起能够有效督促其履行责任,可以通过建立组织内部社会责任报告来实现。责任报告的建立需要设定统一的考核指标,这项指标的制定需要在参考国家部门设定的统一标准的同时结合自身机构的实际情况、经营理念和经营目标。只有这样,传媒行业中的个体才能细化责任、做到责任层层分级、加强对社会责任的重视程度,进而营造重视职业道德、遵守社会责任的行业氛围。

---

① 陆桂生,邹迎九.我国媒介组织结构的设计及其发展趋势[J].桂海论丛,2007(3):90-93.

考核与奖惩挂钩更有利于调动内部人员的积极性,对于考核合格的员工给予相应的奖金等形式奖励,而不合格违规成员给予相应惩戒。陈国权认为,内部创业计划不仅能为媒体带来好的发展,又能避免人才外流。① 南方报业传媒集团举办集团创业创新大赛,为集团发展挖掘活力。借此方式,不仅能强化从业人员对组织的归属感,而且会让从业人员自觉学习新技术,以更高标准要求自己,提升对职业的认同感。这种活动可以引入责任治理之中。

传媒组织内部要注重新旧媒体之间的沟通合作,实现资源互通优势整合。这便需要管理人员具有破旧立新的胆量和创新的精神,借助新技术实现媒体转型的同时使责任管理更加严谨规范。就传媒组织整体而言,推动传媒社会责任履行的内在机制说到底是声誉机制,即社会责任为传媒组织带来的经济价值和社会价值。

3. 保证有与自律有效实现相匹配的技术

智能化、数据化的发展为传媒社会责任履行带来更多创新可能,意味着传媒行业不能单纯沿用传统的自律操作形式。黄旦认为从媒介机构角度出发,媒介融合技术是从不同维度将媒介重新整合成一个具有全球化特性的网络社会,因此媒介融合也是社会形态的更新。② 传媒组织不仅要强化技术参与媒体发展,还要重视技术在社会责任治理中的作用。技术的创新和发展使得不管是在社会责任评价考核体系中还是在监管制度、在人工智能、大数据等技术领域,都能够帮助传媒组织提高传媒组织所构建的传媒生态的责任治理效率,对虚假新闻、黄色低俗、用户举报做出最快的反应;与此同时,大数据能够帮助传媒组织或者有关政府部门对当前社会责任履行情况形成数据化、系统的量化认知,有利于分析出可能存在的问题,并且为其提出更加优化的解决路径。总而言之,技术引入能够提高自查效率,同时还能维护传媒所形成的传播生态。

(三) 完善人才建设机制

包国强指出,传媒保障体系的治理主要是人才保障。不难发现,现有的责任缺失如虚假新闻、抢发新闻及黄色新闻都与传媒从业者有关。赫伯特·阿特休尔强调,在这个日新月异的社会秩序中,从事新闻媒体的工作者在描绘世

---

① 陈国权.关于媒体融合中内部管理机制的创新[J].新闻论坛,2017(1):67-70.
② 黄旦,李暄.从业态转向社会形态:媒介融合再理解[J].现代传播(中国传媒大学学报),2016,38(1):13-20.

界面貌上具有重要作用,而世界面貌构成人类抉择行动的基础。① 全国政协委员、新华社原副社长马胜荣提出,"新闻媒体不断出现一些负面新闻,让自身公信力不断受到挑战,归根结底还是队伍中的'人'出了问题"。② 因此从业者的责任意识和专业素养越高,媒体责任缺失问题越少。因此媒体内部要不断强化从业人员的素养培训再教育。

大数据时代,我们需要的是全能型人才,不仅要掌握新闻传播专业知识,也要掌握互联网技术,不仅要具有新闻敏感同时也应备技术敏感,具备利用新技术生产内容和舆情监测的能力。同时传媒组织工作职业道德的缺乏是传媒工作者素质低下,不能更好履行社会责任的原因,因此传媒组织内部要定期开展责任培训,让从业者学习并消化吸收新闻职业道德准则,增强从业人员对马克思主义新闻观的学习,并且在实践中运用和发扬。③ 与此同时,对于实习生和新入职人员也要加入责任教育,做到责任培训全覆盖,营造深厚的责任氛围。从业人员责任的培养具体包含以下几个方面:

1. 专业责任

从业人员具备基本的专业素养是进入传媒行业的入场券。在从事传媒行业之前,理应接受学习相应的教育,掌握基本的专业知识和专业技能,能够独立撰写信息,并且辨别信息的价值,与此同时也要时刻关注行业最新动态,培养属于自己的行业嗅觉,能够在日常生活中发现具备价值的新闻和问题。专业责任不仅是进入职场时具备基本专业责任,而且要在长期实践中将所学运用于实践,在实践中不断学习新的知识。

2. 职业道德责任

在我国,传媒从业者需要坚持以马克思列宁主义、毛泽东思想、邓小平理论、"三个代表"重要思想、科学发展观、习近平新时代中国特色社会主义思想为主导。在工作中,能够熟练运用马克思主义新闻观来发现问题、认识问题,解读问题。确立符合人民利益、符合辩证唯物主义和历史唯物主义的职业观念和职业态度,来培养符合社会需要和新闻传播自身规范的职业情感和职业作风。④ 因此,不仅应强化传媒从业者专业素养的培养,也要重视从业者的基

---

① 高超.媒介生态视阈下中国媒体社会责任缺失的研究[D].武汉:武汉大学,2015.
② 沈爱国,王晓晴.新闻职业道德失范的危害和治理对策[J].传媒评论,2021(9):18-20.
③ 包国强,陆慧.大数据时代媒体社会伦理与责任的挑战与治理[J].新闻前哨,2016,267(8):24-28.
④ 郑保卫.简论新闻职业精神与职业道德建设[J].新闻战线,2004(5):32-34.

本伦理知识,一方面应具备人文关怀的精神,尊重他人人权,特别是在一些特殊事件中不能为了流量对家属造成二次伤害。在东航事故直播中当镜头扫到地面散落的文件时,记者及时遮挡镜头保护受害者的隐私,这一行为受到广大网友的赞誉,与之相比,部分传媒组织则无底线地挖掘受害者隐私以期彰显自己的"独特视角"来博取流量,这类传媒组织也因此受到了公众的指责和批评,由此可见,在新闻报道中体现人文关怀的重要性。另一方面是尊重自己的人格,提高自身抗压能力,在工作中稳扎实打不为利益驱动,不被金钱迷惑,坚持做好作为传媒人应该做的本职工作。

3. 大局责任

传媒行业不仅仅是人们信息的传递者,一定程度上能够影响人们的价值观和判断力,进而对社会进步和国家发展产生影响,因此作为传媒行业的从业者应该具有把握全局的意识,具备超前的眼光和敏锐的感知力,能够及时发现问题提出问题,不因眼前利益而忽视整个社会和国家的利益,真正扮演好党和政府的喉舌,大众的耳目喉舌的角色。

4. 职业认同

霍兰德认为职业认同指个体对自己的职业目标、兴趣、个性和天赋等方面具有清晰而稳定的认知,这些认知使个体在面对不可避免的模棱两可的环境下,有能力作出正确的决策。[①] 具体而言,就是一个从业者对传媒行业的发展、传媒行业的功能价值的认同。职业认同度越高,从业者对行业向上发展的期待越大,为行业发展付出努力的动力越强,因而也能自发约束自己的行为,主动去学习新的技术掌握新的技能,主动去探索行业中更多的未知可能,也能在积极履行社会责任中实现自己的职业理想,发挥价值。行业清风正气,给予更多发展机会,传媒组织通过营造企业文化、调整待遇工资等方式都可以增强职业认同感。

5. 创新责任

传媒行业站在时代的前端,要及时把握住时代的风向并及时传递相应的信息,因此传媒不能成为故步自封的"老者",而应该成为敢闯敢拼的"青年"。而要始终扮演好时代引领者的角色离不开创新能力。即传媒从业者在坚持新闻专业主义、职业道德的同时要注重创新意识的培养和创新能力的提升。一

---

① 张兰. 媒体转型期新闻从业者职业认同研究[D].南昌:南昌大学,2019.

方面,增强技术与传媒的融合,实现技术为自己所用,借助技术优化组织内部管理,解放人力从事更加专业的内容生产,提高信息发放和监督效率,进而扩大传媒的影响力和传播力;另一方面在内容上创新,具体体现在内容视角和内容表现形式方面,在内容创作视角方面要不仅能够及时发现问题而且能够通过不同视角去分析问题探讨问题背后的本质,进而推动社会问题的解决。在内容创作形式上创新,改变文字图文的表达方式,通过不同形式结合来增强内容的可读性和吸引力。传媒从业人员只有富有创新力,传媒才能更加具有活力和吸引力。

(四) 行业建立媒体自律登记查询系统

这个登记系统保证信息透明公开,接受社会的监督。媒体包括新媒体、自媒体的建立都需要登记注册,行业及公众对履行社会责任的情况进行评价留言,媒体可以随时查阅自己的网格评价信息,从而不断地完善自己,自觉提高自律性;[1]同时网民也可以通过查询系统了解传媒组织的信用程度,为决策作参考。在登记系统中可以采取红黄绿三种标识,红色意味着信用度低,多次未履行社会责任;黄色是存在轻度违规行为;绿色是积极履行社会责任,而传媒组织可以通过自觉履行社会责任改变自己在查询系统的信息。

《一个自由负责的新闻界》言:当代生活中的一大可怕祸害就是骇人的话语洪水——大众传播机构以此威胁要淹没公众。媒体社会责任的重要性不言而喻。近年来,习近平总书记对新闻传媒工作做了一系列指示,为我们确定了科学的传媒责任观,是当下传媒企业社会责任提升的重要价值导向和方法依托,具有持久意义。[2] 但在复杂多变的传媒生态中,传媒面临越来越多的诱惑,其社会责任的履行也呈现众多问题。传媒社会责任的推进是一个动态、发展的过程,不仅是多位利益主体共同参与的过程,也是在实践中随着外部环境的变化及时做出反应,做出调整的过程。通过持续改进社会责任管理机制,保证社会责任管理体系的可持续发展,增强传媒企业管理的灵活性和敏感性,从而提高组织在社会责任方面的能力和水平。[3]

---

[1] 包国强,陆慧.大数据时代媒体社会伦理与责任的挑战与治理[J].新闻前哨,2016,267(8):24-28.
[2] 黄诚,包国强.习近平的媒体社会责任观及其意义[J].中国广播电视学刊,2017(7):108-112.
[3] 黄诚,包国强,李晴.基于CSR系统的传媒企业社会责任治理系统管窥[J].湖北社会科学,2019(7):174-180.

总之,积极构建传媒社会责任管理体系,打造传媒组织的核心竞争力,应该是传媒长期以来形成的具有价值性、稀缺性、难以模仿性特点的传媒特性,是经过时间磨炼而成的品牌和权威性。① 纵观媒介发展史,任何一种媒介之所以得到发展,其根本原因是它能够为人们带来更多的信息,满足人们的生产生活需要,这是媒介的本质,也是媒介的基本功能。② 媒介本质和基本功能的实现需要媒体富有专业能力和职业道德,即责任的履行,因此传媒组织要意识到正确发挥基本功能与责任保持一致,只有树立正确的责任意识才能实现传媒功能最大化。只有将社会责任作为传媒企业核心竞争力的核心点,③才能促进传媒行业的健康发展。在马克思主义新闻观和中国特色社会主义价值观的指引下,在多元主体共同参与治理的背景下,中国传媒社会责任的发展会随着时间推移和技术进步拥有更多更好的路径选择。

思考题

1. 传媒社会责任缺失的个体因素、组织因素、制度因素有哪些?
2. 如何更好地重塑传媒社会责任意识?
3. 如何理解中国传媒社会责任发展的三元协同推进机制?
4. 传媒履行社会责任的外部推进路径有哪些?
5. 传媒履行社会责任的内部推进路径有哪些?

相关学习延伸资料

1. 中央政府门户网站.中办 国办印发《关于推动国有文化企业把社会效益放在首位、实现社会效益和经济效益相统一的指导意见》[EB/OL].(2015 - 09 - 14). http://www.gov.cn/zhengce/2015 - 09/14/content_2931745.htm.
2. 童兵.保障"四权"和新闻媒体的社会责任——十七大报告学习笔记[J].新闻记者,2008(2):4 - 6.
3. 许永.阶层分化与媒介责任[J].南开学报,2006(2):63 - 68.
4. 喻国明.传媒责任:时代的发展与内涵的转变[J].新闻与传播研究,2009

---

① 包国强,李良荣.传媒企业核心竞争力的提升策略[J].中南财经政法大学学报,2007(3):72 - 75.
② 黄晓红.媒体的社会责任与公正原则[C]//新闻传媒与社会发展论坛·2007——中国新闻业发展现状与趋势论文集,2007:253 - 259.
③ 黄诚,包国强,李晴.基于CSR 系统的传媒企业社会责任治理系统管窥[J].湖北社会科学,2019(7):174 - 180.

(6)：11-13.

5. 罗以澄,詹绪武.大众媒介的社会责任和素养教育[J].武汉大学学报(人文科学版),2005(3)：362-367.

参考文献

[1] 李晓博.媒体社会责任治理：规制下的多重自律[J].中国广播电视学刊,2017(7).

[2] 郑保卫.简论新闻职业精神与职业道德建设[J].新闻战线,2004(5).

[3] 张娜.企业社会责任特征对员工绿色行为的影响——基于道德决策的机制模型[J].中国人力资源开发,2021(3).

[4] 崔百霞,等.道德决策的心理机制及其影响因素[EB/OL].(2020-02-14). https://mp.weixin.qq.com/s/VBUcCKE4Y-BMfBhXLVtwJQ.

[5] 童兵.马克思主义新闻观读本[M].上海：复旦大学出版社,2016.

[6] 杨春方.中小企业社会责任缺失的非道德解读——资源基础与背景依赖的视角[J].江西财经大学学报,2015(1).

[7] 杨春方."企业社会责任缺失"的生成机制及治理研究——资源基础与背景依赖的视角[J].生产力研究,2015(1).

后 记

21世纪以来,人们越来越意识到传媒不仅要对本国人民负责,也要对人类负责,对全球负责,构筑人类命运共同体越来越成为传媒至关重要的政治责任、社会责任及人类责任、专业责任。

本书是2022年度国家社科基金重大项目:"一带一路"背景下中资企业社会责任形象构建与推进机制研究(项目编号:22&ZD319)的阶段性成果之一。传媒社会责任,不仅是中国的问题,更是全球的问题;不仅是一个理论问题,更是一个实践问题,不仅是一个伦理的问题,更是一个管理的问题。传媒社会责任管理创新研究是新闻传播学理论与管理学理论融合交叉的一个新学科。本书立足于传媒业发展的现实和新闻传播教学、研究的现状,系统阐释了传媒社会责任管理的基本原理和前沿知识,重构了媒体社会责任的研究体系和范畴,一定程度弥补了国内外新闻传播学研究在该领域的空白和不足,将一定程度推动中国特色传媒社会责任理论体系的形成,推动中国传媒社会责任理论研究、教学实践的全球话语权构建,同时为新闻传播学教学教育提供有价值的参考,为广大青年学子树立正确的传媒社会责任观提供些许指导。

本书是国内第一本论述传媒社会责任管理的论著。主要由本人和黄诚提出总体框架和详细提纲。包国强为主编,黄诚、洪长辉、于迎为副主编。由下列人员(主要是本人的研究团队成员及3位高校老师)进行相关章节的材料整理和撰写。分工如下:绪论(上海大学:于迎、包国强);第一章 传媒社会责任发展的历史(上海大学:洪长晖);第二章 中西方传媒社会责任比较研究(上海大学:包国强、陈泰旭负责全面修订,梁敏亮负责资料收集与初稿整理);第三章 传媒社会责任主体及其利益相关方(上海大学:包国强、方凯莉);第四章 传媒社会责任评价标准与实证研究(上海大学:包国强,华中科技大学:黄诚);第五章 传媒社会责任的管理体系与标准(上海大学:包国强、李宛如);第六章 传媒社会责任的传播创新(上海大学:包国强、陈泰旭负责全面修订,成都理工大学钱笑坤负责整理相关材料及撰写初稿);第七章中国传媒社会责任发展的现代化路径(上海大学:包国强、路倩)。上海大学陈泰旭参与了本书的全部校阅工作及部分内容的全面修订。上海大学常华科参加部分内容校阅。全书由主编审定。

特此说明。遗漏之处,欢迎大家批评指正,以便及时修改、完善。感谢所有的参与者和支持者。

包国强

2021 年 12 月 7 日于上海